组编　国网冀北电力有限公司经济技术

U0677673

电网企业资产优化管理研究

DIANWANG QIYE ZICHAN YOUHUA GUANLI YANJIU

主编　张　妍

东北大学出版社

·沈　阳·

图书在版编目（CIP）数据

电网企业资产优化管理研究 / 张妍主编；国网冀北
电力有限公司经济技术研究院组编. — 沈阳：东北大学
出版社，2023.11

ISBN 978-7-5517-3436-3

Ⅰ. ①电⋯ Ⅱ. ①张⋯ ②国⋯ Ⅲ. ①电力工业—工
业企业管理—资产管理—研究—中国 Ⅳ. ①F426.61

中国国家版本馆 CIP 数据核字（2023）第238070号

内容提要

为适应新形势下国家严控电网投资规模、电网投资利润不断下降、电网投资
项目类别不断丰富的现实发展情况，本书开展了电网企业资产优化管理关键技术
研究。本书在分析与研究输配电价改革对电网企业资产管理影响及实物资产评价
指标勾稽关系的基础上，从电网资产的全寿命周期费用、实物资产折旧率合理区
间、维修决策、更换决策、投资决策等方面展开研究，并就当前电网资产综合评价
和电网实物资产管理绩效评价进行了较为详尽的研究。

出 版 者：东北大学出版社
　　　　　地址：沈阳市和平区文化路三号巷11号
　　　　　邮编：110819
　　　　　电话：024-83687331（市场部）　83680267（社务部）
　　　　　传真：024-83680180（市场部）　83680265（社务部）
　　　　　网址：http://www.neupress.com
　　　　　E-mail：neuph@neupress.com
印 刷 者：沈阳市第二市政建设工程公司印刷厂
发 行 者：东北大学出版社
幅面尺寸：170 mm×240 mm
印　　张：13
字　　数：233 千字
出版时间：2023 年 11 月第 1 版
印刷时间：2023 年 11 月第 1 次印刷
策划编辑：杨世剑
责任编辑：周 朦
责任校对：王 旭
封面设计：潘正一

ISBN 978-7-5517-3436-3　　　　　　　　　　　定 价：60.00 元

《电网企业资产优化管理研究》编委会

主　任　杜　宝

委　员　黄小龙　李红建　赵　盟　韩　锐

《电网企业资产优化管理研究》编写组

组　编　国网冀北电力有限公司经济技术研究院

主　编　张　妍

副主编　王绵斌　耿鹏云

编　委　安　磊　齐　霞　张晓曼　刘　宣

　　　　路　妍　程　序　相　静　张萌萌

　　　　谢品杰

前　言

　　电网企业是我国国民经济的重要支柱产业，有力地推动了经济建设与和谐社会发展，为国家发展战略的实施提供了有力支持。资产是电网企业发展的重要经济基础，在很大程度上决定着企业的持续经营能力。自中国共产党第十八届中央委员会第三次全体会议以来，国务院对新一轮电力体制改革进行了重大部署，中共中央、国务院下发了《关于进一步深化电力体制改革的若干意见》（中发〔2015〕9号）。随着这一轮电力体制改革的不断深入，相应的输配电定价成本监审办法等文件陆续出台，国家对于电网企业成本监管日趋严格，新的电网盈利模式给电网企业资产管理带来了严峻的挑战，传统的粗放式管理已不适应新一轮电力体制改革的要求，电网企业对实物资产必须实施精益化管理。

　　在新形势下，为实现电网资产的高效运行和管理，迫切需要迅速提高省级电网企业实物资产管理水平。因此，在新一轮电力体制改革背景下，如何有效提高实物资产利用效率，成为衡量实物资产管理的重要基础。

　　本书在上述背景下，开展了电网企业资产优化管理关键技术研究。本书在分析与研究输配电价改革对电网企业资产管理影响及实物资产评价指标勾稽关系的基础上，从电网资产的全寿命周期费用、实物资产折旧率合理区间、维修决策、更换决策、投资决策等方面展开研究，对电网资产与实物资产进行了综合评价研究，为应对电力改革背景下电网企业发展面临的新形势，提升企业实物资产管理水平，为电网企业开展实物资产管理工作提供可参考的依据。

　　本书在研究和编写过程中，得到了国家电网有限公司总部科技项目（SGJBJY00JJJS1800031和SGJBJY00JJJS2100016）的支持。在此，向相关部门表示衷心的感谢和崇高的敬意。

　　由于编者水平有限，书中难免存在不妥之处，恳请读者批评指正。

编　者

2023年7月

目 录

第1章

绪　论

1.1　研究背景

我国经济已由高速增长阶段转向高质量发展阶段，新一轮科技革命和产业变革正在孕育兴起，大数据、云计算、物联网、移动互联网、人工智能等新技术也在快速发展。

在新时代，为贯彻落实习近平总书记提出的"四个革命、一个合作"的能源安全新战略和国家"节约、清洁、安全"能源发展战略方针及创新、协调、绿色、开放、共享的发展理念，以电力体制改革为核心的能源改革正加速推进。同时，可再生能源正呈现出指数级增长，分布式电源、电动汽车等快速发展，不断增加的消费需求和期望及超越表计的数字化服务等，都在重塑电力能源产业链。

电力工业是我国国民经济的重要支柱产业之一，推动着经济建设与和谐社会发展，为国家发展战略的实施提供有力支持。资产是电网企业发展的重要经济基础，很大程度上决定着企业的持续经营能力。

近年来，我国经济实现了高速发展，社会对于电力服务的质量和效率有了更高的要求。为了提升电力服务水平，我国以打破垄断、引入竞争、提高效率、降低成本为目标，不断深化电力体制改革，给电力行业的发展带来了一系列的改变。

随着电力改革的推进，可持续发展理念深入人心，电网发展的外部环境已经发生变化。国家电网公司迈过了售电量增长迅速、注重电网规模增长的成长期，已经进入发展期，电网建设投资的效率及效益管理将越来越受到关注。因此，国家电网公司在2010年全国两会上提出"要强化资产全寿命周期管理，提高设备使用年限，降低运行维护成本"的要求。与此同时，由于电网处于电力系统中连接发电侧和用户侧的核心地位，关系到下一阶段构建健全的电力市场机制，因此实施资产全寿命周期管理同样是国家电网公司现阶段贯彻落实电力体制改革的重要内容。在这样的背景下，急需基于全寿命周期成本理论对当前电网的投资规划方法进行调整和优化，以推进电力市场改革进程。

在新形势下，电网企业利润来源不再依靠赚取差价的传统获利手段，而变为由输配电准许总收入决定。也就是说，输配电业务利润的获取不再受售电量制约，而改为由监管期内新建项目金额、可计算收益的有效资产规模、电网企业日常开销和准许收益率决定。其中，有效资产的核定是定价的关键因素：一方面，有效资产与政府核定的投资回报率决定了准许收益水平；另一方面，有效资产与资产运行维护费、折旧率决定了准许成本。由此可以看出，有效资产是决定输配电价水平的一个很重要的参数。从电网企业的角度来看，想要尽可能地使输配电价核价最大化，就必须扩大能计入输配电价的有效资产，对于已有的资产进行更新改造，对于新增资产要转向投资于能最大限度地计入准许收益的有效资产。从政府监管者角度来看，有效资产的核定能引导电网企业合理投资，在一定程度上抑制 A-J 效应，体现对输配电价的监管权，以及建立一种水平合理的独立输配电价体系。政府也依此改变了对电网企业的督查重点，即根据可计算收益的有效资产，在一个监管周期前，确定公司的输配电收入、成本及上网电价，并在监管期内监督。

随着输配电价改革的深入推进，电价监管日趋严格，新增配电和售电侧市场竞争日益激烈，输电核心业务依靠市场扩张和收取过网费的发展模式越走越窄，电网企业面临着网络基础设施"被管道化"的风险，特别是当前我国经济下行压力较大，国家持续加大降电价力度，连续两年降低一般工商业电价 10%，公司经营面临严峻形势。国家电网公司利润呈现下降趋势。2016—2019 年，国家电网公司利润总额分别为 903.77 亿元、910.24 亿元、780.14 亿元和 770.3 亿元。2020 年，受新冠病毒感染疫情影响，国家电网公司实现利润总额 591.00 亿元，同比下跌 23.63%。电网企业承受着政策性降价、监管性降价及当前宏观经济下行的三重压力，正在转变以往"高投资、重资产、快增长"的投资模式，迫切需要优化电网存量资产管理水平，以期解决电网企业的建设运营成本与社会降低电价预期之间的矛盾。

1.2 电网企业资产管理现状

1.2.1 电网企业资产管理现状分析

省级电网企业资产管理的主要工作是对固定资产的管理，涵盖实物管理、价值管理及使用保管三个方面。实物管理主要由电网企业的生产部门承担，负责资产的主管与归口管理；价值管理主要由电网企业的财务部门承担，对固定资产进行综合管理；使用保管主要由电网企业的保管部门负责，其具体承担使用、运行及维护固定资产的相关工作。

1.2.1.1　固定资产的实物管理

固定资产的实物管理的主要工作包括：根据固定资产实物形态发生的变化，对其增减变动进行准确及时的反映，根据技术规定做好实物管理工作，并与使用保管部门保持联系，督促其安全高效地使用固定资产，配合做好实物管理工作。同时，联合财务部门，开展固定资产的清产盘点工作，对其使用效益进行有效评估，对出现多余、毁损及盘盈盈亏的情况及时反馈并进行处理。另外，生产部门需要向上级部门报送固定资产新建、大修及技术改造等相关的预算费用，主管主配网大修项目及技改工程，保证项目按照工期计划竣工，编制决算，并开展工程验收工作；对固定资产出现的调拨、停用、拆除、报废或出售、内部转型等情况，进行技术鉴定工作。此外，对固定资产的投保行为，也由生产部门协助办理相关手续，并对出险的实物开展技术鉴定等。

1.2.1.2　固定资产的价值管理

固定资产的价值管理的主要工作包括：对固定资产价值进行计量并准确核算，根据标准对其进行计提折旧，对固定资产价值发生的增减变动予以及时反映；及时在固定资产卡片上进行登记，使账卡相一致；联合生产部门，开展固定资产的清产盘点工作。另外，对于将要发生的固定资产采购、运行、维修、改造等费用，财务部门需要对其进行统筹安排，并做好成本控制工作；与相关部门合作完成固定资产增减、租赁及残值回收工作，对发生的租赁费等费用进行准确核定；监督已经完工但尚未决算的工程尽快编制竣工决算；按照规定处置固定资产，不符合要求的给予严肃处理；对已经投保的固定资产，负责支付其保费、办理出险索赔等手续工作。

1.2.1.3　固定资产的使用保管

固定资产的使用保管的主要工作包括：负责固定资产的运行维护及定期检修等工作，保证其始终在良好的状态中使用。当发生固定资产增减变动时，应当及时办理相关手续，确保其安全完整；当出现固定资产调拨或报废时，使用保管部门需要联合实物管理与价值管理部门，准确填制调拨单及报废审批表，并给予书面处理意见，然后由实物管理部门对固定资产情况进行核查鉴定，在价值管理部门审核通过后，对固定资产进行相应的处理。每年至少对固定资产进行一次清查盘点，做到卡物一致；对于投保的固定资产，承担出险通知、搜集证据及保护现场等相关工作，并与实物管理及价值管理部门合作完成固定资产的索赔工作。

1.2.2 电网企业资产管理存在的问题

在电网企业的资产构成中，固定资产投资总额较大，占有很大比重，因而固定资产投入运行后，往往会产生较高的运维成本与计提折旧。因此，固定资产管理在电网企业管理工作中具有重要意义。但是，当前固定资产管理工作中存在着一些亟待解决的问题，主要包括：对资产全寿命周期管理这一理念缺少认识，不了解相关的管理方法；由于资产管理流程不完善，不同部门间信息流动性差，或者各部门缺乏对资产管理流程的了解，不按照流程办事，出现资产增减变动记录不及时，使得账、卡、物三者不一致，信息准确性较差，导致出现粗放式的预算及成本管理等问题，降低了企业的管理水平。为此，本节从全寿命周期视角分析省级电网企业资产在其寿命期各个阶段存在的问题。

1.2.2.1 规划建设阶段资产管理存在的问题

（1）成本控制缺乏系统性管理。

电网企业的主业是电网建设，这也是电网资产的主要形成途径。电网建设涵盖不同建设阶段，需要多个部门配合完成。然而，各个阶段及部门的工作又具有相对独立性，这就导致省级电网建设某一阶段成本节约，而工程总成本超支的情况发生。例如，在某变电站建设过程中，在基建阶段使用性能较差、价格较低的设备类型，结果导致变电站竣工运行后产生一系列的设备改造及变更等问题，导致该项资产全寿命周期成本不降反升。

（2）固定资产管理的内容有限。

目前，省级电网企业往往在固定资产形成后开展实物管理工作，未能从资产全寿命周期考虑整体成本，缺乏前期规划意识，未考虑后期发生的运维费用等问题。例如，设计人员只注重设备前期设计与研发，或者稍有关注设备运行费用，但对设备维修、报废处理费用等往往缺乏考虑。因此，必须拓宽固定资产管理的内容，充分意识到基建阶段的造价会影响设备投入运行后发生的费用及维护保证成本等。应建立全寿命周期管理的理念，并以此为基础，对全寿命周期发生的费用进行整体考量，才能做出正确的决策。

（3）资产建设阶段成本控制体系不完善。

在省级电网建设中，工程管理工作按照专业划分，不同专业之间差异性较大，往往较难衔接。工程建设管理的关注点更多地集中在技术协议、进度管理及协调外部条件等方面工作，而对造价工作往往缺乏及时的管理。在财务管理方面，概算的执行缺少有效的监控手段，导致出现预算超概算的现象。当工程竣工后，生产、基建、物资及财务等部门往往由于独立工作而延误竣工决算的编制工作，导致工程无法及时准确转资。另外，技术合理性、经济效益等方面的评估是项目竣工后评价工作的薄弱环节，使得资产精益化管理缺乏相应的数据基础。

1.2.2.2　日常管理阶段资产管理存在的问题

（1）资产实物管理与价值管理无法有效衔接。

省级电网企业中存在两个部门无法及时共享资产信息，导致资产设备难以实现一一对应的情况。生产、基建、物资及财务部门在进行固定资产管理时，往往出现管理对象及口径不一致的情况，由此造成资产实物与价值脱节。例如，当电网企业新购进一台变压器时，生产部门为其构建四张卡片，分别对应主变压器、冷却系统、分接开关及套管；而其他三个部门却将其视为固定资产进行管理。这样，账、卡、物三者很难保持一致，实物管理与价值管理难以衔接。而且，基于电网企业资产总额大、分布区域广泛的现状，固定资产定期清查盘点工作难以进行。当前，账卡相符在电网企业的资产管理工作中基本可以得到保证，然而，账物相符却很难实现，一般只有在资产清查盘点后的短暂时间内能够保持一致。由此可见，信息是关键，信息制度制定不完善、执行不力等均是造成信息无法有效在部门间传递的原因，从而导致账、卡、物不相符。

（2）固定资产预算工作缺乏科学合理性，标准作业成本管理缺少可参考的依据，对技术改造及大修项目投入产出分析不充分。

以电网企业测定公司日常运行维护修理费的定额标准为例，其按照以下方式进行确定：第一步，确定总额数量。全年材料修理费总额按照其预算总额的二分之一进行测定。第二步，对与标准测算具有较强关联度的参数进行统计。例如，首先统计各单位变压器数量、输配电线路长度等，然后对其按照不同电压等级设置相应的当量系数，测算出各电压等级需按照多少比例折算出其日常运维工作量。第三步，构建计算模型，确定该电网企业日常运行维护材料修理费的定额标准。显然，这种定额确定方式不够严谨。另外，电网企业对资产经济性分析不足，其运维成本信息统计不详细，导致对同类资产运维费用进行估算时可参考的资料较少。

（3）未达到对资产报废的及时高效管理。

在省级电网企业的财务管理过程中，常出现一些已经完成计提折旧，但报废手续未办理的资产。这些资产的现实情况往往无法明确，既可能超期使用，也可能早已报废，由此出现账物不符的情况。另外，当出现新旧设备更替时，一般是在原固定资产价值中加入新设备的价值，但往往不能及时地对旧设备进行减值处理，这也是出现账物不符的原因。资产报废的粗放式管理方式给资产管理工作的合规性造成威胁。

(4)物料标准的应用不规范。

当前，省级电网企业尚未建立健全设计、招标、采购等相关信息系统间的数据集成映射关系，物资与设备台账对应基础缺失。建设部门提交的采购需求与实际采购缺乏变更流程管理，存在信息不一致的情况。工程生产管理系统(power production management system, PMS)设备台账的维护完全由运行部门收集录入，缺乏以项目为依据的设备变更流程管理，设备管理与项目、物资管理脱节。项目决算转资规范性不高，自动转资程度有待提高，技改项目管理尚未在系统中实现竣工决算。退役资产管理流程有待进一步完善，尚未实现对全公司闲置资产的统一管理、统一调拨，资产利用率有待提高。

1.2.3 电网企业资产管理存在问题的原因分析

1.2.3.1 资产全寿命周期管理意识较差

在省级电网企业的资产管理过程中，公司通常关注的是其使用价值(包括性能、质量等)，以及是否能安全稳定地将电能输送到用户端等，往往忽视对其经济效益的管理。在开展预算及成本管理工作过程中，控制生产成本成为出发点，而固定资产粗放式管理对企业核心竞争力产生严重影响。资产管理不应局限在某个或某些环节，而应涉及其全寿命周期，包括规划设计、物资采购、建造运行、维护检修、技术改造、竣工决算及报废处理等各个阶段。

1.2.3.2 部门职能按专业划分过于明确

目前，省级电网企业各部门的资产管理均从部门职能出发，资产管理方式较为独立，缺乏从公司整体角度的考虑，因而每个部门的资产管理往往只涉及与其相关的一个或几个环节。例如，生产部门主要关注资产的技术应用情况、资产利用率等；基建部门注重控制资产建造投运后的工程造价；财务部门关注固定资产的价值指标(包括原值、折旧、净值等)，以及做好资产的账面处理，保证账卡一致。各部门职能的独立性，使得关于固定资产的相关信息不能及时传递，导致账物脱节等情况的发生，降低了资产管理水平。

1.2.3.3 资产管理技术手段有待提升

伴随技术更新，电网企业资产需要不定期更新换代，而且电网资产耗损大，检修维护较为频繁，这些都使得固定资产常常发生增减变动。因此，省级电网企业必须采取科学有效的管理手段来提升管理水平,保证账、卡、物相符。目前,电网企业固定资产管理常依托计算机完成登记卡片及相关的计算工作等,对于系统集成的信息化平台还处于探索阶段。资产管理的主要工作(即实物管理、价值管理及使用保管)由与其对应的负责部门各自设置台账或系统分别进行管理,这使得信息传递成本高、信息共享困难、远程查询与及时更新无法实现。因此,建立基于资产全寿命周期管理的一体化信息平台,是资产精益化管理的关键,只有构建这样的平台,才能使资产获得最大的投入产出,使最优的成本效益成为可能。

1.3　国内外研究现状

1.3.1　输配电价研究现状

有关输配电价管制方面,随着政企分离的推行,国内学者不断深入探索。针对输配电价管制方式的研究,叶泽方[1]提出上网电价目标管制,应对输电费用和电厂的上网电价进行有效审批。王绵斌等人[2]针对我国电力市场环境,提出将输配定价管制划分成两个部分,即发电侧和用户侧输配电价管制,这样能够更为清晰地反映终端用户需求情况和输配电价格,对电网再建设和电网输配电资金回收有着积极作用。张粒子[3]认为,单独核定输配电价实质上是对输配电价管制机制的改革,"准许成本+合理收益"的管制方法转变了电网企业的盈利模式,建立完善的输配电价成本体系,有利于保护用户的利益、抑制输配电价水平上升,避免电网企业利用自然垄断地位从中牟利。

与此同时,输配电价测算模型方法随着市场进程的推进而不断优化,国内学者对于输配电价测算模型进行了一系列研究。韩勇等人[4]提出利用平均增量成本年金方法测算电价水平,基于长期边际成本的计算模型合理分摊电压等级费用,调缓输配电设备投入的不均匀性对输配电边际成本波动的影响,使各电压等级用户承担的电价更公平。张文月等人[5]提出大用户在直接交易输配电价测算方法,指出大用户在直接交易中存在的输配电成本不透明、输配电环节没有独立输配电价格等问题,确立以输配电成本为基础,分电压等级确定大用户的输配电价水平理念。胡薇[6]认为,在输配电价的制定中,应充分考虑电网建设及所需的资金成本,建立并完善电力基金补偿机制,结合各地区情况,积极推行输配电价成本独立核算机制,提升电网企业经营效率,降低运营成本。宋艺航等人[7]分析了输配电价水平与电网企业财务运营的联动传导关系,从输配电价测算和财务运营两个方面,建立"电价—收入—利润—投资—资产—电价"

的循环反馈机制模型,研究在输配电价改革目标下电网企业财务运营模式,为电网企业制定财务决策提供参考。蒲雷等人[8]构建了输配电网成本计算模型,首先提出了各电压等级不同类型用户的理论输配电价核算方法;其次提出了借鉴国际能源署使用的价差法,核算居民用户和农业用户输配电价的交叉补贴规模;最后提出了交叉补贴在工商业用户之间的分摊方法,设计了计及交叉补贴分摊的工商业用户的输配电价定价方法。

在输配电价改革环境下,电网企业运营方式和盈利方式均发生了变化。在输配电价改革环境下,电网企业运营需要更加精细化,更加注重成本管理。同时,电网盈利方式彻底改变,电网单位电量营收不再是销售电价与上网电价形成的价差,而是核定的输配电价。电网企业如果要适应电力体制改革新环境,需要转变企业运营理念,优化管理决策,在实行输配电价的情况下,分析合理的运营成本、合理的有效资产、明确的投资能力,以及在资金约束下进行项目投资优化决策等。

以输配电价改革为核心的新一轮电力体制改革(以下简称新电改)彻底改变了电网的盈利模式。李偲[9]首先着眼于新电改对电网企业售电公司业务架构的影响,确定关键业务类型,分析业务发展现状和趋势,并构建起适合于不同阶段的关键业务发展架构;然后,基于盈利模式基础理论,为电网企业售电公司提供了具有可行性的盈利模式,并对盈利模式的定义、构成要素及要素间的关系展开分析;再次,从经营状况、技术服务水平、综合管理质量及社会环境影响四个方面选取指标,构建电网企业售电公司的经营效益评价指标体系,并提出基于 AHP-CRITIC-CT 的经营效益模糊评价模型,利用云模型解决定性描述到定量数据的转化问题,提高评价结果的合理性;最后,结合某电网企业售电公司开展实证分析,在对电力市场需求进行初步预测与分析的前提下,围绕公司的盈利模式和经营效益评价展开实证研究,根据分析结果提出改善建议与经营发展指导。

郭端宏[10]以 Z 省电网企业为例,在阐述其资产管理沿革及资产与设备联动体系建设现状的基础上,对其资产状况及使用情况进行分析。为进一步探究电网企业资产与效益的关系,从定量的角度分析当前经营情况下资产对效益的影响,以净资产收益率为因变量,以有效资产总额及资产负债率为自变量,进行回归分析。分析结果表明,有效资产总额、资产负债率与净资产收益率均成正相关关系。电网企业固定资产种类繁多、分布广泛、规模庞大,使得逾龄资产广泛存在,因此,输配电价成本监审工作对逾龄资产管理工作提出了新的要求。

陈瑜[11]通过收集 G 供电企业实物资产管理在组织架构、管理理念和信息化水平等方面的情况，结合公司资产特点和发展沿革，梳理出 G 供电企业固定资产管理现状中存在的问题，从资产规模、资产结构、资产健康水平、资产退役报废等不同维度进行了深入研究，对电网企业实物资产更换、技改、修理策略进行了分析评价。在此基础上，引入了资产墙理论，建立了电网企业资产墙预测模型，从规划投资、技改检修、报废退役等维度进行了分析，给出了实物资产评价及管理改进措施方向。

田双双[12]在有效资产精益管理工作加速推进的状态下，探讨了逾龄资产在寿命及价值等方面管理存在的不足，并提出对策建议，以促进电网企业提升资产运营效率，并优化输配电价核定方法。

郭林[13]通过理论阐述和经验数据分析来构建制度变迁对电力企业成本管理的影响效果的研究框架，评估电力体制改革相关政策对提升电力企业成本效率的有效性；同时，针对产能过剩这一电力行业当前阶段的基本特征，尝试验证产能过剩对电力企业成本效率的影响，以及在产能过剩和制度变迁双重不确定下电力企业成本管理的自我认知对成本效率的影响，进而深入发掘在新电改后，电力企业成本管理体系重构的必要性。之后，结合实际案例，以作业价值创造和煤电价值链为切入点，对电力企业的成本管理进行了探讨，并构建了基于作业成本视角的引入市场因素等外生变量的输配电价形成模型；最后得出结论，并给出了未来可能的研究趋势和方向。

宋珊珊[14]对全寿命周期成本和工程造价管控在电网工程项目中的应用进行了理论分析，考虑电改政策中折旧、可计提的固定资产、运行维护费用、残值等核算方式改变对电网工程全寿命周期核算方式的影响及影响程度大小；利用系统动力学，考虑电改影响及电网工程全寿命周期的整体性，建立了全寿命周期各阶段费用间的因果关系模型，分析了全寿命周期各阶段费用间的相互影响机制；架构了电网工程全寿命周期成本的动态计算模型，考虑维修费率的重要性和难获取性，运用高斯拟合建立了维修费率的求解模型，构造出符合电改政策和电网工程整体性的动态成本核算模型。从成本核算体系构建、关键性指标管控、输配电成本定价机制改善三个方面为电力相关企业提供成本核算及造价管理的理论依据和实践参考。

游维扬等人[15]在输配电价改革形势下，从效率效益视角，构建输配电价监管下电网投资效率效益评估指标，并基于输配电价相关参数约束、财务指标标准值、规程规范测算各指标的评估标准；基于评估标准，通过粗糙集和逼近理想解法给出了不同地区电网投资项目效率效益评估算法。

杨杰[16]首先对输配电价改革进程进行了全面的梳理，并对其现状进行了分析，了解输配电价改革为电网企业投资管理带来的变化，进而对电网企业的投资规划情况进行了解，并梳理企业的战略部署及投资方向；建立适应输配电价改革的电网投资效益评估指标体系，这些指标考虑了多个方面，力图与输配电价改革贴合；采用功效系数法、专家打分法分别对指标体系中的定量指标与定性指标进行打分，运用主观与客观赋权再结合的方式赋予指标权重，运用线性加权综合评价方法得到评价分数，随后建立历史效益评估、效益现状评估、综合效益评估、预测效益评估及动态效益评估模型；在建立电网整体及项目投资效益评估模型的基础上，建立与输配电价改革相适应的电网项目投资精准分配测算模型，使企业能够灵活应对不断变化的市场经营环境，为电网企业在生产经营过程中保证投资效益、实现投资精准分配提供有力的工具。

汪荣华等人[17]基于输配电价改革要求，构建省级电网不同类型规划投资项目单位产出效率效益指数模型，并综合考虑历史规划项目优选的叠加影响、各类项目相对重要度和规划目标约束，构建基于效率效益指数模型的省级电网投资分配和优选模型，并基于风险指数模型剖析影响效率效益指数的关键不确定性指标。研究结果表明，电量、资产是电网投资效率效益指数的主要影响指标，与输配电价监管核心参数一致。

综上所述，现有的关于输配电价的研究取得了丰富的研究成果，但在分析实物资产评价指标与输配电价之间的关系方面尚有进一步提升的空间。

1.3.2 电网资产全寿命周期研究现状

随着电网的快速发展及电网资产规模的迅速扩大，电网企业的资产投资支出较多，收益率偏低。且在新形势下，输配电价核定机制改变了电网传统的"赚取买电售电差价"的盈利模式，使得电网企业必须加强对输配电收入、成本和价格的控制，而且传统资产管理方式中设备寿命短、使用效率低等问题也逐渐显现。为统筹处理好安全、效能和周期成本之间的关系，电网企业立足于长远利益，提出集约化发展理念，可实现增收节支、降本增效，开展资产全寿命周期管理。通过对电网资产进行全寿命周期管理，可有效解决权衡资产全寿命周期成本与效益之间的问题[18]。这不仅可以大大提升企业的市场竞争力，使企业在激烈的市场竞争中占据有利地位，提升经济效益，而且可以通过对设备和线路等固定资产的维修改造来提升电网的安全性与经济性。由此可见，电网企业通过实施资产全寿命周期管理，能在提升管理水平的同时，实现社会效益与经济效益双赢，对电网企业的战略规划和企业发展意义重大。

电网资产全寿命周期管理是以全寿命周期成本(life cycle cost, LCC)为依据,从全局的视角对设备和系统的经济寿命进行研究,即从电力设备的整个寿命周期出发,以可靠性为前提,全面考虑设备或项目在规划、设计、建造、购置、安装、调试、运行、维修、更新、改造直至报废的全过程中所需费用的总和。

对于单台电力设备来说,其总成本包括固定投资成本和动态成本两部分。固定投资成本是指在投运初期对其进行规划、设计、采购、安装、调试等一次性投入的费用,该部分在未来不随着产量的变化而波动变化。动态成本是指投运后其在运行、维修、报废等环节产生的成本,该部分成本在未来会随着产量的变化而发生变化。在投运初期,固定投资成本占总成本的比重较大;而在后期,动态成本占总成本的比重较大。对于整个系统来说,其总成本主要包括建设阶段、运营阶段和报废阶段的成本费用。

当前,国内关于全寿命周期成本在电网中的应用研究主要集中在对于单台设备的评价和整个变电站的运维检修、改造及节能环保等方面。柳璐等人[19]从元件、费用、时间三个维度出发,建立了一种 LCC 三维模型,同时定义了设备级和系统级的费用分解模型,购置阶段、运行阶段及报废阶段组成了时间维度,输变电设备和二次设备组成了元件维度,提出了一套基于 LCC 理论的经济评价方法。范宏等人[20]及陆怀谷[21]综合考虑了投资成本、运维成本、可靠性成本等因素,建立了统筹技术性与经济性的多目标电网规划模型。Rodriguez[22]研究的对象为溧阳城区的 10 kV 规划方案,应用 LCC 理论对两种备选方案进行经济性分析,建立了输电线路的 LCC 模型,同时对其进行测定与修正,从而选出 LCC 最小的方案。

在设备检修和改造方面,Niwa 等人[23]对全寿命周期管理理论在电缆状态检修策略方面的应用进行了研究;Politano 等人[24]研究了全寿命周期管理在变电站设备改造和新技术引进方面的应用。

在节能环保方面,李龙[25]将经济性和环境保护成本同时进行考虑,在电力系统能源开发方面取得了显著的成效。

宋春丽等人[26]除了对规划方案进行 LCC 分析,还要求取得费用和效能之间的平衡,建立了电网规划方案的费效综合评价模型,实现了传统评价方法中技术校验与经济评估之间的协调。邓道福[27]提出了一套差异化的 LCC 经济评估方法,强调了电网规划方案之间的差异化成本和差异化效益。

如何准确测算 LCC 是 LCC 管理中的关键问题之一。其中,传统的测算方法有参数估计法、类比估算法、工程估算法、作业成本法等。为保证估算的准确性，此类方法需要较为翔实的数据作为支撑。而电网建设的 LCC 涉及的范围广、分类细、环节多，各阶段之间存在相关性，加上对电网资产管理起步较晚，导致其历史数据缺失。因此，上述方法难以被直接应用于电网建设 LCC 分析。随着理论研究的不断深入，非传统的模糊数学、盲数理论、灰色系统理论和智能算法等逐渐兴起。梁喜等人[28]基于模糊理论估算了变电站 LCC 的合理区间，为变电站的投资决策提供了参考。薛德申等人[29]运用灰色系统理论对低压成套设备的 LCC 展开评估，并求得 LCC 的最小值，对设备的检修和维护有一定的指导意义。正如前面所指出的，由于电网建设费用具有小样本、多元化数据的特性，上述方法虽然能得到具有一定可信度的置信区间，但无法给出具体的数值。为进一步提升精度，路石俊[30]分别建立了基于神经网络或粒子群算法的变电站 LCC 预测模型，实证结果表明，该模型具有良好的预测效果。但需要指出的是，智能算法在处理小样本数据时，由于训练样本较少，会出现过度拟合情况，从而导致预测存在一定偏差。

上述文献对研究电网建设的 LCC 奠定了较好的理论和实践基础，但电网建设 LCC 预测精度尚有进一步提升的空间。实际上，在处理小样本高维数据中，有着"第二代回归方法"之美誉的偏最小二乘法回归模型（partial least square regression, PLS）具有独特的优势，曾多次被应用于电力负荷预测、故障诊断、航空和武器成本预测等类似的小样本多元数据的分析，且实践证明其具有良好的预测效果。但该模型所遵循的成分提取准则无法排除那些在解释变量空间中有着重要地位却与被解释变量关联度不大的自变量，从而导致模型的解释能力和鲁棒性在一定程度上被减弱。为了弥补这一缺陷，Tapp 和 Kemsley[31]在 PLS 的基础上，提出了正交偏最小二乘法（orthogonal partial least square regression, OPLS），该方法能够通过消除解释变量中与被解释变量正交的变异信息，有效地提升解释变量与被解释变量的相关程度，在有限的成分中充分挖掘数据信息，在简化模型结构的同时，有效地提高了模型的解释能力。基于 OPLS 的优点，将其引入电网建设 LCC 分析之中无疑是一种可行的思路。同时，为了尽可能地提高模型预测精度和可靠性，本书还将利用变量投影重要性这一工具，对解释变量中的不相关冗余因素进行进一步筛选，从而建立一种基于优化正交偏最小二乘法的电网建设 LCC 预测模型。

综上分析，本书将在已有电网建设理论和应用研究的基础上，通过引入 LCC 的分析思路和方法，考虑电网资产全寿命周期涉及的各个阶段，遵循成本最低的原则，量化计算对应的成本费用，再采用优化正交偏最小二乘法找出关键变量，对研究电网资产的最优成本进行评估。

1.3.3　电网实物资产折旧研究现状

为推进新一轮电力市场改革，我国输配电价改革实行"准许成本+合理收益"的电价管制模式，在这种模式下，固定资产定价折旧作为输配电准许成本的重要组成部分，将直接影响电网企业的准许收入。在输配电价改革背景下，针对折旧率对电网收益的影响，国内已有一定研究。

柳宇燕等人[32]通过对比分析"购销差价"与"成本加收益"两种盈利模式下固定资产折旧对公司收益现值的影响，建立了单项固定资产和投资情景下多项固定资产折旧收益现值模型，探求了会计折旧年限与定价折旧年限之间的关系，为输配电改革环境下的电网企业固定资产折旧策略提供了参考。

柳宇燕等人[33]为探求定价折旧年限、实际使用寿命、固定资产投资趋势和投资比重等定价折旧费相关参数对准许收入的影响，建立了准许收入影响模型。算例分析结果表明，由定价折旧年限和实际使用寿命共同决定的投资拐点所产生的投资阶段不同，使得各参数对准许收入的影响也不同，电网企业需要根据所处的投资阶段做出最优财务管理策略。

彭鑫等人[34]以我国大型输配电网企业"国家电网""南方电网"为主要研究对象，在对国家电网企业的各年度财务报告进行汇总研究之后，总结输配电网企业固定资产折旧管理的现状，并结合最新的成本核算制度讨论折旧费用管理现状与新的成本核算制度是否相适应。

杜尚春等人[35]通过对国家颁布的核价办法进行研究，对比分析电网企业固定资产管理在适应输配电价改革新形势下存在的主要问题，提出了完善投资管理、有效资产管理、折旧管理等方面的策略，对优化完善电网企业固定资产管理具有较强的指导意义。

上述研究主要针对在输配电价改革背景下，折旧方式对电网收益的影响及优化方式，缺乏针对电网企业实物资产折旧率区间的相关研究，无法为电网企业实物资产管理提供相关建议。基于上述问题，本书在构造出各省级电网企业的会计折旧率序列后，利用面板门限回归对折旧与投资的影响进行了分析，得出电网企业实物资产折旧率的合理区间，为电网企业实物资产管理提供了有效的决策支撑。

1.3.4　电网资产维修研究现状

随着社会经济的不断进步，我国的电网建设正在飞速发展。国家电网公司大力推行"三集五大"体系建设，以此促进公司发展模式和电网发展模式的转变，从而大幅度地提高公司管理水平及运营效率。其中，大检修就是"三集五大"体系中重要的一部分。大检修的重点是加强业务整合，优化配置公司检修、运行、维护资源，按照专业化方向推进设备巡检、维护、操作等一体化管理，积极探索利用社会资源提高检修、维护效率的新模式。大检修的提出，对各地区电网企业电力设备检修策略的研究提出了新的要求和挑战，迫切需要加强对电力设备检修策略的研究，从而提高设备检修的效率。

电力设备的正常运行对于电力系统的可靠运行具有重要作用，电力设备维护是电力企业不可缺少的一项重要活动。随着电力工业的发展，电力设备趋于大机组、大容量、高电压和高自动化方向，设备本身和所处电力系统对检修的要求越来越高。在长期运行过程中，其健康状况会由于各种因素的影响而逐渐变坏。检修的目的是通过一定的措施延长设备的寿命，或者至少推迟下一次故障发生的时间，从而保证电网的正常运行。然而，现实中的检修往往存在检修不足或检修过于频繁的情况。检修不足，可能会导致电网运行可靠性降低，从而造成过多的故障损失；检修过于频繁，虽然可以保证电网的可靠性，但是会导致检修费用增加，甚至因为检修造成停运频繁，使设备可用率降低，进而降低整个电网的运行性能。近年来，得益于节能减排理念的发展与普及，人们越来越认识到资源充分利用对节能减排工作的重要贡献。对于资产密集型电力企业而言，做好设备维护，可以延长设备寿命周期，充分发挥设备效能，体现资源价值，是实现节能减排的重要举措之一。

对于一般电力设备来说，传统的检修方式采用周期性检修和故障后检修。周期性检修是对电力设备的一种计划性检修方式，并且以预防性试验为基础。以往的周期性检修是通过定期进行预防性试验和维修，从而有效地发现设备隐患，对防止事故的发生及电网的安全运行起到很大的作用。随着电网的快速发展，周期性检修逐渐不再适应如今的发展要求，主要原因在于：①每次检修须停电试验，导致电网设备可用率降低。②检修存在周期性，强调到期必修，而不考虑设备的实际状态。只要到检修周期，则进行检查、试验、修理，这样会造成检修人员及资源的浪费。③设备的健康状态不确定。在检修周期未到来之时，设备的健康水平处于未知状态，容易造成设备检修不及时，导致设备健康状况日益下降、使用寿命缩短。故障后检修是指设备在故障之后进行的修理或更换。这种方式不能对设备故障进行预防，而且设备故障会造成严重的后果及重大损失。

我国电力设备的维修方式经历了上述两个阶段，并逐渐进入状态检修阶段。20世纪90年代初，我国许多电力企业开始借鉴国外的先进经验，根据设备的实际状态进行检修，即状态检修。状态检修是在以可靠性为中心的预防性检修的基础上，对设备进行状态检测，实施故障诊断，对故障部位、故障严重程度等做出判断，从而采取相应的检修措施。实践证明，状态检修独特的优点是能提高检修效率及电力企业的经济效益，主要表现在：①状态检修能够充分利用设备已有的状态信息，并在对其进行分析后，制定合理的维修策略，做到该修必修，节约了人力及成本，减少了停电时间，提高了电力设备的安全和经济效益；②减少了因盲目检修造成的电力设备故障，能够有效地延长设备寿命；③通过状态检修，对设备进行合理维修，有效地提升了电力企业的资产管理水平。

随着"三集五大"的大力推广，近年来，大检修促使状态检修不断发展，使状态检修被提上日程。状态检修的实施，大大提高了电力企业检修的针对性，对设备维护具有重大意义。其不仅提高了电力设备运行的可靠性，而且降低了整台设备的全寿命周期成本。在电力企业资产管理中，状态检修使得企业的经济效益得到提高。因此，在对经济效益与电网可靠性要求越来越高的今天，状态检修具有不可替代的作用。采用这种检修管理模式，不仅是电力企业先进生产力的体现，更是落实科学发展观的必然选择。

1.3.4.1　电力设备检修制度的发展

设备的检修制度是随着科学技术水平的发展而不断发展的，检修制度的发展也在很大程度上反映了科技发展水平和设备管理水平的高低。自电力系统产生以来，设备的管理和检修方式发生了相当大的变化，其发展过程大致可分为以下三个阶段。

第一阶段为事后检修。从字面意思来看，事后检修就是在设备发生故障后实施的维修行为，其在检修过程中遵循的原则是"有故障才修，无故障不修"，是一种典型的被动式检修。在电力系统发展的前期，主要以这种检修方式为主，由于当时的电力系统结构简单、联系弱、冗余度大，设备发生故障时产生的影响范围较小，而且当时的经济社会发展对电力的可靠性要求没有现在的高，因此，这种检修方式适合当时的生产力水平。但事后检修需要大修或更换设备，不仅检修成本高，而且使设备和人身安全受到严重的威胁，不利于电力系统的安全运行。在现代电力系统中，以下设备仍可采用事后检修：故障后造成的后果较小，设备维修过程简单的设备；有备用的设备；采用其他检修方式不经济的设备。

第二阶段为产生于第二次工业革命时期的周期性检修。这种检修方式也被称为定期检修。我国对于定期检修的研究始于 20 世纪 50 年代，当时，我国从苏联引进了该项技术。定期检修是以时间参数为依据,对设备的检修行为进行有计划的安排,目的是在设备发生故障前实施检修。它一般以"浴盆曲线"为依据,根据设备磨损的统计规律和运行经验,事先确定检修等级、检修周期等相关事宜,若到达检修时间,则对其实施确定好的检修内容,进而达到预防故障发生的目的。定期维修的基本思想是"预防为主、到期必修",在制定检修周期及检修等级时,较多地强调设备运行的安全性,较少考虑维修行为的经济性,"到期必修"的特点也易造成维修过剩或维修不足。

第三阶段为现行的状态检修。第三次工业革命以后,设备检修的经济性越来越受到重视,此种情形下状态检修应运而生。20世纪90年代初,我国的电力企业开始引入这种先进的检修技术。状态检修是在设备实际所处状态的基础上,根据设备运行信息及历史运行数据预测设备状态趋势,从而制订检修计划。状态检修根据巡视信息、试验信息、在线监测信息、历史信息等,应用数据处理技术分析处理各种信息,然后通过一定的标准对设备进行状态评估,并在此基础上推测预测设备状态的发展趋势,根据预测结果,依照设备健康状况,实施维修行为。

状态检修虽然已经进入实用性阶段,但因受到在线监测和故障诊断等技术的制约,其发展还不是很成熟。自中华人民共和国成立以来,国内电力行业长期实施的是以定期检修和事后检修为主、状态检修为辅的检修制度。在整个电力系统中,配电网的建设和发展是较为落后的,并且由于各种客观的原因,造成配电网的发展仍相对缓慢,在可预见的、为时不短的前瞻时段内,电力系统中会同时存在几种不同的检修方式。因此,在建立配电设备状态检修优化模型时,必须同时考虑几种检修方式共同存在的情况。

1.3.4.2 状态检修国内外研究现状

状态检修是利用预防性试验信息、在线监测信息、巡检信息、历史运行记录及同类设备的家族性缺陷等信息,按照一定的标准,对设备当前的健康状态进行评估,并对设备在未来一段时间内的状态进行预测,进而制订出设备的检修计划,包括检修时间和检修等级。

状态检修工作最先在国外开展。20世纪70年代末,美国电力科学研究院开始了状态检修的研究与试点应用,其研究最早是针对电力二次设备展开的。1986年,美国电力科学研究院所属的监测和诊断中心在费城成立,该中心的工作主要是发电厂变电站设备的在线监测技术和定期监测诊断技术。截至目前,状态检修在美国已被广泛应用,相关统计数据表明,68%的美国大公司开始使用有关故障诊断的产品，状态检修工作正在逐步展开。20 世纪 80 年代以来，日本也开始对在线监测技术和设备状态评估工作进行研究与应用，其最早也是着手于电力二次设备，并在此基础上开展状态检修。此外，法国、芬兰、德国、荷兰等一些欧洲国家的电力公司也逐渐为实现设备的状态检修进行检修体制的改革。

为了推进状态检修工作的开展，1987 年，中华人民共和国国务院颁布的《全民所有制工业交通企业设备管理条例》指出："企业应当积极采用先进的设备管理方法和维修技术，采用以设备状态监测为基础的设备维修方法，不断提高设备管理和维修技术现代化水平。"之后，我国电力企业响应号召，于 20 世纪 80 年代开始对状态检修展开理论与应用研究。1990 年以后，有少数电力企业开始了对状态检修的试点应用。2001 年以来，我国电力企业已逐步开展大范围的状态检修。

1.3.4.3　状态检修技术及策略优化

状态检修是一种先进的检修体制，它的开展与多方面的管理工作密不可分，从不同的管理目标（即决策思想）出发，做出的决策各有不同。例如，芬兰的 IVO 输电服务公司研究应用的变电站检修管理系统（SOFIA），是通过对一座变电站实施长期检修计划，以降低全寿命周期成本的系统。日本发电设备检修协会在对日本核电站开展状态检修工作的专题研究中，重点以可靠性为中心的检修（reliability centered maintenance，RCM）对本国技术特点的适用性进行了研究，并将设备诊断和寿命评估技术应用到设备的状态检修。目前，国内外较为流行的检修管理目标有基于全寿命周期成本的检修、以可靠性为中心的检修及基于风险的检修（risk based maintenance，RBM）。

（1）基于全寿命周期成本的检修。

全寿命周期成本根据不同的行业标准有不同的定义。对于电力行业来讲，全寿命周期成本是指在电力系统安全可靠运行的前提下，设备在全寿命周期内所花费的总费用，包括购置和维护费用。全寿命周期成本的概念是由美国总审计处于 1933 年首次正式提出的。之后，这一概念迅速被推向了美国政府和民用部门。

基于全寿命周期成本的检修要求决策人员从设备的整个服役年限出发，制定出设备在整个服役年限内的检修方案，而不是局限在设备的一个检修周期内。在制订检修计划（检修时间及检修等级）时，不仅要考虑设备当前所处状态及设备检修效益，而且要计算设备未来的状态及全寿命周期内的检修效益。

Niwa 等人[23]对设备在全寿命周期内的可靠性参数进行了模糊预测,然后引入役龄回退因子及历史数据的影响,将设备的全寿命周期成本中的检修成本和故障成本最小化作为目标,建立检修优化的模型,并采用模糊规划理论对模型进行求解。该模型既能完成设备的检修决策,又能减少全寿命周期内设备的检修和维护成本。

(2)以可靠性为中心的检修。

以可靠性为中心的检修是围绕设备完成特定的功能展开的,以可靠性为中心的检修以设备的可靠性或故障后果作为决策的依据。通俗地讲,以可靠性为中心的检修要求根据设备及其部件的可靠性的高低,以最小的维修资源消耗为目标,最终确定待检修设备的检修内容、检修级别、维修周期等,以达到优化检修的目的。

RCM 包含两个方面:一是针对单台电力设备,决策的内容一般为设备的检修方式和检修周期等;二是 RCM 思想被引入设备检修计划优化,涉及的不仅仅是单台设备,而是某个系统,此时可靠性的含义也变成系统运行的可靠性,设备停运的后果不仅指设备故障对自身造成的影响,而且包含因设备停运所引起的系统损失后果。因此,RCM 产生了两个不同的体系:一是针对设备决策的RCM。其实施流程如下:①确定实施 RCM 的待修设备;②确定待修设备的功能;③确定设备的故障模式及影响分析;④确定设备的检修方式及检修周期。二是针对系统决策的 RCM。其实施流程如下:①确定系统中某台特定设备的重要程度;②确定检修周期内某个时段设备的状态及其故障类型;③利用基于可靠性检修理论,对待检修对象按照设备予以分类,制订检修计划。余杰等人[36]给出了效用的定义,即由状态健康指数、可靠性和可用性三个因子综合组成效用,并最终以单位成本提高的效用量最多为目标函数建立模型,进而达到选择出所需的检修方式的目的。

(3)基于风险的检修。

基于风险的检修是以风险评估为基础,对设备状态的监测和检修计划的安排进行优化管理。基于风险的检修是综合考虑事件发生的后果和事件发生的可能性大小,从 RCM 发展而来的。作为 RBM 的基础,风险评估综合考虑了经济效益和社会效益、风险、费用,使三者达到一种平衡,以最终达到风险最小、效益最大的目的。根据喇元等人[37]的描述,对电力设备实施 RBM 的步骤如下:①划分系统,确定研究的对象,然后建立模型;②对电气设备故障进行风险评估,包括停运概率的预测、设备停运的后果估算,进而对风险值进行分析计算;③基于风险的检修决策。

由于 RBM 能够反映突出发生概率较小但后果较为严重的事件，因此近年来其成为研究的热点。Faisal 等人[38]在配电网中定期计划检修和状态检修两种检修方式同时存在的前提下，以检修时设备停运造成的停电电量最小为目标函数，对配电设备未来一年的检修工作进行了优化安排。李明等人[39]从电网整体角度，分析电力设备检修与电网运行间的辩证关系，提出了电网状态检修的概念，对电网故障风险和电网检修风险进行了定义，并给出了两者的表达式，将设备检修、运行和电网整体运行进行有效的协调，实现了对设备基于风险的状态检修。潘乐真等人[40]从整个社会的角度出发，根据设备的停运可能造成的风险(包括设备自身风险、对人身环境的风险、对社会造成的风险和对电力系统造成的风险)构建设备风险评估体系，以综合风险最小为目标函数，优化检修决策。

1.3.5　电网资产更换研究现状

电力体制改革对电网企业经营环境、盈利模式等造成了重大影响，电网的投资效益越来越受到重视。推行电力体制改革，加强成本约束和收入监管是大势所趋，这将不得不推动电网企业向"降成本、提效益"的内部运营模式转变。如何经济合理地制定资产更新决策，合理延长电网设备寿命，有效提升设备的利用价值，对于电网企业的运营管理工作至关重要。

国内针对电网资产更换的研究不多，多数学者是围绕资产全寿命周期管理方法，采用不同的方法测算最大综合成本或综合效益，从而确定经济寿命的。赖佳栋等人[41]将所有费用分为一次投资费用和运行维护费用两部分，建立电网全寿命周期费用定量模型。其中，针对运行维护费长期发生的特点，建立基于灰色关联度确定分布类型的运行维护费用模型；用参数估计法求取各分布参数及分布概率；根据关联度最大原则确定最佳拟合分布函数。在针对具体设备方面，刘有为等人[42]考虑电力设备全寿命周期成本、供电收入和变压器经济性能、参数等对电力设备经济寿命的影响，提出随机模糊理论的变压器经济寿命评估新模型，确定最优更新策略，但未考虑成本时间价值。黄国日等人[43]以描述变压器老化失效的威布尔分布模型为基础，提出模拟其故障率浴盆曲线损耗故障期的方法，构建变压器经济寿命测算模型；但其只是进行了静态分析，未考虑资金的时间价值，且假定电网设备寿命符合浴盆曲线不一定成立，不能简单地以威布尔分布确定设备的使用寿命。

总结以上学者的研究成果可以发现，虽然针对电力设备经济寿命已有一定的研究，但对如何建立一种科学有效的测算模型，缺乏进一步研究。

1.3.6 电网资产综合评价研究现状

目前,对电网企业的综合评价已有较多研究。国内学者当前的评价角度主要着眼于电力体制改革、电网发展、电网内部管理状况等方面。对于电力体制改革,李涛等人[44]对我国电力市场的交易状况进行了量化评价,从行业基本面、市场设置和实际交易等维度展开。在开放的交易模式下,可靠的监管体系尤为重要,随着智能配网的发展,曾博等人[45]构建了多层次下的配网规划综合评价指标体系,对电力市场新格局下的智能配电网规划设立综合评价模型,以实现个体和群体利益的协调统一。新兴的分布式能源系统在综合评价上存在一定的难点,当前对新能源效益的研究主要着眼于新能源电站,从独立的电网企业展开的研究较少。董福贵等人[46]构建了包含分布式能源经济、能耗和环境因素在内的指标体系,并通过建立多属性加权决策模型对问题展开评价。在电网发展方面,学者对电力电量平衡、智能电力终端并网、电力企业经营状况、客户满意度,以及电力项目的需求和定价进行评价探讨,将复杂指标进行精简,运用层次分析和熵权组合的方法确定指标权重,弥补了单一主观或客观权重确定过程中的缺陷。在电网企业内部管理状况研究方面,有众多学者运用综合评价方法对电网目前的发展水平展开了研究,得出了中国不同地区电力行业发展的地区差异与特点。而对电网实物资产方面的研究则稍显薄弱,视角仅限于电网公司内部整体和单一设备上。樊娇等人[47]就电网企业运营优化,构建了全寿命周期管理体系框架,提出了一种资产管理研究思路,以资产寿命周期为起点,通过信息化方式,把资产全过程管理作为核心、流程优化作为重点,实现高效和低成本,同时能够避免传统的资产管理缺陷。

资产管理是未来电网企业收益核算的重要基础,众多学者及电网企业越来越注意到资产管理对企业运营的支持推动作用。现有的相关研究科学合理,对电力行业的稳健发展具有重要意义,但仍存在三个方面的不足:一是随着电网技术革新和投资规模的扩大,实物资产的科学评价也应更新推进,但目前对于电网实物资产方面的研究较为薄弱;二是评价过程多忽略了评价对象在时间轴上的资产价值动态变化趋势,不利于为评价对象提供科学决策;三是评价方法多采用单一的主观打分数据或客观统计数据进行测算评价,未考虑二者自身存在的局限性。

1.3.7 电力企业 DEA 研究及应用现状

目前,进行效率评估最主要的方法是数据包络分析(data envelopment analysis, DEA)。该方法是由著名的运筹学家 A.Charnes, W.W.Cooper, E.Rhodes 于

1978 年提出的,它是一种利用投入、产出指标测量决策单元的相对效率的非参数方法。该方法之所以在效率评估方面被广泛应用,是因为其仅仅依靠分析决策单元的投入与产出数据来评价决策单元的相对有效性,既不要求对生产函数做出假设,也不需要预先确定投入、产出的权重。最经典的数据包络分析模型是 CCR 模型和 BCC 模型。

目前,已有许多学者采用数据包络分析方法对我国电力能源做了大量研究,主要有以下三个方面。

(1)电力上市公司的经营绩效分析。

李永来[48]运用数据包络分析,对 2002—2007 年我国电力行业 39 家上市公司的绩效进行了评价。实证结果表明,由于电力行业改革尚未完成,整体上电力上市公司的效率尚有较大提升空间;分地区的排名显示,东部地区电力上市公司的技术效率和规模效率要优于中西部地区;未来电力行业改革要着力提升企业的各项效率,以优化资源配置。万维宏等人[49]采用 DEA 方法的 CCR 模型和超效率模型,比较了美国 PJM 市场在有竞争市场与假定无竞争市场情况下的发电厂效率,通过投入冗余度衡量影响发电厂效率的资源配置是否合理,根据计算结果,科学、客观地评估电力改革所带来的影响并分析原因,概括出 PJM 市场对我国电力工业改革的启示。江兵等人[50]在传统 DEA 模型的基础上,重点考虑电能投入约束,构造了基于电能节约的 CCR-Ie 和 CCR-Oe 模型;根据第二次全国经济普查中合肥市规上工业企业普查数据,以所属的 32 个行业为研究对象,采用 CCR,BCC,CCR-Ie,CCR-Oe 四种 DEA 模型,多角度地分析行业电能投入产出效率,得出技术效率、规模效益、电能利用效率、潜在电能可节约量和主营业务收入可增加量会影响电能投入产出效率的结论。

(2)电能–环境的协调发展研究。

邓英芝[51]基于松弛变量的网络数据包络分析模型 SBM-NDEA,研究了 30 个省级行政区域电力系统环境效率变动情况。算例分析结果表明,由于考虑了发电部门和输配部门间的竞争合作关系,SBM-NDEA 模型结果的区分度更高,比传统模型更适用于电力系统效率评价;同时,加强对中西部电力输出地区的转移支付,有利于实现电力系统的调度优化。邵留国等人[52]基于方向距离函数的网络 DEA 模型,对中国 2007—2013 年火电行业循环经济效率进行了评估,并进行了收敛性检验和影响因素分析。

(3)电力能源利用效率评估。

王喜平等人[53]基于 Malmquist 指数法,以发电煤耗量、供电煤耗量、发电设备利用小时数和发电厂用电率作为投入变量，以发电量、用电量作为产出变量，对我国2001—2008年电力行业能源利用效率进行了分解分析。程雯[54]利用DEA模型的研究方法，对2003—2010年我国电力产业的总体能源效率进行了分析，以技术效率测度电力产业的能源效率，并进一步将技术效率分解为纯技术效率和规模效率，分析了电力产业能源效率发生变化的原因。研究结果发现，我国电力产业的能源效率不断提高，但是总体水平仍然偏低，电力产业的技术水平改善空间较小，而规模效率提升空间较大。其中，煤耗是影响我国电力产业能源效率最重要的因素。

1.3.8 电力企业 FCE 研究及应用现状

模糊综合评价法（FCE）是一种基于模糊数学的综合评价方法。模糊综合评价法根据模糊数学的隶属度理论，把定性评价转化为定量评价，即用模糊数学对受到多种因素制约的事物或对象做出一个总体的评价。模糊综合评价法具有结果清晰、系统性强的特点，能较好地解决模糊的、难以量化的问题，适合解决各种非确定性问题。目前，模糊综合评价法在各行业都被大量地研究与应用，而在电力方面的研究主要包括以下三个方面。

（1）电力系统风险评估。

田野[55]采用改进的多层次模糊综合评价法，对20个风电项目的可行性报告和其他相关资料进行了综合分析，在确定各指标权重大小的基础上，计算各风险指标和项目整体指标的风险大小，通过实际工程案例对改进的多层次模糊综合评价法进行了实例验证，并对其风险指标进行敏感性分析，最终提出针对风电项目风险应对的技术措施。杨有民[56]基于模糊综合评价法对蒙电巴彦浩特光伏电站项目进行了风险评估，从技术风险、市场风险、经济风险、管理风险和环境风险五个方面进行了指标体系构建，并分别从这五个方面进行风险评价。邹松涛等人[57]运用模糊综合评价法对输变电工程项目进行风险评估，在对输变电工程项目风险的概念和特点进行细致分析的前提下，全面提炼了输变电工程项目建设中存在的风险因素，并建立了相应的指标体系，为输变电工程项目的风险评估提供了思路。

（2）电力设备状态评估。

孙辉等人[58]提出了一种基于组合赋权法与模糊理论的智能变电站继电保护设备状态评估方法，采用模糊综合评价法对设备状态进行评估，选取岭形模糊隶属度函数计算指标隶属度。算例分析结果表明，该模型具有高度的有效性和精确性。肖运启等人[59]提出一种基于状态参数趋势预测的大型风电机组运行状态模糊综合评价策略，并采用层次分析法构建出评价模型，在状态参数的劣化度计算中，结合模糊趋势预测策略，应用模糊隶属度加权进行逐层评价结论的综合，在总体评价结论的综合策略上，对传统方法进行有益的改进。

（3）电力项目评估。

蒋宇等人[60]提出了一种基于博弈论组合赋权的模糊综合评价方法，在综合考虑输变电工程项目特点的基础上，依据项目全寿命周期理论建立综合评价指标体系；通过博弈论赋权的方法，组合改进层次分析法（AHP）求取的主观权重与熵值法求取的客观权重，得出一种均衡主客观结果的最优权重；结合模糊数学理论，建立模糊综合评价模型。曹芳[61]为提高输变电工程项目决策效率，根据输变电工程项目决策需求，建立了输变电工程项目的综合评判因素体系，并根据其层级特点，采用两级模糊综合评判模型对输变电工程项目进行评估。

1.4　研究意义

1.4.1　有助于提高省级电网企业实物资产管理水平

目前，我国电力体制改革正处于逐步深化阶段。为了在电网急速发展过程中实现对电网资产的高效管理，迫切需要迅速提高省级电网企业实物资产管理水平。在新电改背景下，如何有效提高实物资产利用效率，成为衡量实物资产管理的重要基础。在这一情形下，探究实物资产管理费用和资产处于各阶段的决策优化措施，继而对实物资产进行综合评价研究，以应对新电改背景下电网企业发展面临的新形势，提升电网企业实物资产管理水平，为电网企业开展实物资产管理工作提供可参考的依据。

1.4.2　有利于更加合理地制定输配电价

现行输配电价定价办法中，准许收入由准许成本、准许收益及价内税金组成；而准许收益直接与有效资产相关。同时，成新率、逾龄资产等模糊指标均会影响准许成本和有效资产，进而最终影响输配电价。但在现行输配电价定价规则中，逾龄资产不在有效资产范围之内。由于历史原因，部分省级电网企业存在大量老旧资产，出于经济性及资源节约等方面的考虑，并未大量采用新设备对逾龄设备进行替换，逾龄资产占比较高。因此，有必要分析模糊指标对准许收入和输配电价的影响作用，并通过二者的影响作用的程度找出目前最为要紧的相关指标。在此基础上，基于公司发展战略视角，提出固定投资、资产报废和资产折旧年限等方面的优化策略，就此从投资策略视角提出优化实物资产管理的合理建议，进一步提升企业资产精益化管理水平，使资产发挥最佳经济效益,实现企业价值最大化。

1.5 研究内容与思路

本书具体研究内容分为现状分析、政策研究和电网企业资产优化管理研究三部分。其中,现状分析部分包含电网企业资产管理现状、国内外现状研究两部分;政策研究部分包含输配电价监管改革现状及发展趋势、输配电价改革对电网企业的影响分析两部分;电网企业资产优化管理研究部分包含实物资产评价指标勾稽关系研究、电网资产全寿命周期费用评估、实物资产折旧率合理区间、电网资产维修决策研究、电网资产更换决策研究、电网资产投资决策研究、电网资产综合评价研究和电网实物资产管理绩效评价八个部分。

本书研究思路如图 1.1 所示。

图 1.1 本书研究思路

第 2 章

输配电价改革对电网企业资产管理影响分析

2.1 输配电价监管改革现状及发展趋势

2.1.1 输配电价监管政策分析

2015 年 3 月 15 日，中共中央、国务院下发了《关于进一步深化电力体制改革的若干意见》(中发〔2015〕9 号)，开启了我国新一轮电力体制改革。随后，国家发展改革委、国家能源局等有关部门接连出台了包括《关于推进输配电价改革的实施意见》在内的配套文件。

输配电价改革是新电改中的重要环节之一。为提升政府价格监管水平、加强对网络型自然垄断输配电环节成本监审，我国相继出台了一系列改革文件和政策。这些文件和政策对电网企业投资导向影响较大，尤其是与输配电价相关的政策要求，包括《输配电定价成本监审办法》《区域电网输电价格定价办法》《省级电网输配电定价办法》等。输配电价核定相关文件汇总如表 2.1 所列。

表 2.1 输配电价核定相关文件汇总

发布时间	发布机构	文件名
2015 年 3 月	中共中央、国务院	《关于进一步深化电力体制改革的若干意见》
2015 年 6 月	国家发展改革委、国家能源局	《输配电定价成本监审办法(试行)》
2015 年 10 月	中共中央、国务院	《关于推进价格机制改革的若干意见》
2015 年 11 月	国家发展改革委、国家能源局	《关于推进输配电价改革的实施意见》
2016 年 10 月	国家发展改革委、国家能源局	《有序开放配电网业务管理办法》

表 2.1(续)

发布时间	发布机构	文件名
2016 年 11 月	国家发展改革委、国家能源局	《关于规范开展增量配电业务改革试点的通知》
2016 年 12 月	国家发展改革委	《省级电网输配电价定价办法(试行)》
2017 年 11 月	国家发展改革委	《关于全面深化价格机制改革的意见》
2017 年 12 月	国家发展改革委	《区域电网输电价格定价办法(试行)》
2017 年 12 月	国家发展改革委	《跨省跨区专项工程输电价格定价办法(试行)》
2017 年 12 月	国家发展改革委	《关于制定地方电网和增量配电网配电价格的指导意见》
2018 年 2 月	国家发展改革委	《关于核定区域电网 2018—2019 年输电价格的通知》
2019 年 5 月	国家发展改革委、国家能源局	《输配电定价成本监审办法》
2020 年 1 月	国家发展改革委	《省级电网输配电价定价办法》
2021 年 5 月	国家发展改革委	《"十四五"时期深化价格机制改革行动方案》

2015 年 3 月,中共中央、国务院发布《关于进一步深化电力体制改革的若干意见》。该文件的主要内容可概括为:有序推进电价改革,理顺电价形成机制;单独核定输配电价,逐步过渡到按照"准许成本+合理收益"原则,分电压等级核定;用户或售电主体按照其接入的电网电压等级所对应的输配电价支付费用;分步实现公益性以外的发售电价格由市场形成;妥善处理电价交叉补贴。

2015 年 6 月,国家发展改革委和国家能源局联合印发了《输配电定价成本监审办法(试行)》。该办法规定了输配电定价成本监审原则、构成与归集、核定方法、电网企业固定资产分类定价折旧年限。

2015 年 10 月,中共中央、国务院发布《关于推进价格机制改革的若干意见》。该文件提到:有序放开上网电价和公益性以外的销售电价;单独核定输配电价,分步实现公益性以外的发售电价由市场形成;按照"准许成本+合理收益"原则,合理制定电网输配价格;科学核定电网企业准许收入和分电压等级输配电价;稳妥处理和逐步减少交叉补贴。

2015 年 11 月，国家发展改革委修订和国家能源局印发了《关于推进输配电价改革的实施意见》，为贯彻落实中共中央、国务院发布的《关于进一步深化电力体制改革的若干意见》，提出推进输配电价改革相关意见。

2016 年 10 月，国家发展改革委、国家能源局发布了《有序开放配电网业务管理办法》。该办法提到，增量配电网业务范围内的用电价格由以下四部分组成：一是发电企业或售电公司与电力用户协商确定的电力交易价格；二是增量配电网接入电压等级所对应的省级电网公用网络输配电价(含线损和"交叉补贴")；三是增量配电网的配电服务价格；四是政府性基金及附加(由增量配电网业主代收、省级电网企业代缴)。增量配电网业务范围内的相关电压等级输配电服务价格，由所在省(区、市)的价格主管部门根据国家输配电价改革的相关政策制定。

2016 年 11 月，国家发展改革委与国家能源局印发了《关于规范开展增量配电业务改革试点的通知》。该通知规定试点区域内的电力用户应当承担国家规定的政府性基金及附加和政策性交叉补贴，由配电公司代收、省级电网企业代缴；对按规定应实行差别电价和惩罚性电价的电力用户，不得以试点名义变相对其提供优惠电价和电费补贴。

2016 年 12 月，国家发展改革委印发了《省级电网输配电价定价办法(试行)》。该办法明确要建立独立输配电价体系；以提供输配电服务相关的资产、成本为基础，确定电网企业输配电业务准许收入，并分电压等级、分用户类别核定输配电价；明确规定了折旧费、运行维护费、有效资产、准许收益等指标的核定原则和具体标准。

2017 年 11 月，国家发展改革委发布了《关于全面深化价格机制改革的意见》。该意见提出结合有序放开发用电计划，扩大市场形成发电、售电价格的范围，加快推进电力市场交易，完善电力市场交易价格规则，健全煤电价格联动机制；对输配电等重点领域全面开展定价成本监审，科学合理制定价格；积极借助第三方力量参与成本监审，逐步建立健全垄断行业定价成本信息公开制度；逐步缩小电力交叉补贴，完善居民电价政策。

2017 年 12 月，国家发展改革委出台了《区域电网输电价格定价办法(试行)》《跨省跨区专项工程输电价格定价办法(试行)》《关于制定地方电网和增量配电网配电价格的指导意见》三份政策指导文件，对于增量配网相关的价格制定问题做了明确指示，提出了配电价格的四种定价方法，即"招标定价法""准许收入法""最高限价法""标尺竞争法"。具体的价格表都需要配电网企业自己先制定，再报省级价格主管部门审核批准。配电网企业的配电价格应合理反映配电成本，以弥补配电网企业的合理成本，并引导用户合理使用配电资源。

2018 年 2 月，国家发展改革委进一步公布了《关于核定区域电网 2018—2019 年输电价格的通知》，核定了各区域、各省（自治区、直辖市）的"两部制"输电价格，并规定区域电网容量电价作为上级电网分摊费用通过省级电网输配电价回收，不再向市场交易用户收取。至此，增量配网运营所需要的价格机制基本成型。

2019 年 5 月，国家发展改革委、国家能源局联合印发了《输配电定价成本监审办法》。该文件在结合电力体制改革，借鉴和吸收国外输配电监管经验，总结首轮输配电成本监审试点实践的基础上，对 2015 年发布的《输配电定价成本监审办法（试行）》进行了修订。新办法的修订和完善，一是有利于科学核定输配电成本和价格，为深入推进输配电价改革与电力市场化发挥重要作用；二是有利于促进电网企业加强内部管理和降本增效，为降低实体经济用电成本，减轻社会负担创造条件；三是有利于改进政府对电网企业成本的监管，进一步提高成本监审制度化、规范化水平。

2020 年 1 月，国家发展改革委印发了《省级电网输配电价定价办法》。该办法主要突出四个方面：一是强化了合理约束。通过设置效率指标控制新增投资、完善准许收益率指标、严格认定可计提收益的有效资产、压缩营运资本等，进一步强化对电网企业的合理约束。二是细化了核价范围。明确省级电网输配电价与区域电网输电价格的边界、省内用户和"网对网"省外购电用户对省级电网准许收入的分担责任等，以体现"谁受益、谁负担"的原则，提供合理过网费信号。三是优化了电价结构。明确分电压等级输配电价的计算公式、准许成本和准许收益归集、分摊的方法，以及"两部制"电价构成等，以提升输配电价结构的科学性、可操作性。四是实化了监测制度。建立准许收入变化年度统计机制，健全电网企业定期信息报送制度等，强化对输配电价执行情况的跟踪监测。

2021 年 5 月，国家发展改革委出台了《"十四五"时期深化价格机制改革行动方案》。该行动方案明确，继续推动输配电价改革，持续深化上网电价市场化改革。

2.1.2 新旧定价成本监管办法对比

自 2015 年《输配电定价成本监审办法（试行）》实施后，通过总结输配电成本监审试点实践，并结合电力体制改革，同时借鉴和吸收国外输配电监管经验，国家发展改革委和国家能源局于 2019 年修订并发布了《输配电定价成本监审办法》。新修订的成本监管办法主要有以下三个特点。

一是强化成本监审约束和激励作用：对电网企业部分输配电成本项目实行费用上限控制；明确对电网企业未实际投入使用、未达到规划目标、重复建设等输配电资产及成本费用不列入输配电成本，引导企业合理有效投资，减少盲目投资；对企业重大内部关联方交易费用开展延伸审核，提高垄断环节成本的社会公允性。二是细化成本监审审核方法：通过明确不得计入输配电成本的项目，细化输配电定价成本分类、界限及审核方法，增加分电压等级核定有关规定等，进一步提升成本监审操作性。三是规范成本监审程序要求：进一步明确经营者配合责任及义务，增加对信息报送要求、程序，以及失信惩戒等规定，提高报送信息质量和效率。

新旧输配电定价成本监审办法的主要内容对比如表 2.2 所列。

表 2.2　新旧输配电定价成本监审办法对比

《输配电定价成本监审办法(试行)》	《输配电定价成本监审办法》
第一条　为加强对电网输配电成本的监管，规范输配电定价成本监审行为，提高输配电价制定的科学性、合理性和透明度，根据《中华人民共和国价格法》、《中共中央 国务院关于进一步深化电力体制改革的若干意见》(中发〔2015〕9 号)和《政府制定价格成本监审办法》(国家发展改革委令第 42 号)等有关规定，制定本办法	第一条　为提高输配电价制定的科学性、合理性和透明度，完善对电网输配电成本的监管，规范输配电定价成本监审行为，促进电网企业加强成本管理，根据《中华人民共和国价格法》、《中共中央 国务院关于推进价格机制改革的若干意见》、《中共中央 国务院关于进一步深化电力体制改革的若干意见》和《政府制定价格成本监审办法》(国家发展改革委令第 8 号)等有关规定，制定本办法
第二条　本办法适用于对提供输配电服务的电网经营企业(以下简称电网企业)实施定价成本监审的行为	第二条　本办法适用于政府制定或者调整省级电网、区域电网、跨省跨区专项工程(以下简称专项工程)输配电价过程中，对提供输配电服务的电网经营企业(以下简称电网企业)实施定价成本监审的行为
—	第三条　输配电定价成本，是指政府核定的电网企业提供输配电服务的合理费用支出。 省级电网输配电定价成本，是指政府核定的省级电网企业为使用其经营范围内输配电设施的用户提供输配电服务的合理费用支出。 区域电网输电定价成本，是指政府核定的区域电网经营者为使用其经营范围内跨省交流共用输电网络的用户提供输电服务的合理费用支出。 专项工程输电定价成本，是指政府核定的电网企业提供跨省跨区专用输电、联网服务的合理费用支出

表 2.2(续)

《输配电定价成本监审办法(试行)》	《输配电定价成本监审办法》
第三条 (二)相关性原则。计入定价成本的费用,应当与输配电服务相关	第四条　输配电定价成本监审应遵循以下原则: (二)相关性原则。计入定价成本的费用应当限于电网企业提供输配电服务发生的直接费用以及需要分摊的间接费用
第五条　输配电定价成本监审,应当以近三年经会计师事务所或审计、税务等政府部门审计(审核)的年度财务会计报告、会计凭证、账簿及电网投资、生产运行、政府核准文件等相关原始资料为基础	第五条　输配电定价成本监审应当以经政府有关部门或会计师事务所审计(审核)的监审期间年度财务报告、会计凭证、账簿,以及电网投资、生产运行、政府核准文件等相关资料为基础。未正式营业或者营业不满一个会计年度的不予实施成本监审
第四条　电网企业应当按照输配电定价监管需要建立、健全成本核算制度,按照电压等级、服务和用户类别准确记录和合理归集输配电的生产经营成本(费用)数据	第六条　电网企业应当按照输配电价格成本监管要求建立、健全成本核算制度和成本监审报表制度,完整准确记录、单独核算输配电业务成本和收入,并定期向政府价格主管部门上报。电网企业应当积极配合政府价格主管部门实施的成本监审工作,客观如实反映情况,并提供其所要求的财务报告、会计凭证、账簿、科目汇总表等相关文件资料和电子原始数据
第七条　折旧费指按与输配电服务相关的固定资产原值和一定折旧率计提的费用	第八条　本办法所指的折旧费,是对输配电业务相关的固定资产按照本办法规定的折旧方法和年限计提的费用
第八条　运行维护费指电网企业维持电网正常运行的费用,包括材料费、修理费、职工薪酬和其他费用。 (一)材料费指电网企业提供输配电服务所耗用的消耗性材料、事故备品、低值易耗品等费用。 (二)修理费指电网企业为了维护和保持输配电相关设施正常工作状态所进行的修理活动所发生的费用。	第九条　本办法所指的运行维护费,是电网企业维持电网正常运行的费用,包括材料费、修理费、人工费和其他运营费用。 (一)材料费指电网企业提供输配电服务所耗用的消耗性材料、事故备品等,包括企业因自行组织设备大修、抢修、日常检修发生的材料消耗和委托外部社会单位检修需要企业自行购买的材料费用。 (二)修理费指电网企业为了维护和保持输配电相关设施正常工作状态所进行的外包修理活动发生的检修费用,不包括企业自行组织检修发生的材料消耗和人工费用。

表 2.2(续)

《输配电定价成本监审办法(试行)》	《输配电定价成本监审办法》
（三）职工薪酬指电网企业为提供输配电服务的职工提供的各种形式的报酬，包括职工工资、奖金、津贴和补贴，职工福利费，养老保险、医疗保险费、工伤保险费、失业保险和生育保险费等保险费用，住房公积金，工会经费和职工教育经费等； （四）其他费用指电网企业提供正常输配电服务发生的除以上成本因素外的费用。包括办公费、会议费、水电费、研究开发费、电力设施保护费、差旅费、劳动保护费、物业管理费、保险费、劳动保险费、土地使用费、无形资产摊销等	（三）人工费指电网企业从事输配电业务的职工发生的薪酬支出，包括工资总额(含津补贴)、职工福利费、职工教育经费、工会经费、社会保险费用、住房公积金，含农电工、劳务派遣及临时用工支出等。 （四）其他运营费用指电网企业提供正常输配电服务发生的除以上成本因素外的费用。主要包括： 1.生产经营类费用。包括农村电网维护费、委托运行维护费、租赁费等。 2.管理类费用。包括办公费、会议费、水电费、物业管理费、差旅费等。 3.安全保护类费用。包括电力设施保护费、劳动保护费、安全费、设备检测费等。 4.研究开发类费用。包括研究开发费等开展与输配电服务相关的产品、技术、材料、工艺、标准的研究、开发过程中发生的费用支出。 5.价内税金。包括车船使用税、房产税、土地使用税和印花税。 6.其他费用。包括无形资产摊销、低值易耗品摊销、财产保险费、土地使用费、管理信息系统维护费等
第九条　下列费用不得列入输配电定价成本： （一）不符合《中华人民共和国会计法》等有关法律、行政法规和国家财务会计税收制度规定的费用； （二）与电网企业输配电业务无关的费用或虽与输配电业务有关但按照国家有关规定由政府补助、政策优惠、社会无偿捐赠等冲减的费用； （三）滞纳金、违约金、罚款； （四）捐赠、公益广告、公益宣传费用； （五）除不可抗力的固定资产盈亏、毁损、闲置和出售的净损失； （六）特许经营权费用；	第十条　下列费用不得计入输配电定价成本： （一）不符合《中华人民共和国会计法》等有关法律法规和国家有关财务会计、价格监管制度等规定的费用。 （二）与电网企业输配电业务无关的费用。包括： 1.宾馆、招待所、办事处、医疗单位、电动汽车充换电服务等辅助性业务单位、多种经营及"三产"企业的成本费用； 2.电网企业所属单位从事市场化业务对应的成本费用； 3.抽水蓄能电站、电储能设施、电网所属且已单独核定上网电价的电厂的成本费用； 4.独立核算的售电公司的成本费用； 5.其他与输配电业务无关的费用。 （三）与输配电业务有关但按照国家有关规定由政府补助、政策优惠、社会无偿捐赠等

表 2.2(续)

《输配电定价成本监审办法(试行)》	《输配电定价成本监审办法》
	有专项资金来源予以补偿的费用。 (四)各类赞助、滞纳金、违约金、罚款,以及计提的准备金。 (五)各类广告、公益宣传费用(停电故障信息公告、电力安全保护宣传、电力设备安全警示等费用除外)。 (六)除不可抗力外的固定资产盈亏、毁损和出售的净损失。
(七)向上级公司或管理部门上交的利润性质的管理费用、代上级公司或管理部门缴纳的各项费用、向出资人支付的利润分成以及对附属单位的补助支出等; (八)其他不合理支出	(七)向上级公司或管理部门上交的利润性质的管理费用、代上级公司或管理部门缴纳的各项费用、向出资人支付的利润分成以及对附属单位的补助支出等。 (八)经相关政府主管部门认定,在监审期间内除政策性因素外造成的未投入实际使用、未达到规划目标、擅自提高建设标准的输配电资产相关成本费用支出;国家重大输配电项目建设中,因企业自身责任导致工期延误、工程质量不合格、重复建设等造成的额外投资费用支出。 (九)其他不得计入输配电定价成本的费用
一	第十一条 省级电网输配电定价成本按照500千伏及以上、220千伏(330千伏)、110千伏(66千伏)、35千伏、10千伏(含20千伏)、不满1千伏分电压等级核定
第十三条 折旧费的核定。计入定价成本的折旧费原则上按照监审时前一年的可计提折旧输配电固定资产原值和定价折旧率分类核定	第十二条 折旧费。计入定价成本的折旧费,按照监审期间最末一年的可计提折旧输配电固定资产原值和本办法规定的输配电固定资产分类定价折旧年限,采用年限平均法分类核定
第十三条 定价折旧率。输配电固定资产定价折旧采用年限平均法。定价折旧年限根据输配电固定资产的类别、设备运行环境和实际使用情况等因素确定。2015年1月1日以前形成的输配电固定资产,定价折旧率按照国家电网公司、南方电网公司规定的折旧年限的中值并结合固定资产实际使用寿命确定,其他电网企业参	第十五条 输配电固定资产定价折旧年限。2015年1月1日以前形成的输配电固定资产,定价折旧率按照国家电网公司、南方电网公司规定的折旧年限中值确定,其他电网企业参照执行;2015年1月1日及以后新增的输配电固定资产,原则上按照本办法规定的电网企业固定资产分类定价折旧年限(见附件),结合自然环境及电网发展水平等

表 2.2(续)

《输配电定价成本监审办法(试行)》	《输配电定价成本监审办法》
照执行；2015 年 1 月 1 日及以后新增的输配电固定资产，按照本办法规定的电网企业固定资产分类定价折旧年限(见附件)，结合各地自然环境及电网发展水平等实际情况确定。固定资产残值率一般按 5%确定	实际情况确定。电网企业实际折旧年限高于本办法规定的折旧年限，按照企业实际折旧年限核定。固定资产残值率按 5%确定
第十四条　运行维护费的核定。 (一)材料费。原则上按监审时剔除不合理因素后的前三年平均值核定。 (二)修理费。原则上按监审时剔除不合理因素后的前三年平均值核定。高于行业平均水平较多的，可根据实际情况适当核减	第十六条　材料费、修理费。按剔除不合理因素后的监审期间平均值核定，但本监审期间核定的新增材料费、修理费两项合计，原则上不得超过本监审期间核定的新增输配电固定资产原值的 2.5%。超过 2.5%的，电网企业应证明其合理性，具体数额根据评估论证后确定。特殊情况下，因不可抗力、政策性因素造成一次性费用过高的可分期分摊
第十四条　运行维护费的核定。 (三)职工薪酬。国家电网公司、南方电网公司所属电网企业工资总额参照监审时前一年国务院国有资产监督管理部门有关国有企业工资管理办法核定	第十七条　人工费。国家电网公司、南方电网公司所属电网企业工资总额(含津补贴)参照监审期间最末一年国务院国有资产监督管理部门有关国有企业工资管理办法核定。 ………… 农电工、劳务派遣、临时用工性质的用工支出未包含在工资总额内的，在不超过国家有关规定范围内按照企业实际发生数核定
第十四条　运行维护费的核定。 (四)其他费用。原则上按监审时剔除不合理因素后的前三年平均值核定，其中，会议费、差旅费、办公费、广告宣传费、业务招待费、物业管理费等非生产性质的费用，按剔除不合理因素后的最低年份水平确定。其他费用高于行业平均水平较多的，可根据实际情况适当核减	第十八条　其他运营费用。 (一)管理类费用。按剔除不合理因素后的监审期间最低年份水平确定，但不得高于上个监审周期核定水平。 (二)生产经营类费用、安全保护类费用、研究开发类费用。按剔除不合理因素后的监审期间平均值核定。其中，租赁费、委托运维费、研究开发费等涉及内部关联交易的，可进行延伸审核，按照社会公允水平核定；社会公允水平无法获得的，按照实际承担管理运营维护单位发生金额核定。 (三)其他费用。按剔除不合理因素后的监审期间平均值核定。 (四)价内税金。按照现行国家税法规定监审期间最后一年水平核定。

表 2.2(续)

《输配电定价成本监审办法(试行)》	《输配电定价成本监审办法》
	(五)其他运营费用占本监审期间核定的输配电固定资产原值的比例,不得超过上一监审期间核定的比例;剔除生产经营类、安全保护类费用后的其他运营费用,不得超过本监审期间核定的运行维护费(仅包括材料费、修理费、人工费和其他运营费用中的生产经营类费用)的20%
—	第四章(新增)

2.1.3 输配电价监管趋势分析

随着输配电价相关文件的颁布与修订,政府部门对电网企业输配电价的监管方式也做出了相应的改变。从文件修订内容看,国家对输配电价的监管日益严格,对用于确定输配电价的各项成本、其他运营费用等方面提出了更为严格的标准。可以预见,在第二个监管周期内输配电价将进一步下跌。

2.1.3.1 输配电价监管日趋严峻,对电网投资效率提出更高要求

《省级电网输配电价定价办法》《输配电定价成本监审办法》都提出剔除低效、无效投资或因管理不善造成的不必要成本。例如,《省级电网输配电价定价办法》中新增了第十三条:"经国务院价格主管部门同意,具备条件的地方,可对按照功能定位明确界定为单个或少数省内自用电源点服务的发电接网工程制定单独的发电接入价,相关成本费用不纳入省级电网输配准许收入回收。"从此条规定中可以看出,政府严格限制了省级电网输配准许收入。两个新办法对准许成本、准许收入、准许收益都做了新的要求。其中,对准许收益里的有效资产界定有了新的要求,说明政府要求电网企业提升生产项目投入精准性、加强生产项目过程管控力度,加强投资的严谨性,未来国家的监管力度会更强。

《输配电定价成本监审办法》第十条"不得计入输配电定价成本"中增加了一项:"(八)经相关政府主管部门认定,在监审期间内除政策性因素外造成的未投入实际使用、未达到规划目标、擅自提高建设标准的输配电资产相关成本费用支出;国家重大输配电项目建设中,因企业自身责任导致工期延误、工程质量不合格、重复建设等造成的额外投资费用支出。"从此条新增规定中可以看出,政府对成本监控越来越严格,对电网企业的要求有以下三点:第一,多维度分析生产项目的实际意义,全面做好预期效益分析,提高分析深度,以此

作为投资立项的基础；第二，加强公司自身的监管力度、生产项目过程管控力度，严控工期及工程质量，降低因管理不善或其他可控因素造成的不必要成本；第三，加强同投资部门的沟通，避免发生非有效投入、过度投资。未来电网投资受到的硬约束会越来越多，投资与需求不匹配的矛盾将会日益突出，如何识别投资与需求的内在联系成为解决矛盾的关键。同时，政府在让电网企业从原有的被动接受监管朝主动加强自身成本管理、降低输配电成本的方向转变。

2.1.3.2　折旧年限的变化、各类成本费用核定上限约束，使得输配电价持续下滑

表 2.3 列出了新旧输配电定价成本监审办法中设备折旧年限变化的具体情况。从新办法中可以看出，政府延长了设备的折旧年限。例如，输配电线路折旧年限有 2~5 年的延长，将导致折旧费用产生约 1% 的降低。一方面，这对于电网企业利润空间有很大的影响，对于增量资产而言，折旧费的减少会导致准许成本的减少，使得准许收入下降，进而使得输配电价下降。另一方面，折旧年限延长相当于延长设备使用年限，在技术和管理上就有更高的要求。要求企业严格把控设备采购、运行维护管理等环节。折旧年限的延长对人员培训、设备养护方面也提出了更深刻的要求，这意味着电网企业在设备投入方面需要进一步增加预算。为了维护现有设备，延长其运行年限，电网企业在操作人员培训、电网设备管理制度方面需要采取进一步的措施，增加工作人员的相应知识储备，在操作过程中减少失误。《输配电定价成本监审办法》明确规定，"已提足折旧仍继续使用的输配电固定资产折旧费不得计入输配电定价成本"，定价成本在折旧费上的要求也变得更严格。

表 2.3　新旧输配电定价成本监审办法中设备折旧年限变化

资产类别		设备折旧年限/年	
		《输配电定价成本监审办法(试行)》	《输配电定价成本监审办法》
输配电线路	500 kV 及以上	30~35	30~38
	220 kV(330 kV)	28~32	28~34
	110 kV(66 kV)	24~30	26~32
	35 kV	18~25	18~30
	10 kV(20 kV) 及以下	15~22	16~26
变电配电设备	110 kV 以上	20~30	25~33
	110 kV 及以下	15~22	18~24

表 2.3(续)

资产类别		设备折旧年限/年	
		《输配电定价成本监审办法(试行)》	《输配电定价成本监审办法》
其他	用电计量设备	6~9	8
	通信线路及设备	6~9	8
	自动化设备及仪器仪表	8	8
	检修维护设备	10	10
	运输设备	10	10
	生产管理用工器具	10	10
	辅助生产用设备及器具	20	20
	生产性房屋、建筑物	30	30
	非生产性房屋、建筑物(新增类别)	—	50

《省级电网输配电价定价办法》还指出，材料费、修理费和人工费三项合计按照不高于监管周期新增输配电固定资产原值的 2% 核定。这项规定进一步压缩了电网企业的运维费用，限制了电网企业历史监审期和未来监管期的生产项目成本费用的投入规模。《输配电定价成本监审办法》还在其他运营费用上提出剔除生产经营类、安全保护类费用后的其他运营费用，不得超过本监审期间核定的运行维护费(仅包括材料费、修理费、人工费和其他运营费用中的生产经营类费用)的 20%。此项规定不仅表明了政府在缩减运维费用上的决心，而且制约了生产项目投入规模，督促企业主动提升节约成本的能力，要求保障电网安全稳定运行的合理费用支出，引导企业定向降本，而成本下降的结果就是输配电价整体降低。

2.1.3.3 其他运营费用的明确及新增经营者义务，使得输配电定价成本监管日益严格

《输配电定价成本监审办法》进一步细化分类其他运营费用，将成本构成里的其他运营费用细化为生产经营类费用、管理类费用、安全保护类费用、研究开发类费用、价内税金、其他费用。这一改变进一步发挥了成本监审激励约束作用，增加了投资的合理性，严格规定了其他运营费用的范围，相较于之前试行办法的笼统归纳，如今电网企业在做成本构成认定时需要更严谨，要突显出政府进行成本监审会更严格的趋势。

《输配电定价成本监审办法》新增的"第四章　经营者义务"中指出："电网

企业应当按照输配电成本监审要求，区分省级电网、区域电网、专项工程，分电压等级、用户类别单独核算并合理归集输配电的生产经营成本（费用）及收入等数据。"其还规定了电网企业在进行成本核定时应严格分类核定主体，要求电网企业规范自身监管制度，加强内部管理，应当建立健全内部关联方交易管理制度。在"第四章　经营者义务"中还可以看到，政府严格规范了电网成本监审条例，对电网企业进行成本监审时所需资料做了详细规定。从这部分新增的内容中可以看出，政府对电网企业的要求从笼统宽松转向细化严谨，态度从试探转向强硬。未来，政府监管会更严，态度也会更强硬。

2.2　输配电价改革对电网企业的影响分析

当前，输配电价改革持续推进，国资国企监管日益严格，输配电价改革已由"建机制"转入"强监管"，对电网企业也产生了深刻的影响，主要体现在电网企业的有效资产认定、盈利模式、投资管理、资产管理、成本管理及预算管理等方面。

2.2.1　对电网企业有效资产认定的影响

根据《省级电网输配电价定价办法》，只有形成有效资产的投资，才能纳入准许成本和准许收益核定基数，但资产是否可以核定准许成本和准许收益，还需要根据其用途及形成缘由判断确定。具体来看，对于电网投资的输配电资产，如果是公用网络且通过审批的，那么可计提折旧、不可计提运维费和计提收益；如果是公用网络但未通过审批的，那么不可计提折旧、运维费及收益。

表 2.4 列出了输配电价改革前后折旧费用核算对比情况，通过表 2.4 可以发现，对于用户或政府投资的输配电资产，如果是公用网络且属于有偿移交的，那么可计提运维费和收益，其中通过审批的还可计提折旧，反之不可计提折旧；如果是公用网络且属于无偿移交的，那么不可计提折旧及收益，但可计提运维费；如果是专用网络资产的，那么不可计提折旧、运维费及收益。

表 2.4　输配电价改革前后折旧费用核算对比情况

项目	输配电价改革前	输配电价改革后
计算方法	固定资产原值×折旧率	可计提折旧输配电固定资产原值×定价折旧率
可计提折旧范围	所有固定资产	履行必要审批、决策手续建设的符合规划的包括线路、变电设备及其他与输配电业务相关的资产
折旧年限	按照电网资产经验使用年限计算	以 2015 年 1 月 1 日为分界时点，分别核算，并结合各地自然环境及电网发展水平等实际情况确定

2.2.2 对电网企业盈利模式的影响

输配电价改革后，电网由市场交易主体逐步转变为输配电服务商，这充分发挥了社会公共事业服务职能。电网购售电价差的盈利模式也转化为"准许成本+合理收益"的盈利模式，使电网收入更加稳定。传统模式下，电网售价和购价的差额决定了电网的主营收入，同时电量销售随着经济增长持续升高，电网收入也继续加大。当前，"准许成本+合理收益"的核定原则使电网成本受到控制，电网收益更加合理，在某种程度上维护了电网企业总收入的稳定性。即使电网输配电量增加、购电成本减少，也不会提升当期收入，对电网企业盈利空间产生巨大影响。

2.2.2.1 影响企业成本

电网企业成本构成与其经营过程和核算方法有关。其成本构成主要包括输配电成本和购电成本。在现有业务模式下，购电成本在电网企业成本中所占比重较高，是电网企业成本管理的重点。输配电价改革后，输配电资产折旧在总成本中所占比重较高，是电网企业成本管理的重点。《输配电定价成本监审办法》要求电网企业必须按照电压等级、服务和用户类别准确记录及合理归集输配电的生产经营成本(费用)数据。

随着输配电价改革的落实与推进，准许收入、准许成本、准许收益成为核定企业未来经营发展整体收入水平的主要依据，其中有效资产与折旧率、运行维护费率决定了准许成本。输配电价改革的落实与推进，可以保障电网的有效投资和成本回收，使其收益不再与发电、售电价格高低相关，与发电、售电企业原有的利益之争得以消除，在直接交易中将保持无歧视、中立、开放的地位。在成本加收益管理方式下，输配电价改革对企业成本的核定有至关重要的作用，各类型、各电压等级资产构成将决定分类电价水平，通过价格信号引导用电选择。

2.2.2.2 影响收益来源

电网企业多年来的经营收入主要依据销售电价和上网电价价差，依托经济快速发展带来的售电量的不断增长，但这种核算方式受制于上网电价和销售电价，没有独立的价格形成机制，购销价差模式下电网公司成本回收和收益获取缺乏稳定性，不利于电网长期健康、可持续发展。结合输配电价改革后电价核定的基本原理，电网企业准许收入核算模式将转换为成本加收益，包含输配电成本、合理的收益及各项税金的总和，其收益与输配电价紧密相关。在这种盈利模式下，政府采取事前监管，对电网企业在未来监管期内的资产规模进行事前核算，通过核算有效成本制定更加市场化的电价。

以"准许成本+合理收益"为定价方法的输配电价改革，改变了电网企业传统以购售电价差为收入的主要盈利模式，把事后定价变成了事前定价，在一定程度上提升了电网企业收益的稳定性。新输配电价模式能够传递投资信号，引导适度投资，避免出现投资不足和过剩投资而导致浪费的结果。但在新一轮各省输配电价改革核定资产过程中，部分资产无法纳入有效资产，在一定程度上影响了企业准许收入核定水平。

2.2.3　对电网企业投资管理的影响

《省级电网输配电价定价办法》提出，预计新增投资计入固定资产比率，这是指预计新增输配电固定资产投资额可计入当期预计新增输配电固定资产原值的比率，原则上不超过上一监管周期新增投资计入固定资产比率，最高不得超过新增输配电固定资产投资的75%。这意味着剩下的新增输配电固定资产投资的25%将不计入监管周期内新增的准许成本，这部分成本将由电网企业自己承担，不能作为省级输配电网的准许收入。

2.2.3.1　影响投资能力与投资需求的协调

在输配电价改革之前，电网企业的利润是由售电量、售电价格和电价扣除输配电的成本费用决定的，提高平均售电价格和减少输配电的成本可以有效提高利润。在输配电价改革之后，输配电价将由政府核定。这对电网企业的实际利润和投资能力产生了直接的影响。而电网发展需求旺盛：一是大电网安全运行压力很大，部分地区还存在安全隐患和薄弱环节，超高压等省级输电主网架仍然需要不断优化完善；二是在电网诊断过程中发现仍然存在配电网"卡脖子"、农网低电压等问题，电网投资需求较大；三是国家日益重视电网投资在稳增长中的作用，尽可能满足最大限度接纳新能源、农网改造等政策性投资要求。因此，经营压力不断增大与电网发展需求继续增长，导致电网投资需求增加与电网企业投资能力受限的矛盾日益突出。

2.2.3.2　增加投资监管力度

未来，输配电的成本在很大程度上取决于当前的投资决策，电网成本的监管必须包括对电网投资的监督。根据新电价核定原则，电网投资和盈利模式已经从主要依靠电力增长向投资管理和成本控制转变与过渡。国家发展改革委更加重视在电网过度投资和输变电设施利用率低的问题。另外，国家相关部门对电网企业投资的合规性、有效性加大了监管力度。其中，审计部门重点关注电网企业投资行为是否合法及重大政策的落实情况；能源、电价等行业监管部门强调投资的合规性、有效性，针对电网投资成效开展专项评价；国务院国有资产监督管理委员会要求中央企业降杠杆、减负债，制定违规经营投资责任追究细则，列出负面清单，对于违规投资要严肃追责、终身追责。

2.2.4　对电网企业资产管理的影响

电网企业的资产更新越来越快，价值也越来越高，并且种类繁杂，在实际工作中有较大的管理难度，尤其是在输配电价改革后，要求资产的管理更加精细和严格。

2.2.4.1　资产分类与具体核算

根据国家监管部门的要求，需要对输电和配电资产进行准确区分，划分监管资产和非监管资产、存量资产与增量资产，并在固定资产卡片中标注清楚资产折旧率等信息。同时，要以电网设备的功能划分、建设目的为基本出发点，以电量计量点的位置为主要依据，以运维业务的管理颗粒度为主要参考进行资产组划分，实现同一会计期间内成本收入的相互可比。

2.2.4.2　更加重视资产有效性

当前，电网资产利用水平逐步成为监管重点和依据，在此背景下，对国资国企的监管日益严格。《输配电定价成本监审办法》明确规定了电网企业有效资产的范围。该办法指出，电网企业未经有权限的政府主管部门批准的重大投资项目，或者不符合电力规划、尚未履行必要备案程序的自主投资项目，不得纳入输配电有效资产。有效资产的价值关系到折旧费和运行维护费的计提，对准许成本和准许收入有较直接的影响。

2.2.5　对电网企业成本管理的影响

输配电价改革后，准许成本成为准许收入的一部分，企业获取的收入与其成本直接相关。在准许成本的构成要素中，折旧率、运维成本、售电量等对准许收入的影响程度较大。相应地，这些因素对电网企业成本管理也有深刻的影响，集中体现在《输配电定价成本监审办法》和相关参数的计算标准上。输配电价改革前后运行维护费用核算对比如表2.5所列。

表 2.5　输配电价改革前后运行维护费用核算对比

费用构成		电改前	电改后	
			存量	增量
运行维护费	材料费	据实计入，不考虑与输配电业务的相关性	监审前一年年末固定资产原值×三年平均材料费率	不高于预测年度的新增固定资产原值的 1%
	修理费	据实计入，不考虑相关资产是否为有效资产	监审前一年年末固定资产原值×三年平均修理费率	不高于预测年度的新增固定资产原值的 1.5%
	职工薪酬	按照员工绩效考核办法，对员工工资及福利费进行核算	按照企业人资部和国资委批复的工资总额	职工福利费、住房公积金、职工教育经费、工会经费最高分别不能超过计入定价成本的工资总额的 14%、12%、2.5%、2%
	其他费用	据实计入	监审前一年年末固定资产原值×三年平均其他费用费率	不高于电网经营企业监管期初前三年历史费率水平的 70%，同时不高于监管周期新增固定资产原值的 2.5% 核定

　　首先，准许成本核定范围与核定标准更加严格。在输配电价改革之前，并没有明确界定应纳入输配电价成本的范围和标准；在输配电价改革之后，对准许成本的构成要素进行了规定，详细列示了可计入准许成本的范围（折旧费和运行维护费）与不得计入的费用，同时规定了相应的标准或标准的确定办法，如固定资产残值率按照5%进行确定，220 kV（330 kV）输配电线路的折旧年限为28~34 年。

　　其次，电网企业需分类核算定价成本。《关于进一步深化电力体制改革的若干意见》《输配电定价成本监审办法》的颁布和落实，加大了对电网投资和成本的监管力度。《输配电定价成本监审办法》规定了输配电成本要与输配电服务相关，与输配电服务无关的费用均不能计入准许成本。过去，电网企业并没有用户类型和电压等级核算成本。输配电价改革之后，出现了定价成本的概念，需要对全部成本按照不同用户和不同电压等级进行分摊，并以此确定不同用户、不同电压等级的输配电价，以求实现电力改革后电网有效资产及准许成本的准确计量，为新的盈利模式下电网企业的投资转型提供支撑。

2.2.6 对电网企业预算管理的影响

实施预算管理既是对未来经营管理活动的事前筹划，也是实现企业战略目标的重要支撑和途径。由于电网企业资产分布范围广、营运环境复杂、管理成本和维修成本较高，因此其预算管理能力通常受到各方制约。

输配电价改革中，对准许成本构成要素进行了详细的规定：一方面，明确了预算管理指标的内容和具体标准，使得电网企业预算编制有据可依，有利于打破财务管理与业务管理之间的壁垒；另一方面，对收益率和投资情况预测精度提出更高的要求，为了判断是否需要申请调整输配电价，电网企业需要根据调整机制控制准许收入或实际收益率。另外，电网企业要重视对实际投资规模与进度的把握和控制，减少因实际投资与规划之间的差异而造成的影响。

2.3 本章小结

本章首先将新旧输配电定价成本监审办法进行了对比，可以看出政府严格规范了电网成本监审条例，对电网企业进行成本监审时所需资料做了详细规定；对电网企业的要求从笼统宽松转向细化严谨，态度从试探转向强硬；未来政府监管会更严，态度也会更强硬。其次分析了输配电价监管的未来趋势。

第一，输配电价监管日趋严峻，未来电网投资受到的硬约束会越来越多，投资与需求不匹配的矛盾将会日益突出，如何识别投资与需求的内在联系成为解决矛盾的关键。

第二，定价成本在折旧费上的要求也变得更严格，这就要求电网企业具有主动提升节约成本的能力。

第三，明确了其他运营费用，并且新增了经营者义务。

同时，分析了输配电价改革对电网企业的影响，指出输配电价改革已由"建机制"转入"强监管"，对电网企业也产生了深刻的影响，主要体现在以下六个方面。

第一，在有效资产认定上，明确规定了只有形成有效资产的投资才能纳入准许成本和准许收益核定基数；但资产是否可以核定准许成本和准许收益，还需要根据其用途和形成缘由来判断确定。

　　第二，在盈利模式上，电网购售电价差的盈利模式也转化为"准许成本+合理收益"的盈利模式，电网收入更加稳定。

　　第三，在投资管理上，输配电价将由政府核定，因此，也将对电网企业的实际利润和投资能力产生相当直接的影响。另外，国家相关部门对电网企业投资的合规性、有效性加大了监管力度。

　　第四，在资产管理上，对资产的管理要求更加精细和严格，并且更加重视资产有效性，指出电网企业未经有权限的政府主管部门批准的重大投资项目，或者不符合电力规划、尚未履行必要备案程序的自主投资项目，不得纳入输配电有效资产。

　　第五，在成本管理上，准许成本核定范围与核定标准更加严格。

　　第六，在预算管理上，明确了预算管理指标的内容和具体标准，同时对收益率和投资情况预测精度提出更高的要求。

第3章

实物资产评价指标勾稽关系研究

输配电价作为整个电力产业价格链条的中间环节，在电力市场中具有举足轻重的地位，其公开透明化已成为社会舆论的焦点。合理的电价形成机制是电力市场改革的基础和关键，它需要反映电力生产的真实成本和市场供需关系，从而为各市场成员提供明确的价格信号，正确引导市场消费和电力投资，优化社会资源配置。在这次输配电价改革中，《输配电定价成本监审办法》《省级电网输配电价定价办法》等相关规范的出台，标志着我国在建设输配电价监管体系过程中逐步走向科学化、规范化、公开化。如前所述，在"准许成本+合理收益"大原则下，这次输配电价改革给电力行业带来了范围广、深度大的影响。电力行业的上下游角色面对此项巨变，有厘清输配电价核定方法、研究具体影响方面、提出应对策略的必要需求。但电网实物资产分析评价过程中涉及较多的评价指标，导致评价指标间的层次结构复杂，因此需要将这些数量繁多、关系复杂的指标进行分层、分类整理，以找出指标间的勾稽关系，为进一步开展实物资产评价提供依据和准绳。具体来说，需要利用各评价指标的实际意义和内部影响关系，搭建指标勾稽关系，挖掘关键核心指标。本章在分析新一轮电力市场改革背景下，在省级电网输配电定价模型的基础上，主要考察两方面内容：一是利用解释结构模型分析输配电价改革目标下的电网企业实物资产评价指标间的勾稽关系，为下一步实物资产评价提供依据和准绳；二是利用偏最小二乘法定量分析各评价指标对输配电价的影响方向及程度，在此基础上，找出当前影响输配电价的关键指标。

3.1 输配电定价模型

在新电改环境下，省级电网输配电价主要包括三部分：一是省级电网共用网络输配电价，包括输配电价总水平和分电压等级水平；二是对于竞价上网的电网输配电价，包括电网接入价和接出价；三是给电力系统提供辅助服务的用户所对应的输配电价，即辅助服务价格。本章主要对省级电网共用网络输配电定价方法和模型进行研究。省级电网输配电价如图 3.1 所示。

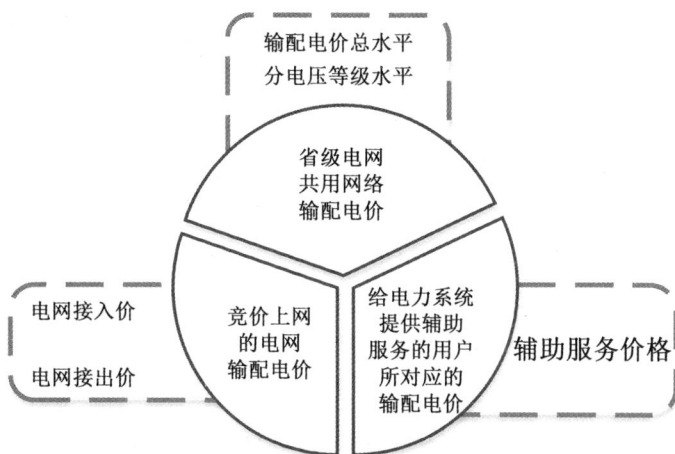

图 3.1   省级电网输配电价示意图

3.1.1   输配电定价目标

电能既具有商品属性，又具有自然垄断特性，因此，输配电定价管理具有双重目标，即效率目标与公平目标。从经济学理论角度来看，价格机制是完全市场竞争环境下的核心机制，往往起到调节买卖双方行为、改善供需平衡、促进社会资源优化配置的作用。当电价等于生产电能的边际成本时，电网企业生产和销售电能所产生的社会福利最大化，也就是最有效率电价。当然，鉴于电力产业的特殊性，往往通过政府管制与市场竞争相结合的方式制定价格。通常，在政府监管部门看来，电价管制的目标就是防止其利用垄断优势获取超额收益，同时通过合理的价格机制促进其提升自身管理水平、创新技术革新、提高生产效率，从而促进社会整体发展。电力作为重要的生产资料和国民经济基础产业，电价的公平目标强调电能的价格不应仅根据生产成本确定，还应考虑电网企业的可持续发展能力和电力用户的价格承受能力。

当前，我国电网整体薄弱，需要通过加大电网投资建设，促进电力工业健康快速发展，以适应社会经济发展和人民生活用电需求；同时要站在普遍服务的角度，考虑用户的价格承受能力，如对涉及居民、"三农"等用电的价格扶持政策。因此，我国现阶段的输配电定价目标可以总结为：在提高电价效率，充分发挥电价引导和资源优化配置的基础上，尽可能兼顾公平，保障电力企业具备良好的可持续发展能力，满足国民经济及社会发展需要，促进社会福利最大化。

3.1.2 传统购销价差模式下的输配电价

众所周知，在电力市场建立之前，各环节电价均需要由政府统一核定。在传统购销价差模式下，我国并没有实质意义上的输配电价。用户销售电价、发电企业上网电价均由政府价格主管部门根据经营期法核定，也就是传统意义上的政府管制定价。电网企业依靠销售电价与上网电价的价差获取收益，所谓输配电价，即电网企业的平均销售电价倒减平均购电价格所得出的价格，实质上仍然是电网企业的购销价差水平，并不能客观反映输配电价的形成机制。而且，受财务核算体系的限制，监管部门对企业成本没有对应的核算监审体制，因此，这个阶段的输配电价也无法真实反映电网企业提供输配电服务所发生的成本。同时，在传统购销价差模式下，受上网侧电源结构变化、销售侧用户类别变化影响，一方面，缺乏激励补偿机制，电网企业的收益难以得到保障，不利于电网企业压降成本、提高效率，不利于输配电网科学可持续发展；另一方面，电力价格主管部门难以准确掌握电力价格情况，不利于实施政府宏观调控。

3.1.3 输配电价改革后省级电网输配电准许收入核定

结合国内外对电网企业管制方式的研究，考虑当前全国各地的资源禀赋、经济环境等情况，当前我国采用准许收入上限对电网企业在一定期限内通过输配电业务获取的收入进行监管，即通过"准许成本+合理收益+税金"的方式核定省级电网输配电准许收入。也就是说，在一定的电量和电力负荷水平下，准许收入的水平决定了管制期内输配电价格的水平。输配电准许收入模式示意图见图 3.2。

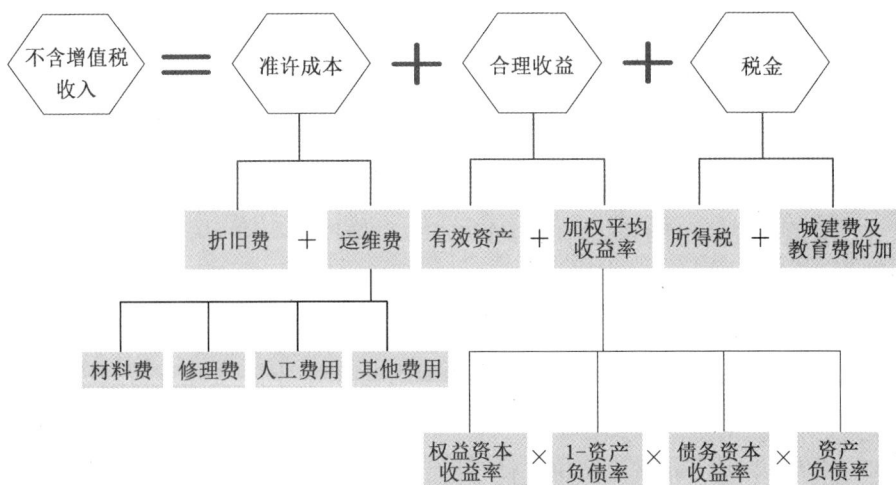

图 3.2 输配电准许收入模式示意图

根据国内外经验，采用此模式，一方面能够对电网企业输配电成本进行相对独立的监管。准许成本包括核定的运维费和折旧费，运维费又进一步细分为材料费、修理费、人工费用及其他费用，这些构成了准许成本项目下比较系统且完整的输配电成本监管项目。另一方面，明确合理收益是指在电网运维的基础上，除资产折旧形成抵税现流，支持电网再投资的现金流来源。收益项目划分为权益收益和债务收益两项。其中，权益收益是构成投资现金流的净利润，而债务收益是补偿债权人回报的部分，二者的收益率与资产负债水平相关。整体而言，采用"准许成本+合理收益"模式不仅可以满足包括成本弥补、再投资需要及债权人回报等要求，而且有助于突出重点监管项目，实现有效监管。政府价格主管部门在监管过程中，可根据实际需求，对成本、收益、电价水平实施逐项监管或收入的整体监管。

基于国家发展改革委发布的《输配电定价成本监审办法》《省级电网输配电定价办法》的有关规定，输配电准许收入包括以下四种。

3.1.3.1　准许成本

按照我国电网企业现行的财务核算方式，电网企业输配电准许成本主要由输配电资产折旧与运行维护费组成。其中，运行维护费主要包括人工费、材料费、修理费和其他运营费用。考虑到监管周期时长，引入时间概念，将上述准许成本划分为基期成本与增量成本两部分。其中，基期成本是指政府价格主管部门按照一定的规则，审核确定电网企业的历史准许成本；增量成本是在引入新增输配电资产投资因素后，由政府价格主管部门按照一定的参数取值标准，预计的一定时期内电网企业的新增准许成本。根据有关规定，可建立准许成本核定模型：

$$C = C_0 + C_1 \tag{3.1}$$

式中，C 表示准许总成本；C_0 表示基期准许成本；C_1 表示新增准许成本。

$$C_0 = D + M + RP + O + H \tag{3.2}$$

式中，C_0 表示基期准许成本；D 表示折旧费；M 表示材料费；RP 表示修理费；O 表示其他运营费用；H 表示人工费。

式(3.2)用文字表示为

基期准许成本=折旧费+材料费+修理费+其他运营费用+人工费

（1）基期折旧费。

基期折旧费主要是指将电网企业的输配电成本按照合理的年限在使用期限内进行分配。我国电网企业一般采用平均年限法计提折旧，可结合当地自然禀赋，在一定区间内适当上下浮动，如式(3.3)所示。

$$D_0 = V\frac{1-C}{M} \tag{3.3}$$

式中，D_0 表示基期折旧费；V 表示各类可计提折旧的固定资产原值；C 表示预计净残值率；M 表示折旧年限中值。

（2）基期运行维护费。

一般来说，基期运行维护费的核定应结合电网发展阶段及监管期时长进行统筹考虑。一是电网发展程度高，当负荷分布均匀且同时率高时，监管的重心应在压降电网运行成本，提高运营效率，此时基期运维费可按照监管期平均或最低水平核定；当电网处在高速发展阶段，可按照监管期最后一年水平或最高水平核定。二是对材料费、修理费、人工费等刚性成本，可结合实际，按照监管期最后一年或最高水平核定；对其他运营费用中的非刚性成本按照监管期平均或最低水平核定。当前，我国为简便计算，一般按照监管期平均水平考虑。基期运行维护费模型如下：

$$L = \overline{M+RP+O+H} \tag{3.4}$$

式中，L 表示基期运行维护费；M 表示材料费；RP 表示修理费；O 表示其他运费；H 表示人工费。

（3）新增准许成本。

核定新增准许成本的前提是对输配电资产区分存量与增量。对新增投资问题做出详细规定，明确新增投资应符合能源管理部门对电网的规划，有完善的审核手续，并按照与预计电量增幅、负荷增长相适应的原则统筹核定，在据此核定新增投资的基础上进一步计算新增的成本与收益项目。在新增投资确定的前提下，按照一定的参数取值标准，计算各项新增准许成本。具体如式(3.5)所示：

$$D = \sum_i C_i\alpha\beta \tag{3.5}$$

式中，D 表示新增准许成本；C_i 表示规划新增输配电设备固定资产投资额；α 表示节点新增投资计入固定资产比率；β 表示定价折旧率。

按照存量增量原则区分电网企业输配电资产、成本，是我国在输配电价管理方面的开拓创新，其不仅有利于单独对历史存量资产与成本进行科学、客观和全面的核定，为后续监管打下基础，而且有助于对电网投资实施严格监管，提高投资效率效益。

3.1.3.2　合理收益

国际上对输配电价的监管越来越突出利用激励机制引导电网企业实现管理

创新和技术创新。输配电价改革在设计整体思路的过程中，应对激励机制有所考虑。据此，我国在核算输配电准许收入时，应引入合理收益因子。合理收益是政府有关部门核定的电网企业的每年合理收益。根据我国《省级电网输配电价定价办法》中的有关规定，准许收益由可计提收益的有效资产(A)和准许收益率(W)的乘积构成。据此，可建立如下合理收益测算模型：

$$R^t = A_v^t W_{wacc} \tag{3.6}$$

式中，A_v^t 表示第 t 年的有效资产；W_{wacc} 表示准许收益率。

（1）可计提收益的有效资产。

可计提收益的有效资产是指向共用网络输配电运营业务提供服务的，由电网企业投资建设的，允许计提投资收益的固定资产，主要分为基期有效资产与新增有效资产两部分。它一般包括固定资产净值、无形资产净值，以及满足电网企业日常生产经营的营业资金。

基期有效资产，即由政府价格主管部门核定的监管期前一年的有效资产。考虑电网企业日常经营的现金流需求，营运资金可暂按电力销售收入的 10% 考虑。

新增有效资产是根据能源主管部门规划审批的电网企业新增输配电固定资产投资额与新增投资计入固定资产比率的乘积核定的。考虑投资预算与决算的差异及增值税抵扣的影响，新增投资计入固定资产的比例可暂定为 75%。

在监管期减少有效资产，是根据电网企业预计的下一监管周期内已计提完折旧的逾龄资产及退役或报废的资产核定的，考虑简化处理，可参考电网企业近 3~5 年的平均水平确定。

（2）准许收益率。

准许收益率一般反映企业的资本结构，可据此建立如下模型：

$$W_{wacc} = R_e^* (1-r) + R_d^* r \tag{3.7}$$

式中，R_e^* 表示权益资本收益率；R_d^* 表示债务资本收益率；r 表示资产负债率。

其中，权益资本收益率可结合无风险报酬率，即长期国债利率与电网企业监管周期前 3 年实际税后净资产收益率，并考虑当地经济发展水平统筹核定。

债务资本收益率可将同期银行 5 年期以上的长期贷款基准利率、电网企业实际融资结构及贷款利率相结合，进行统筹核定。

3.1.3.3　税金

税金是电网企业在生产经营过程中，按照国家法律法规缴纳的各种税费。其中，

价内税金＝所得税＋城市维护建设税＋教育费附加

据此可建立相关税费计算模型。

企业所得税的计算模型为

$$T_s^t = \frac{A_v^t(1-r)R_e}{1-\theta}\theta \qquad (3.8)$$

式中，T_s^t 表示第 t 年的企业所得税；θ 表示所得税率，按照我国税法有关规定确定。

城市维护建设税及教育费附加计算模型为

$$T_f^t = \frac{(C^t+R^t+T_s^t)\delta}{1-\lambda-\eta}(\lambda+\eta) \qquad (3.9)$$

式中，λ 表示城市建设维护税税率；η 表示教育费附加税率；δ 表示增值税税率。

3.1.3.4 平均输配电价水平

在按照上述方法及参数取值标准测算出某一年或某监管期电网企业的准许收入后，结合当地经济发展现状，考虑一定的电量增速后，计算平均输配电价水平。具体计算公式如下：

$$平均输配电价水平 = \frac{准许成本+合理收益+税金}{平均电量规模} \qquad (3.10)$$

输配电价改革后，虽然按照"准许成本＋合理收益"的方式核定了省级电网输配电准许收入，但目前来说，由于没有明确合理的分电压等级输配电准许收入的分摊方式，分电压等级输配电价迟迟未能核定，导致输配电价无法真实准确地反映成本信息，政府等监管机构无法确定各电压等级成本与电价间的内在关系，影响了输配电价改革的实施效果。

3.2 基于解释结构模型实物资产指标体系勾稽关系研究

3.2.1 解释结构模型基本原理及工作步骤

3.2.1.1 基本原理

解释结构模型（interpretative structural modeling，ISM）由华费尔特教授于1973 年提出，用于描述较复杂系统的结构，分析组成复杂系统的大量元素之间存在的关系（包括单向或双向的因果关系、大小关系、排斥关系、相关关系、从属或领属关系等），并以多级递阶结构的形式表示出来。其主要特点在于将复杂的系统用若干个子系统或若干个系统要素加以解释，依托计算机的辅助，结合人们的实践经验和理论知识,将复杂的系统分解为多级递阶结构形式,使得众多元素之间的错综复杂关系层次化、条理化,从而呈现出系统的内部结构,能够让人更加清晰地认识系统构成要素的关系本质。

本节采用的解释结构模型是一种以定性分析为主,具有系统性、简洁实用、思维过程数学化等优点的分析方法。在探讨影响实物资产诸多因素的基础上,利用解释结构模型分析各因素之间的层次关系,可以直观清楚地反映各因素之间的结构关系及重要性程度,为分析实物资产和企业未来投资策略提供新思路。解释结构模型的优势是将影响实物资产的各种因素之间的二元关系层级化、清晰化。其实践意义在于,通过对实物资产影响因素的分析,找出影响企业经济效益的关键因素,为企业将来进行投资决策提供有效信息。需要说明的是,本书所述的实物资产决定因素不能全面概括各省电网企业的实物资产投资策略。

3.2.1.2 工作步骤

ISM 技术的工作步骤如图 3.3 所示。

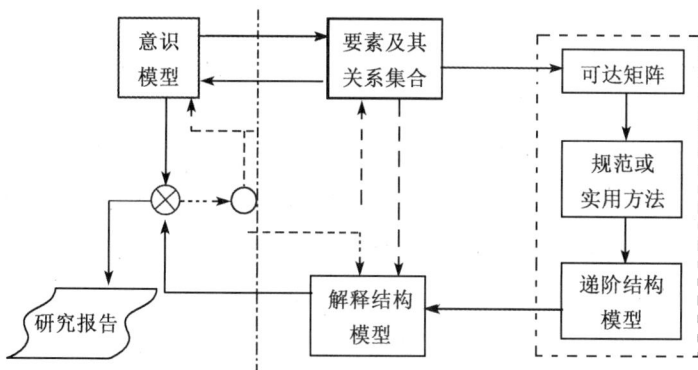

图 3.3 ISM 技术的工作步骤图

(1)提出问题,采用创造性方法搜集和整理系统的构成要素,设定某种必须考虑的二元关系,形成意识模型,并得到系统要素集,记为

$$N = \{ S_i | i = 1, 2, \cdots, n \} \tag{3.11}$$

式中,S_i 表示第 i 个系统要素。

(2)判断要素集中每两个要素之间是否存在直接二元关系,并用邻接矩阵表示所有的直接二元关系。

$$a_{ij} = \begin{cases} 1, & i \neq j \text{ 时要素 } S_i \text{ 对要素 } S_j \text{ 存在直接的二元关系} \\ 1, & i \neq j \text{ 时要素 } S_i \text{ 对要素 } S_j \text{ 不存在直接的二元关系} \end{cases} \tag{3.12}$$

（3）根据推移特性计算可达矩阵 M，计算公式如下：

$$(A+I) \neq (A+I)^2 \neq (A+I)^3 \neq \cdots \neq (A+I)^k = (A+I)^{k+1}, \ k<n-1$$

$$M = (A+I)^k \tag{3.13}$$

式（3.13）中的矩阵的乘法满足布尔代数运算法则，I 是单位矩阵。这一算法的本质是把 A 加上 I 后，按照布尔代数运算法则进行自乘，直到某一幂次后所有的乘积都相等为止，此相等的乘积就是可达矩阵。

（4）运用规范方法或实用方法，以可达矩阵为基础建立递阶结构模型，用多级递阶有向图表示模型的结构。

（5）将解释结构模型与已有的意识模型进行比较，如果不相符合，那么返回步骤（1），对有关要素及其二元关系和解释结构模型进行修正。通过对解释结构模型的研究和学习，原有的意识模型得到修正，经过反馈、比较、修正、学习，最终得到一个令人满意、具有启发性和指导意义的结构分析结果。

3.2.2 解释结构模型基本概念

解释结构模型涉及有向联系图、邻接矩阵、可达矩阵和可达矩阵区域层级划分四个概念，以下对这四个概念逐一进行解释。

3.2.2.1 有向联系图

在解释结构模型中，对于复杂结构中的影响因素之间的互相联系，常用有向联系图表示。在有向联系图中，各个影响因素被称为节点，而各个影响因素之间的联系用箭头表示，因为各因素之间的影响是有方向的，所以用箭头能直观地表示出来。有向联系图如图 3.4 所示。

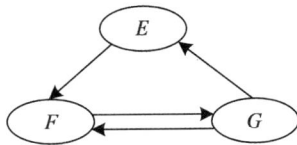

图 3.4　有向联系图

图 3.4 中，E，F，G 分别表示系统内部的影响因素（节点），从 E 指向 F 的箭头和从 G 指向 E 的箭头表示为因素 E 对因素 F、因素 G 对因素 E 均有直接影响关系，从 F 指向 G 及从 G 指向 F 的箭头表示因素 F 和 G 之间有双向的直接影响关系。

3.2.2.2 邻接矩阵

邻接矩阵也称直接影响关系矩阵，是将系统内部各个影响因素之间的直接影响关系进行赋值量化而成的矩阵。例如，一个系统中有 Z 个影响因素，其邻接矩阵 P 就是一个 $Z \times Z$ 的矩阵：

$$P = \begin{bmatrix} 0 & S_1 & S_2 & \cdots & S_i \\ S_1 & 0 & 1 & \cdots & S_{i1} \\ S_2 & 1 & 0 & \cdots & S_{i2} \\ \vdots & \vdots & \vdots & & \vdots \\ S_j & S_{1j} & S_{2j} & \cdots & S_{ij} \end{bmatrix} \qquad (3.14)$$

邻接矩阵中的要素用 S_{ij} 表示，其中 S_i 代表矩阵中的行要素，S_j 代表矩阵中的列要素(行要素和列要素中的要素是一样的，只是便于区分矩阵的行和列)。S_{ij} 的值一般为 0 或 1，当 $S_{ij}=1$ 时，表示第 i 个影响因素对第 j 个影响因素有直接影响关系；当 $S_{ij}=0$ 时，表示第 i 个影响因素对第 j 个影响因素没有直接影响关系。

3.2.2.3　可达矩阵

可达矩阵是由邻接矩阵推导而来的。邻接矩阵指标是系统内各个因素之间的联系，而可达矩阵的作用是将系统内所有影响要素联系起来，形成一个结构分明的框架模型。可达矩阵的含义是系统内部的某一影响因素可以通过一条连续的途径达到另一个或多个影响因素。可达矩阵之所以能呈现出系统结构框架，是因为其内部因素之间相通的途径具有传递推移性。例如，因素 E 可以通过长度为 1 的途径到达因素 F，而因素 F 可以通过长度为 1 的途径到达因素 G，则因素 E 可以通过长度为 2 的途径到达因素 G。可达矩阵中因素传递推移示意图见图 3.5。

图 3.5　因素传递推移示意图

3.2.2.4　可达矩阵区域层级划分

可达矩阵能表示一个系统内部的结构框架，而内部结构框架的区域和层级的识别是通过可达矩阵区域层级划分方法实现的。划分方法运用了集合的概念，涉及可达集合、先行集合和共同集合三个概念，具体表述如下。

(1)可达集合是可达矩阵中行要素 S_i 对应列要素 S_j 为 1 的集合(为 0 的要素不在可达集合中)。若用 $R(S_i)$ 表示可达集合，则有

$$R(S_i) = \{ S_i | S_i \in S,\ S_{ij}=1 \} \qquad (3.15)$$

（2）先行集合是可达矩阵中列要素 S_j 对应行要素 S_i 为 1 的集合（为 0 的要素不在先行集合中）。若用 $Q(S_j)$ 表示先行集合，则有

$$Q(S_j) = \{S_j | S_j \in S, S_{ji} = 1\} \tag{3.16}$$

（3）共同集合（T）就是可达集合与先行集合的交集，即

$$T = R(S_i) \cap Q(S_j) \tag{3.17}$$

可达矩阵区域层级划分有两个步骤，即矩阵的区域划分和层级划分，分别操作如下。

步骤一：可达矩阵 **B** 的系统区域划分。

一个系统的可达矩阵包含了这个系统的所有机构区域，假设系统区域有 n 个，则可达矩阵 **B** 的区域分为 $\{P_1, P_2, P_3, \cdots, P_n\}$。可达矩阵 **R** 的区域划分要结合共同集合的概念，设共同集合为 T，a 和 b 均为共同集合里的要素：如果 $T(a) \cap T(b) = \varnothing$，那么要素 a 和要素 b 所在的系统区域是不同的；如果 $T(a) \cap T(b) \neq \varnothing$，那么要素 a 和要素 b 所在的系统区域是相同的。

步骤二：可达矩阵 **B** 的系统层级划分。

可达矩阵系统层级划分的主要目的是使系统内部结构更加鲜明、有层次性。可达矩阵的系统层级划分需满足 $R(S) = R(S) \cap Q(S) = T$，令层级为 L_j，j 为正整数，表示对应的层级数，且 $L_0 \neq \varnothing$，其过程需进行迭代运算。

过程一：

$$L_j = \{S_i \in P - L_1, L_1, L_1, \cdots, L_{j-1} | R_{j-1}(S_i) \cap Q_{j-1}(S_i) = R_{j-1}(S_i)\}$$

$$R_{j-1}(S_i) = \{S_i \in P - L_0 - L_1 - L_2 - \cdots - L_{j-1} | m_{ij} = 1\}$$

$$Q_{j-1}(N_i) = \{N_i \in P - L_0 - L_1 - L_2 - \cdots - L_{j-1} | m_{ji} = 1\}$$

过程二：过程一的计算结果如果符合 $P - L_0 - L_1 - L_2 - \cdots - L_{j-1} = \varnothing$ 时，那么可达矩阵的系统层级划分完毕；如果 $P - L_0 - L_1 - L_2 - \cdots - L_{j-1} \neq \varnothing$ 时，那么需重复进行过程一。

可达矩阵的计算及区域层级的划分操作复杂，本书是借助 MATLAB 软件进行编程操作来对其进行计算和划分的。

3.2.3 解释结构模型构建

3.2.3.1 影响因素之间关系的判定

本书将运用解释结构模型的系统化建模技术考察零售电力市场风险系统的结构。首先根据电网企业实物资产管理相关资料，以及输配电价模型及其相关指标，筛选出 45 个因素。电网实物资产管理要素的描述性定义及其直接关系如表 3.1 所列。

表 3.1　电网实物资产管理要素的描述性定义及其直接关系

编号	一级指标	二级指标	三级指标	描述性定义	直接影响的因素
S1	输配电价			电网经营企业提供接入系统、联网、电能输送和销售服务的价格总称	
S2	准许收入			由准许成本、准许收益和税金三部分构成	S1
S3	准许成本			包括电网有效资产的折旧费和运行维护成本，折旧率和运维费率是决定准许成本的关键	S2, S25, S33, S45
S4		折旧费		由有效资产原值和折旧率确定	S3, S5, S15, S33, S44
S5			固定资产原值	反映企业在固定资产方面的投资和企业的生产规模、装备水平等	S43, S36, S4, S33
S6			折旧率	折旧率 $= \dfrac{1-\text{残值率}}{\text{预计折旧年限}}$	S4
S7		运行维护费		电网企业维持电网正常运行的费用，取决于电网企业的运维费率	S3, S33, S21
S8			材料费	电网企业提供输配电服务所耗用的消耗性材料、事故备品等	S7, S12, S27, S28, S33
S9			修理费	电网企业为了维护和保持输配电相关设施正常工作状态所进行的外包修理活动发生的检修费用	S7, S12, S33
S10			职工薪酬	电网企业从事输配电业务的职工发生的薪酬支出	S7

表 3.1（续）

编号	一级指标	二级指标	三级指标	描述性定义	直接影响的因素
S11			其他费用	电网企业提供正常输配电服务发生的除以上成本因素外的费用	S7
S12	准许收益			由有效资产价值和平均资金成本确定	S2, S4, S26, S27, S45
S13		准许收益率		准许收益率=权益资本收益率×（1−资产负债率）+债务资本收益率×资产负债率	S12, S26
S14			权益资本收益率	原则上按照不超过同期国资委对电网企业经营业绩考核确定的资产回报率，并参考上一监管周期省级电网企业实际平均净资产收益率核定	S13, S26
S15			资产负债率	按照国资委考核标准并参考上一监管周期电网企业资产负债率平均值核定	S13, S19, S26, S27
S16			债务资本收益率	参考电网企业实际融资结构和借款利率，以及不高于同期人民币贷款市场报价利率核定	S13, S26
S17			可计提收益的有效资产	可计提收益的有效资产＝基期可计提收益的有效资产+监管周期预计新增可计提收益的有效资产−监管周期减少可计提收益的有效资产	S12
S18			基期有效资产	确定准许成本和收益的基础	S17, S4, S15, S25, S43
S19			固定资产净值	固定资产原始价值减去已提折旧后的净额。它可以反映物流企业实际占用在固定资产上的资金数额和固定资产的新旧程度	S4, S18, S37, S43

表 3.1(续)

编号	一级指标	二级指标	三级指标	描述性定义	直接影响的因素
S20			无形资产净值	反映企业现有无形资产的账面价值，是原值扣除累计摊销后的金额	S18, S37
S21			运营资本		S18
S22		新增(减少)有效资产			S7, S17
S23		存量有效资产			S12
S24		预计新增有效资产			S12
S25		税金		除增值税的其他税金，包括所得税、城市维护建设税、教育费附加，依据现行国家相关税法规定核定	S2
S26			企业所得税	企业所得税=可计提收益的有效资产×(1-资产负债率)×权益资本收益率+(1-所得税率)×所得税率	S25, S41, S37, S45
S27			城市维护建设税	以纳税人实际缴纳的增值税、消费税的税额为计税依据，依法计征的一种税	S25
S28			教育费附加等	由税务机关负责征收，同级教育部门统筹安排，同级财政部门监督管理，专门用于发展地方教育事业的预算外资金	S25
S29		输配电量			S1
S30	资产结构	新增资产		一定时期内通过投资活动形成的新的固定资产价值	S2, S8, S9, S10, S11, S18
S31		逾龄资产		正常使用的固定资产，在其完成正常使用年限(即已提足折旧)后，根据电网安全生产的需要，仍需继续使用的资产	S7, S18

表 3.1（续）

编号	一级指标	二级指标	三级指标	描述性定义	直接影响的因素
S32		报废资产		固定资产由于进行生产或某种特殊原因而丧失使用价值所发生的废弃	S3
S33		输配电成本		电网企业提供输配电服务的合理费用支出，包括折旧成本、材料费、修理费、人工费及其他运营费用等	S12, S41
S34		资产质量、安全		包括供电可靠性、设备可靠性、电能质量及安全方面	S7
S35		售电量		电力公司或企业的年度总售电量	S2, S13, S33, S39, S40
S36		单位资产售电量		单位资产所销售的电量	S2, S35, S40
S37		净资产收益率		在一定时期内净利润与平均净资产的比率	S19
S38		毛利润		企业商品销售收入（售价）减去商品原进价后的余额，与购电成本和售电收入有关	S37
S39			购电成本	电网企业从发电企业或者其他电网购入电能所支付的费用及依法缴纳的税金	S2, S3, S38, S41
S40			售电收入		S2, S38, S41
S41		净利润		净利润＝利润总额－所得税费用	S37
S42		折旧年限		用于资产老化及成本方面的分析，体现了资产实物磨损和自然磨损在资产价值方面的损耗，在某种程度上可以反映该企业资产的寿命水平	S5, S44
S43		资产成新率		用于分析资产老化程度或成本预测等，从资产的价值损耗方面，反映资产的新旧程度	S3

表 3.1(续)

编号	一级指标	二级指标	三级指标	描述性定义	直接影响的因素
S44		折旧成本		固定资产在使用过程中因磨损而转移到产品成本中的那部分价值	S33
S45		税后净利润		企业当期利润总额减去所得税后的金额	S37

3.2.3.2　邻接矩阵

除了用系统动力图表示系统结构，还可以使用与有向图相对应的矩阵表示系统结构，其中最直接的一种为邻接矩阵。根据表 3.1 所列指标及直接影响的因素，可将上述 45 个变量之间的直接关联关系按照式(3.12)表示成如表 3.2 所列的邻接矩阵 A。

3.2.3.3　可达矩阵

在得到各个影响因素的邻接矩阵之后，可计算出可达矩阵 R。可达矩阵表示系统内某一因素到其他因素之间的联系通道，是层次结构模型的数据解释，用以表示所有构成要素之间存在的影响关系。

可达矩阵可以由邻接矩阵加上单位矩阵 I，经过运算和分析后求得，即先将 A 加上 I，得到一个新的矩阵：

$$A_1 = A + I \qquad (3.18)$$

式中，若 A_1 中的元素 $\alpha_{ij} = 1$，即表示从节点 i 到节点 j 可以直接到达；如果 A_1 还不是可达矩阵，那么要继续进行计算。

将 A_1 取平方，即 $A_1^2 = (A+I)^2 = A^2 + A + I$，并利用布尔代数运算法则进行运算：

$$0+0=0 \quad 0+1=1 \quad 1+0=1 \quad 1+1=1$$

$$0*0=0 \quad 1*0=0 \quad 1*0=0 \quad 1*1=1$$

其中，$(A+I)^{r-1} = A_{r-1}$，在 A_{r-1} 矩阵中，若要素为 1，则表示节点之间可以有至多 $r-1$ 条路径；当 $(A+I)^{r-1} = (A+I)^r$ 时，则矩阵 $(A+I)^{r-1} = (A+I)^r = R$，此时，$R$ 即可达矩阵，通过 MATLAB 软件编程可求出直接关联因素的可达矩阵 M，如表 3.3所列。

表 3.2　直接关联因素的邻接矩阵 A

表 3.3　直接关联因素的可达矩阵 *M*

3.2.3.4 影响因素的层次结构划分

层次结构划分需要进行级间分解,根据分解结果的顺序进行层次构建。级间分解是将所有要素以可达矩阵为准则,经过分解划分为若干层级,用于构建影响因素的层次结构。

第一步,将可达矩阵 $\boldsymbol{R}$ 的第 i 行中所有矩阵元素为 1 的列所对应的元素集合定义为可达集 $R(F_i)$;第二步,将可达矩阵 $\boldsymbol{R}$ 的第 i 列中所有矩阵元素为 1 的行所对应的元素集合定义为先行集 $A(F_i)$;第三步,定义可达集和先行集的共同集 $R(F_i) \cap A(F_i)$,当满足 $R(F_i) \cap A(F_i) = R(F_i)$ 时,可以进行对应影响因素的层级抽取;第四步,进行级位划分,具体如表 3.4 所列。

表 3.4　级位划分过程列表

层级	要素
1	S1
2	S2, S29
3	S25
4	S27, S28
5	S3, S4, S5, S12, S13, S15, S17, S18, S19, S26, S33, S35, S36, S37, S38, S39, S40, S41, S43, S44, S45
6	S6, S14, S16, S20, S21, S23, S24, S32, S42
7	S7
8	S8, S9, S10, S11, S22, S31, S34
9	S30

3.2.3.5 递阶结构有向图及结论

递阶结构模型是解释结构模型化(ISM)技术的核心内容,主要用于反映系统问题要素间的层次关系,一般要经过区域划分、级位划分、骨架矩阵提取和多级递阶有向图绘制四个阶段。递阶结构模型形成过程如图 3.6 所示。

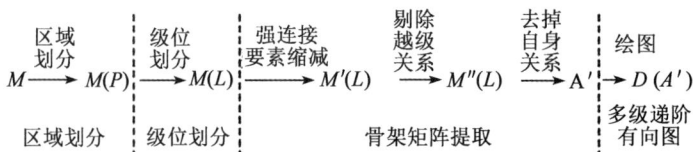

图 3.6　递阶结构模型形成过程图

根据表 3.4 绘制实物资产影响因素的递阶结构有向图,如图 3.7 所示。

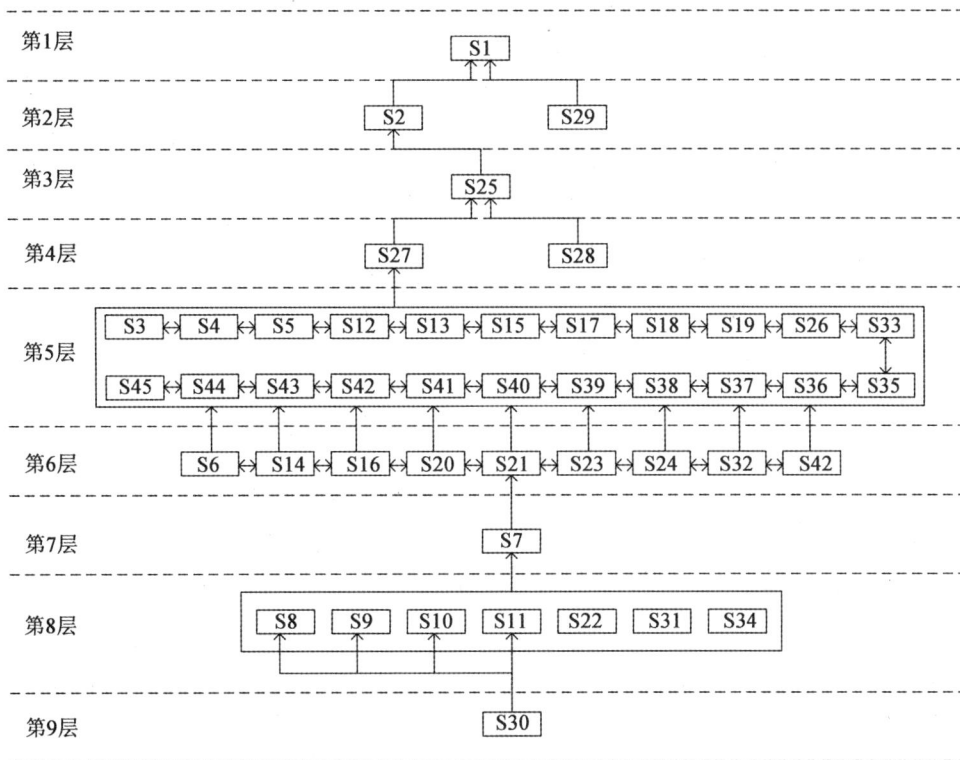

图 3.7　实物资产影响因素的递阶结构有向图

从图 3.7 中可以看出，实物资产影响因素可划分为 9 个层级，它确定了各个要素之间的相互关系。此外，位于递阶结构有向图第 1 层上的要素是实物资产的最直接影响因素。位于递阶结构有向图第 2 层到第 8 层上的所有要素是影响实物资产的间接因素。实物资产有效管理的实施正需要从这些方面具体展开。位于递阶结构有向图第 9 层上的要素是影响输配电价的最根本因素，其对于输配电价的影响是深层和基础的。

3.3　基于偏最小二乘法的实物资产评价指标与输配电价关系分析

3.3.1　偏最小二乘法简介

3.3.1.1　多重共线性问题及其诊断

为使普通最小二乘法的估计量成为最优估计量，必须满足的经典假设之一，就是解释变量之间不存在完全多重共线性，即没有一个解释变量是其他任何解释变量的完全线性函数。

所谓多重共线性，是指在解释变量之间存在着线性相关的现象。对于多元线性回归模型 $Y=\beta X+\varepsilon$，若解释变量 X 之间的相关系数等于 1，则称解释变量 X 之间存在着完全的线性关系，此时，存在一组不全为零的数 c_i，使得解释变量 X 成立：

$$c_1 x_1 + c_2 x_2 + \cdots + c_{k+1} x_{k+1} = 0 \qquad (3.19)$$

于是解释变量 X 的秩为 $\mathrm{r}(X) < k+1$，$|X^{\mathrm{T}}X| = 0$。如此一来，上述多元线性回归模型的参数 β 的最小二乘估计量为 $\hat{\beta} = (X^{\mathrm{T}}X)^{-1}X^{\mathrm{T}}Y$，从而导致最小二乘法完全失效。

在一般情况下，更为常见的是解释变量之间存在着程度不同的相关现象，此时，它们之间的简单相关系数在 0 与 1 之间变化，称为自变量之间存在着近似共线性现象，即存在一组不全为零的数 c_i 使得解释变量 X 成立：

$$c_1 x_1 + c_2 x_2 + \cdots + c_{k+1} x_{k+1} \approx 0 \qquad (3.20)$$

在这种情况下，由于 $|X^{\mathrm{T}}X| \approx 0$，$(X^{\mathrm{T}}X)^{-1}$ 对角线元素较大，使得 $\hat{\beta}$ 的方差矩阵 $\mathrm{Cov}(\hat{\beta}) = \sigma_{\mathrm{w}}^2 (X^{\mathrm{T}}X)^{-1}$ 的对角元素偏大，其中 σ_{w}^2 为随机项的方差。此时，虽然模型参数的最小二乘估计量是存在的，且估计量将保持无偏性，但由于高度的多重共线性使某些参数估计值的方差非常大，从而使估计精度降低，并使所计算的 t 统计值减少，回归系数的估计值对样本数据的微小变化将变得非常敏感，回归系数估计值的稳定性将变得很差，从而不能正确判断解释变量对被解释变量的影响程度，甚至导致参数估计量的经济意义不具有合理性。

常见的检验多重共线性的方法是计算各解释变量的方差膨胀因子。通常认为，如果 $VIF(\beta_i) > 5$，就可以认定存在严重的多重共线性。该变量的数值越大，表示解释变量之间的共线性越强，其计算公式如下：

$$VIF_i = \frac{1}{1 - R_i^2} ; \quad i = 1, 2, \cdots, k+1 \qquad (3.21)$$

3.3.1.2 偏最小二乘法回归建模方法与步骤

偏最小二乘法于 20 世纪 60 年代由 H.Wold 和 C.Albano 等提出，最早应用于化学和化工领域，20 世纪 80 年代以后得以进一步发展，并得到更为广泛的应用。

偏最小二乘法回归分析是主成分、典型相关分析及多元线性回归分析的有机结合。其基本思路是：首先，从解释变量 X 中提取成分 $t_h (h = 1, 2, \cdots)$，各成分相互独立；然后，建立这些成分与解释变量 X 的回归方程。因此，偏最小二乘法回归能够利用系统中的信息进行分解和筛选，辨识系统中的信息和噪声，是一种消除解释变量多重共线性在系统建模中产生的不利后果的有效方法。

根据具体建模中涉及的因变量个数的不同，偏最小二乘法回归可以分为单因变量偏最小二乘法回归和多因变量偏最小二乘法回归两种情形。对于回归模型 $Y = X\beta + \varepsilon$，β 为回归系数向量；$Y = (y)_{n \times 1}$ 为因变量矩阵；$X = (x_1, x_2, \cdots, x_k)_{n \times k}$ 为解释变量矩阵；ε 为随机误差向量，样本数为 n。由于其仅涉及单因变量，因此下面仅就单因变量偏最小二乘法回归的建模方法、步骤做简要介绍。

(1) 数据标准化处理。

数据标准化处理的目的在于使样本点的集合重心和原点重合，减少运算误差。

$$
\begin{cases}
x_{ij}^* = \dfrac{x_{ij} - \bar{x}_j}{s_j} \\[2mm]
y_i^* = \dfrac{y_i - \bar{y}}{s_y} \\[2mm]
\boldsymbol{E}_0 = (x_{ij}^*)_{n \times k} \\[2mm]
\boldsymbol{F}_0 = (y_i^*)_{n \times l}
\end{cases}
\tag{3.22}
$$

式中，x_{ij} 表示解释变量矩阵 X 中第 j 个变量 x_j 的第 i 个样本点；$\bar{x}_j$ 表示解释变量矩阵 X 中第 j 个变量 x_j 的均值；s_j 表示 x_j 的标准差；y_i 表示因变量 y 的第 i 个样本值；$\bar{y}$ 表示 y 的均值；s_y 表示 y 的标准差；x_{ij}^* 表示 x_{ij} 标准化后的数值；y_i^* 表示 y_i 标准化后的数值；$i = 1, 2, \cdots, n$；$j = 1, 2, \cdots, k$。

(2) 第一成分 t_1 的提取。

对于标准化矩阵 $\boldsymbol{E}_0$ 和 $\boldsymbol{F}_0$，从 $\boldsymbol{E}_0$ 中提取第一个主成分 $t_1 = \boldsymbol{E}_0 w_1$。其中，$w_1$ 为 $\boldsymbol{E}_0$ 的第一主轴，即 $\| w_1 \| = 1$，则有

$$
w_1 = \frac{\boldsymbol{E}_0^{\mathrm{T}} \boldsymbol{F}_0}{\| \boldsymbol{E}_0^{\mathrm{T}} \boldsymbol{F}_0 \|} = \frac{1}{\sqrt{\sum\limits_{j=1}^{k} r^2(x_j, y)}} \begin{bmatrix} r(x_1, y) \\ \vdots \\ r(x_k, y) \end{bmatrix}
\tag{3.23}
$$

$$
t_1 = \boldsymbol{E}_0 w_1 = \frac{1}{\sqrt{\sum\limits_{j=1}^{k} r^2(x_j, y)}} (r(x_1, y) \boldsymbol{E}_{01} + r(x_2, y) \boldsymbol{E}_{02} + \cdots + r(x_k, y) \boldsymbol{E}_{0k})
$$

$$
\tag{3.24}
$$

式中，$\boldsymbol{E}_{0i}$ 表示 $\boldsymbol{E}_0$ 的第 i 列，$i = 1, 2, \cdots, k$；$r(x_j, y)$ 表示 x_j 和 y 的相关系数，$j = 1, 2, \cdots, k$。

求得轴 w_1 后，可得成分 t_1。接下来，分别求 $\boldsymbol{E}_0$ 和 $\boldsymbol{F}_0$ 对 t_1 的回归方程：

$$E_0 = t_1 P_1^T + E_1$$
$$F_0 = t_1 r_1 + F_1 \qquad (3.25)$$

式中，$P_1 = \dfrac{E_0^T t_1}{\| t_1 \|^2}$，为 E_0 对 t_1 的回归系数；$r_1 = \dfrac{F_0^T t_1}{\| t_1 \|^2}$，为 F_0 对 t_1 的回归系数。由此可得回归方程（3.25）的残差矩阵，即

$$E_1 = E_0 - t_1 P_1^T$$
$$F_1 = F_0 - t_1 r_1 \qquad (3.26)$$

（3）第二成分 t_2 的提取。

以 E_1 取代 E_0、F_1 取代 F_0，重复建模步骤（2），可以求得第一主轴 w_1 和第二成分 t_2。此时，注意到 E_1 不再是标准化矩阵，故有

$$w_2 = \frac{E_1^T F_0}{\| E_1^T F_0 \|} = \frac{1}{\sqrt{\sum_{j=1}^{k} \mathrm{Cov}^2(E_{1i}, F_1)}} \begin{bmatrix} \mathrm{Cov}(E_{11}, F_1) \\ \vdots \\ \mathrm{Cov}(E_{1k}, F_1) \end{bmatrix} \qquad (3.27)$$

式中，$\mathrm{Cov}(E_{1j}, y)$ 表示 E_{1j} 与 y 的协方差。

$$t_2 = E_1 w_2 \qquad (3.28)$$

再施行 E_1 和 F_1 对 t_2 的回归：

$$E_1 = t_2 P_2^T + E_2$$
$$F_1 = t_2 r_2 + F_2 \qquad (3.29)$$

式中，$P_2 = \dfrac{E_2^T t_2}{\| t_2 \|^2}$，为 E_1 对 t_2 的回归系数；$r_2 = \dfrac{F_1^T t_2}{\| t_2 \|^2}$，为 F_1 对 t_2 的回归系数。

（4）第 h 成分 t_h 的提取。

重复上述步骤（2）和步骤（3），可以求得第 h 成分 t_h。偏最小二乘法回归中成分的提取个数 h 可以使用交叉有效性确定，在确定 h 后停止迭代，其中 h 是小于 X 的秩。

（5）求得偏最小二乘法回归模型。

在求得成分 t_1，t_2，$\cdots$，t_h 后，求 F_0 关于 t_1，t_2，$\cdots$，t_h 的最小二乘回归模型：

$$F_0 = r_1 t_1 + r_2 t_2 + \cdots + r_h t_h \qquad (3.30)$$

由式（3.30）可以注意到，t_1，t_2，$\cdots$，t_h 均为 E_0 的线性组合，根据偏最小二乘法回归的性质有

$$t_i = E_{i-1} w_i = E_0 w_i^* = E_0 \prod_{k=1}^{i-1} (I - w_k P_k^T) w_i; \quad i = 1, 2, \cdots, h \qquad (3.31)$$

式中，$\boldsymbol{I}$ 为单位矩阵。

将式(3.30)代入式(3.31)中，可得

$$\boldsymbol{F}_0 = r_1\boldsymbol{E}_0\boldsymbol{w}_1^* + r_2\boldsymbol{E}_0\boldsymbol{w}_2^* + \cdots + r_h\boldsymbol{E}_0\boldsymbol{w}_h^* = \boldsymbol{E}_0(r_1\boldsymbol{w}_1^* + r_2\boldsymbol{w}_2^* + \cdots + r_h\boldsymbol{w}_h^*) \tag{3.32}$$

若记 $\boldsymbol{x}_j^* = \boldsymbol{E}_{0j}$，$\boldsymbol{y}^* = \boldsymbol{F}_0$，$\boldsymbol{\alpha}_j = \sum_{m=1}^{h} r_m\boldsymbol{w}_{mi}^*(i=1, 2, \cdots, k)$，则标准化变量 $\boldsymbol{y}^*$ 关于 $\boldsymbol{x}_j^*$ 的回归方程为

$$\hat{\boldsymbol{y}}^* = \boldsymbol{\alpha}_1\boldsymbol{x}_1^* + \boldsymbol{\alpha}_2\boldsymbol{x}_2^* + \cdots + \boldsymbol{\alpha}_k\boldsymbol{x}_k^* \tag{3.33}$$

最后，可以通过标准化的逆过程，得到 $\boldsymbol{y}$ 关于 $\boldsymbol{x}_j$ 的偏最小二乘法回归方程：

$$\hat{\boldsymbol{y}} = \boldsymbol{\beta}_1\boldsymbol{x}_1 + \boldsymbol{\beta}_2\boldsymbol{x}_2 + \cdots + \boldsymbol{\beta}_k\boldsymbol{x}_k \tag{3.34}$$

式中，$\boldsymbol{\beta}_i$ 为 $\boldsymbol{y}$ 关于 $\boldsymbol{x}_j$ 的回归系数，$i=1, 2, \cdots, k$。

3.3.1.3　变量投影重要性

变量投影重要性(VIP_i)主要反映每个解释变量 x_i 对被解释变量 y 的解释程度。若使用 m 个成分($t_1, t_2, \cdots, t_m$)进行分析，则 VIP_i 的计算公式为

$$VIP_i = \sqrt{\frac{p}{Rd(y; t_1, t_2, \cdots, t_m)}\sum_{h=1}^{m} Rd(y; t_h)w_{hi}^2} \tag{3.35}$$

式中，t_h 是对解释变量 x_i 的解释能力；$Rd(y; t_h)$ 是 t_h 对 y 的解释能力；$Rd(y; t_1, t_2\cdots, t_m)$ 是 $t_1, t_2, \cdots, t_m$ 对 y 的累积解释能力；w_{hi} 是轴 w_h 的第 i 个分量，用来衡量 x_i 对 t_h 成分的边际贡献；$i=1, 2, \cdots, p$。

因为 x_i 是通过 t_h 变量间接地对 y 进行解释的，所以构造 t_h 至关重要。当 t_h 对 y 解释能力很强时，若 w_{ij} 的取值较大，则 x_i 对 y 的解释能力就较大。当 p 个变量 x_i 对 y 的解释作用相同时，则 VIP_i 均为1；否则，对于 VIP_i 越大的 x_i，对 y 的解释更为重要。通常按照 x_i 的 VIP_i 值的大小区分其重要程度：其值超过1时，认为重要；其值为 0.5~1 时，认为较重要；其值为 0.5 以下时，认为不重要。

3.3.2　实物资产评价指标对输配电电价影响作用实证分析

基于数据的可获得性，本书选取国网 27 个省(自治区、直辖市)及冀北和蒙东地区的电网企业 2019 年截面数据作为样本分析。其中，分别以"工商业及其他用电 1~10 kV"和"工商业及其他 35 kV"的输配电价作为解释变量(分别将其记为 y_1，y_2)，选择成新率、逾龄资产价值占比、净资产收益率等 13 个实物资产评价指标作为解释变量(为方便起见，依次将其记为 x_1，x_2，$\cdots$，x_{13})。

为了减少原始数据之间存在的巨大差异，对部分数据取以 e 为底的对数，构成一个半对数回归式。其中，取以 e 为底的对数的 9 个变量分别为资产原值（x_4）、资产净值（x_5）、资产平均年龄（x_6）、电网发展投入（x_7）、售电量（x_8）、大修运维费（x_9）、材料费和修理费（x_{10}）、折旧成本（x_{11}）、新增资产净值（x_{12}）。其所对应的回归式为

$$y_i = \alpha_1 x_1 + \alpha_2 x_2 + \alpha_3 x_3 + \alpha_4 \ln x_4 + \alpha_5 \ln x_5 + \alpha_6 \ln x_6 + \alpha_7 \ln x_7 + \alpha_8 \ln x_8 +$$
$$\alpha_9 \ln x_9 + \alpha_{10} \ln x_{10} + \alpha_{11} \ln x_{11} + \alpha_{12} \ln x_{12} + \alpha_{13} x_{13} \quad (i = 1, 2) \quad (3.36)$$

如前所述，在进行回归之前应当进行多重共线性诊断，以防止由于解释变量间存在多重共线性，而导致最小二乘法回归失效。利用方差膨胀因子法进行诊断，诊断结果见表 3.5。

表 3.5　解释变量方差膨胀因子诊断结果

变量	成新率（x_1）	逾龄资产价值占比（x_2）	净资产收益率（x_3）	资产原值（x_4）	资产净值（x_5）	资产平均年龄（x_6）	电网发展投入（x_7）
VIF 值	392.42	26.83	4.27	27439.44	37609.25	219.79	428.65
变量	售电量（x_8）	大修运维费（x_9）	材料费和修理费（x_{10}）	折旧成本（x_{11}）	新增资产净值（x_{12}）	报废资产成新率（x_{13}）	平均值
VIF 值	1026.46	83.92	204.85	1093.58	378.82	9.88	9445.81

根据表 3.5，可以判断解释变量之间存在着严重的多重共线性现象，因此，不再适用最小二乘法进行估计。为了消除自变量多重共线性产生的不利后果，下面用偏最小二乘法对各实物资产评价指标与输配电价之间的定量关系进行估计，具体借助软件 SIMCA-P11.5 完成。

基于正交偏最小二乘法回归（OPLSR）的预测原理，根据交叉有效性指标自动提取最佳主成分，被解释变量无论是 y_1 还是 y_2，所提取的主成分个数均为 3。图 3.8 分别给出了工商业及其他用电 1~10 kV 输配电价（y_1）和工商业及其他用电 35 kV 输配电价（y_2）基于偏最小二乘法的拟合值与实际值的对比图。结果表明，该方法具有良好的拟合效果，也进一步说明了采用偏最小二乘法分析各实物资产评价指标对输配电价影响作用的合理性。

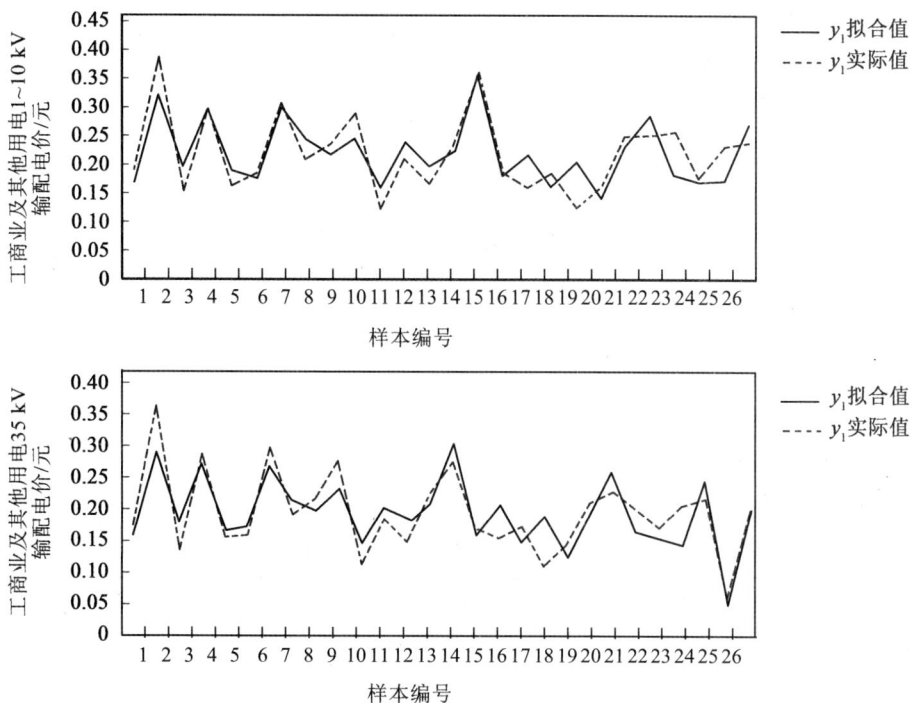

图 3.8　偏最小二乘法拟合值和实际值的对比图

图 3.9 所示的 *VIP* 图是用于描述各个解释变量对两个被解释变量 y_1 和 y_2 的重要程度的。由此可知，对于工商业及其他用电 1~10 kV 输配电价(y_1)和工商业及其他 35 kV 输配电价(y_2)，各实物资产评价指标对其重要程度存在一定的差异。

如图 3.9(a)所示，对于工商业及其他用电 1~10 kV 输配电价(y_1)，按照对其重要程度从大到小依次为：净资产收益率(x_3)、折旧成本(x_{11})、大修运维费(x_9)、新增资产净值(x_{12})、售电量(x_8)、资产原值(x_4)、资产平均年龄(x_6)、资产净值(x_5)、材料费和修理费(x_{10})、电网发展投入(x_7)、逾龄资产价值占比(x_2)、报废资产成新率(x_{13})、成新率(x_1)。

如图 3.9(b)所示，对于工商业及其他 35 kV 输配电价(y_2)，按照对其重要程度从大到小依次为：净资产收益率 x_3、资产平均年龄(x_6)、成新率(x_1)、报废资产成新率(x_{13})、新增资产净值(x_{12})、折旧成本(x_{11})、大修运维费(x_9)、资产净值(x_5)、材料费和修理费(x_{10})、资产原值(x_4)、电网发展投入(x_7)、售电量(x_8)、逾龄资产价值占比(x_2)。

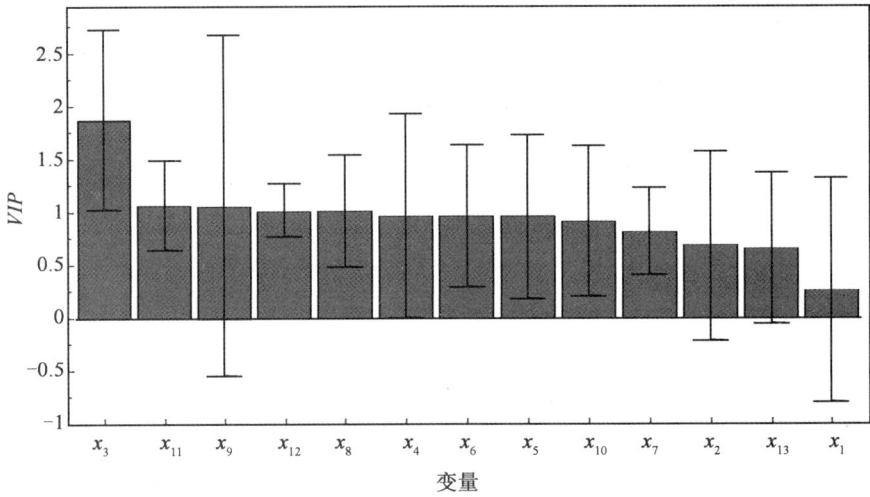

（a）解释变量为y_1时各变量VIP值

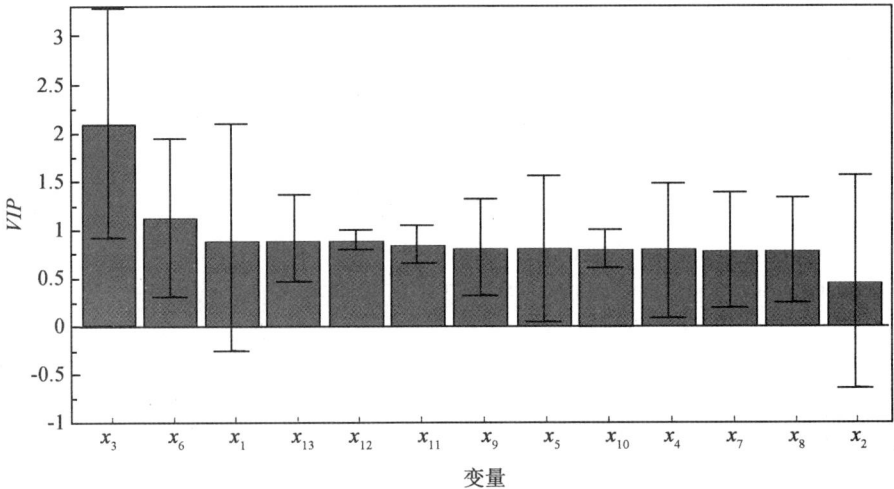

（b）解释变量为y_2时各变量VIP值

图3.9 各解释变量的 *VIP* 图

表3.6列出了标准化系数，以及通过逆标准化处理后得到的原始回归方程
［见式(3.36)］所对应的系数。

表 3.6　偏最小二乘法拟回归系数

解释变量	被解释变量			
	y_1		y_2	
	标准化系数	原始变量系数	标准化系数	原始变量系数
成新率(x_1)	−0.04586	−0.00068	0.03473	0.00046
逾龄资产价值占比(x_2)	0.00571	0.00726	0.01684	0.01934
净资产收益率(x_3)	−0.69601	−1.49690	−0.75256	−1.4633
资产原值(x_4)	−0.00331	−0.00015	−0.00901	−0.00037
资产净值(x_5)	0.01070	0.00060	−0.00409	−0.00021
资产平均年龄(x_6)	0.16314	0.04033	0.24072	0.05381
电网发展投入(x_7)	0.01756	0.00190	−0.01698	−0.00166
售电量(x_8)	−0.23015	−0.02401	0.01770	0.00167
大修运维费(x_9)	0.31862	0.02684	0.19382	0.01476
材料费和修理费(x_{10})	0.14912	0.01201	0.08787	0.00640
折旧成本(x_{11})	0.19617	0.01932	0.11691	0.01041
新增资产净值(x_{12})	−0.27878	−0.02728	−0.17692	−0.01565
报废资产成新率(x_{13})	−0.12467	−0.00116	−0.15419	−0.00130

由表 3.6 可以发现，与工商业及其他用电 1~10 kV 输配电价(y_1)和工商业及其他 35 kV 输配电价(y_2)均正相关的影响因素有：逾龄资产价值占比(x_2)、资产平均年龄(x_6)、大修运维费(x_9)、材料费和修理费(x_{10})、折旧成本(x_{11})。实际上，逾龄资产占比增加和资产平均年龄增加将会导致运维费用的增加，从而导致输配电电价相应提高。与 y_1 和 y_2 均负相关的资产评价指标有：净资产收益率(x_3)、资产原值(x_4)、新增资产净值(x_{12})和报废资产成新率(x_{13})。而成新率(x_1)、资产净值(x_5)、电网发展投入(x_7)和售电量(x_8)对 y_1 和 y_2 的影响方向并不一致。

以上结论表明，实物资产评价指标对输配电价的影响方向及影响程度具有一定的非线性关系，在分析具体影响作用时，应该结合输配电具体类型。

3.4 本章小结

本章首先介绍了输配电价研究现状，概述了国内有关输配电价管制、输配电价改革及输配电价测算的相关研究，同时介绍了输配电定价模型，主要包括输配电价改革后我国省级电网输配电准许收入的核定；其次利用解释结构模型对电网实物资产分析评价过程中涉及的相关指标进行分层、分类整理，以找出指标间的勾稽关系；再次解决了在电网实物资产分析评价过程中，指标间勾稽关系不明晰、相关关系不显著等问题；最后基于偏最小二乘法，建立了实物资产评价指标与输配电价的实证模型。

研究结果表明：实物资产评价指标对输配电价影响方向及影响程度具有一定的非线性关系，在分析具体影响作用时，应该结合输配电具体类型。因此，我国现阶段的输配电定价目标可以总结为：在提高电价效率，充分发挥电价引导和资源优化配置的基础上，尽可能兼顾公平，保障电力企业具备良好的可持续发展能力，满足国民经济及社会发展需要，促进社会福利最大化。

第 4 章

电网资产全寿命周期费用评估

本章在已有电网建设理论和应用研究的基础上，首先通过引入全寿命周期成本的分析思路和方法，考虑电网资产全寿命周期涉及的各个阶段，遵循成本最低的原则，量化计算对应的成本费用；其次基于优化正交偏最小二乘法找出关键变量，对研究电网资产的最优成本进行评估；最后通过冀北电力公司 12 组实际 110 kV 变电站的算例进行验证，证明模型的适用性。本章所述内容可以为电网建设的预算估计提供科学合理、简单有效的方法，对电网企业的战略规划和企业发展意义重大。

4.1 电网资产 LCC 构成及计算

4.1.1 电网资产 LCC 分类

本部分主要讲述电网资产全寿命周期成本结构和成本分解。下面以电网固定资产中主要设备的实际应用为例，详细介绍电网资产 LCC 成本分解与计算说明。

为了方便对每类电力设备进行 LCC 成本费用的评估，根据国家电网有限公司发布的《会计核算办法》(2014 年)，首先按照用途对电网企业固定资产进行分类，将其划分为十类，具体如下。

(1)输电线路：其电压等级须满足一定的要求，是电能传输依托的重要介质。

(2)变电设备：主要包括主变压器、厂用变压器，以及为用户直接提供电能的变压器等。

(3)配电线路及设备：与输电线路相比，其电压等级较低。配电线路是降压变电站、配电变压器及用电单位之间电能传输的介质。

(4)通信线路及设备：通信线路的类型有水泥杆、通信电缆和光纤通信线路等。通信设备的种类包括微波机、传真机及电力载波机等。

（5）自动化控制设备及仪器仪表：包括锅炉控制盘、汽机发电机控制盘等自动化控制设备，具备遥控、遥测等功能的远动装置，电子计算机，周波表、高频放大器等仪器表，以及铁塔加工、镀锌设备生产线及其自动、半自动化设备。

（6）生产管理用工器具：这类固定资产往往可以独立使用，拥有独立功能，包括微型计算机、冷风机、电传机等。

（7）运输设备：用于载人或运送货物的各种工具，包括汽车、船舶等。

（8）辅助生产用设备及器具：为电网生产运营提供辅助服务的工器具。

（9）房屋：不仅包括房屋，还包括无法与房屋分离的附属设备。

（10）建筑物：主要包括输煤栈桥、冷却塔、灰场、电缆沟等。需要注意的是，房屋单独成为一类，不属于这一类别。

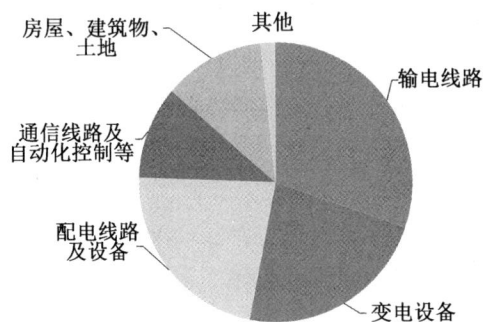

图4.1　2017年冀北电力公司固定资产结构分布图（1）

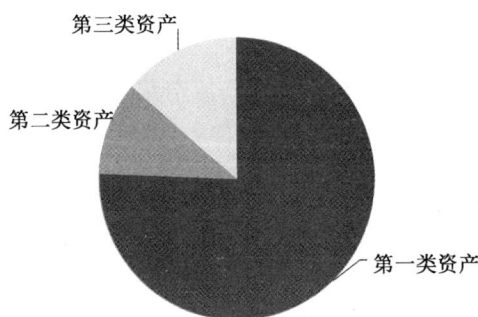

图4.2　2017年冀北电力公司固定资产结构分布图（2）

以冀北电力公司2017年底的固定资产构成情况为例（具体见图4.1、图4.2），以上十类资产主要集中在五大类：一是输电线路，约占25%；二是变电设备，约占37%；三是配电线路及设备，约占20%；四是通信线路及自动化控制等，约占 8%；五是房屋、建筑物、土地，约占 9%。这五大类资产约占全部资产的 99%，其他的检修维护设备、管理工器具、运输设备等资产所占比重非常小，只占全部资产的 1%。

另外，从电网的运营特点和资产所发挥的功能来分析，电网企业的资产可以简化为以下三大类。

第一类为输、变、配线路及设备资产。这类资产一端连接电源，另一端连接电力用户，直接负责电能的传输和配送，是电网企业的核心资产。根据习惯用法，可以把这类资产统称为一次资产。

第二类是与信息处理相关的，包括承担采集、通信、控制、处理等功能的设备资产，如自动化控制、电能计量及采集、通信线路及设备、信息处理设备等。这类资产的特点是，它们并不直接从事电能的传输和配送，但对电网的运行、监控、营销服务和企业管理等起着重要的支撑作用，可以把这类资产统称为智能资产。与第一类资产相同，第二类资产也是资产与资产之间有技术联系，不同资产能共同构成完整的系统。

第三类资产是其他资产，包括与检修维护、运输相关的设备、房屋、建筑物等。这类资产的特点是各资产相对独立地发挥作用，资产与资产之间没有直接的技术联系。

如图 4.2 所示，按照上述方法分类，冀北电力公司 2017 年底第一类资产占全部资产的 75.62%，第二类资产占全部资产的 10.75%，第三类资产占全部资产的 13.63%。

4.1.2　电网资产 LCC 构成

电网资产的 LCC 是指包括设备购置、安转、运行、检修、改造直至报废的全过程发生的费用，计算方法如下：

$$LCC = IC + OC + MC + FC + DC \tag{4.1}$$

式中，IC 为设备投资成本；OC 为设备运行成本；MC 为设备检修成本；FC 为设备故障成本；DC 为设备退役成本。

IC 属于投入期成本，可以进一步分解为规划期成本和建设期成本，包括方案设计、规划、采购、建设等所需成本，以及安装所花费的人工、资源等成本。OC，MC，FC 部分共同构成了运行期成本。其中，OC 包括运维管理人员对于设备的日常巡视、多种方式检查及常规的维护操作和设备运行过程中的能耗等费用；MC 包括设备进行预防性小修和大修，以及维护所发生的全部人工费和材料费等；FC 是指在设备发生故障后为了快速恢复运行而发生的抢修费用和故障损失费用。*DC* 表示资产退役期的废弃成本及残值回收,即设备退出电力系统运行时发生的设备拆卸、清理及残值回收等费用。

由于电网资产种类繁多、功能各异,在分析整个电网设备的 LCC 时,应先将设备划归为一个个成本单元,或者某一个成本单元包含哪些设备或系统,再对电网设备成本进行分解,因此可供选择的分解结构和形式也不尽相同,没有统一、固定的模式。无论采取何种分解方式,都应该坚持以下五条原则。

(1)分解的成本单元应该包含全过程、全系统所有与项目相关的费用,对于重要的费用节点既不能遗漏,也不能重复累计。同时,考虑客观存在的不确定性及简化计算提高可操作性,可适当忽略一些非重要且不影响实际评价结果的成本因子。

(2)分解过程应主次分明、逐级进行。首先将总成本分解成若干个对电网工程项目决策影响较大的主要成本颗粒(即一级成本单元)。然后对每个一级成本单元进行二次分解(同样,此阶段也是以比重较大的颗粒为成本单元)。遵循这个规则,逐级展开,直至分解到可以独立计算的基本单元为止。

(3)无论是根据费用产生的时段或设备所属的工作门类与重要等级进行划分,还是根据软硬件的组成结构进行划分,都必须保证每个成本单元都有明确的定义,以便获得相关分析人员的认可或达成共识。

(4)为了便于直接从电力企业财会部门获取所需的数据,分解方式应尽量遵循变电项目的实际工程惯例,并参照项目的工作结构及财会类别,使成本单元与之协调一致。不同的估算阶段允许成本分解的类别和详细程度存在差异,但都应该方便成本单元的计算及管理。

(5)LCC 建模时,应尽量详尽,但是考虑到在实际应用中存在的不确定性,也为了便于简化计算和比较,对于一些相对次要的因素,在不影响工程计算时,可以予以适当忽略。

在遵循上述分解原则的基础上,可对电力设备全寿命周期成本构成及各部分进行分解,详细展示各成本模块的构成,具体如图4.3至图4.8所示。

```
                              ┌─ 规划期成本 ────────── 前期费用
                              │
                 ┌─ 投入期成本 ─┤                    ┌─ 建筑工程费
                 │            │                    │
                 │            └─ 建设期成本 ─────────┤─ 安装工程费
                 │                                 │
                 │                                 ├─ 设备购置费
                 │                                 │
                 │                                 └─ 其他费用
                 │
                 │                                 ┌─ 设备能耗费
                 │                                 │
                 │            ┌─ 运行成本 ──────────┤─ 巡视检查成本
                 │            │                    │
     全寿命       │            │                    └─ 日常维护成本
     周期成本 ─────┤─ 运行期成本 ─┤                    ┌─ 一般检修成本
                 │            ├─ 检修成本 ──────────┤
                 │            │                    └─ 大修成本
                 │            │                    ┌─ 故障检修成本
                 │            └─ 故障成本 ──────────┤
                 │                                 └─ 故障损失费
                 │
                 │            ┌─ 设备退役处理费
                 └─ 报废期成本 ─┤
                              └─ 净值收入
```

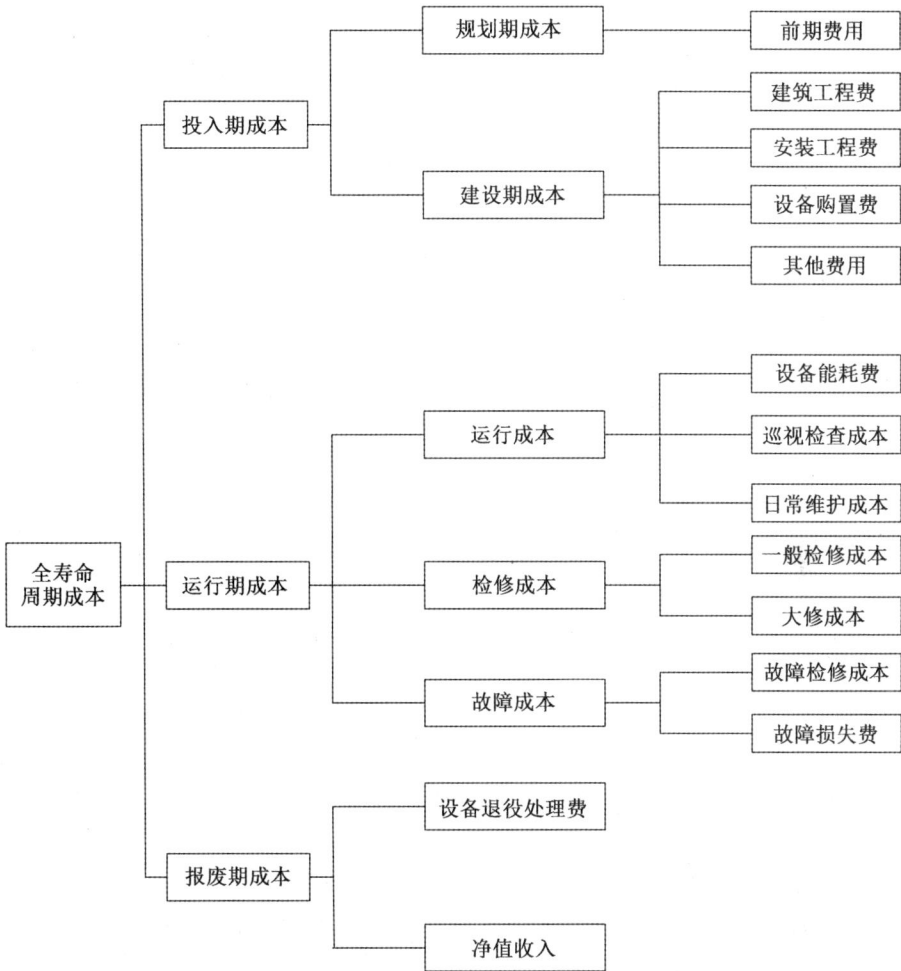

图 4.3　全寿命周期成本构成图

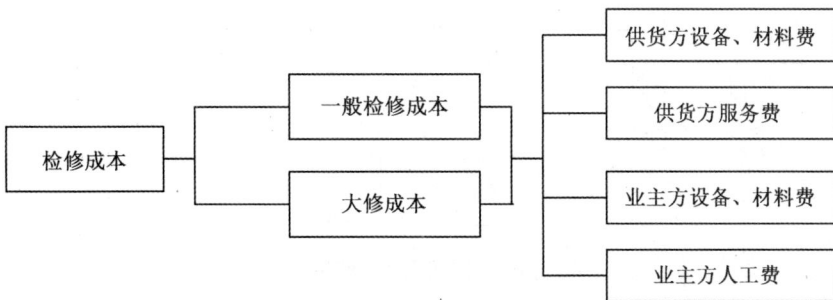

```
                              ┌────────── 供货方设备、材料费
                              │
              ┌─ 一般检修成本 ──┤────────── 供货方服务费
              │               │
   检修成本 ────┤               ├────────── 业主方设备、材料费
              │               │
              └─ 大修成本 ──────┴────────── 业主方人工费
```

图 4.4　检修成本分解图

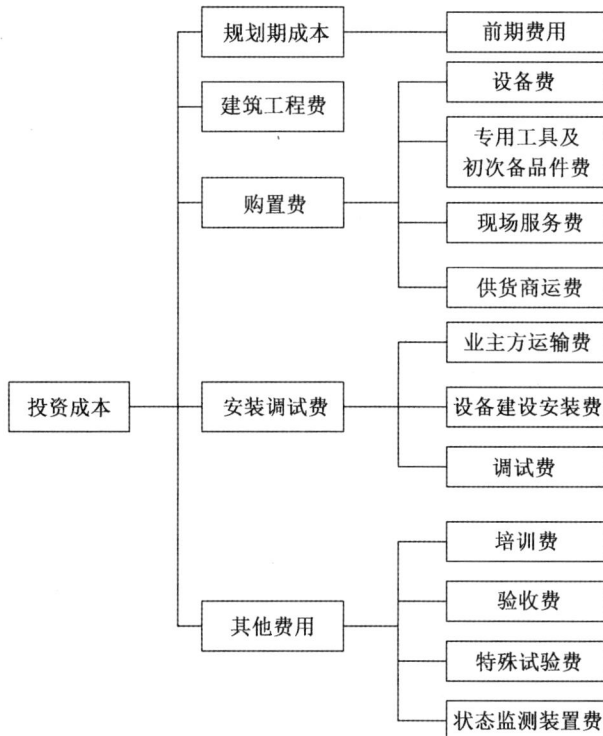

图 4.5　投资成本分解图

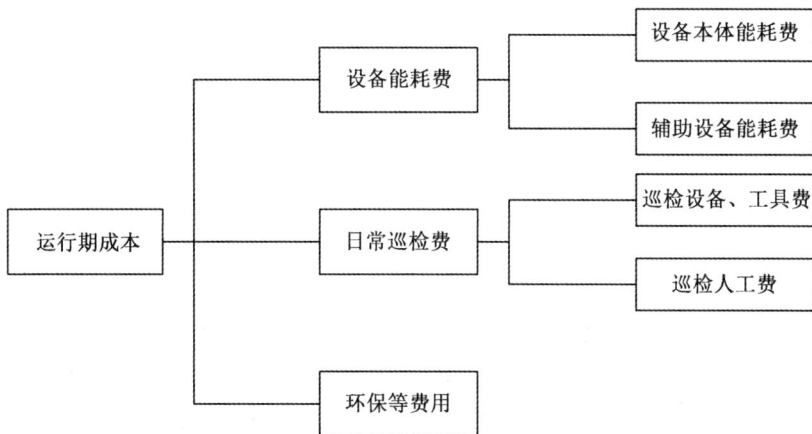

图 4.6　运行期成本分解图

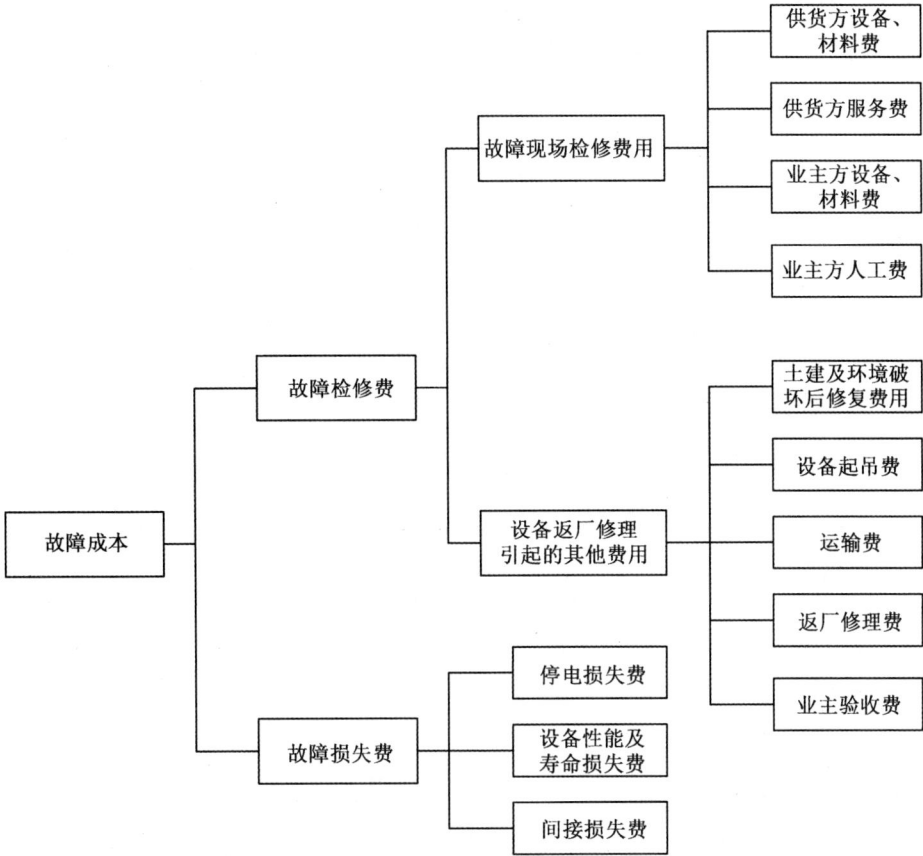

图 4.7　故障成本分解图

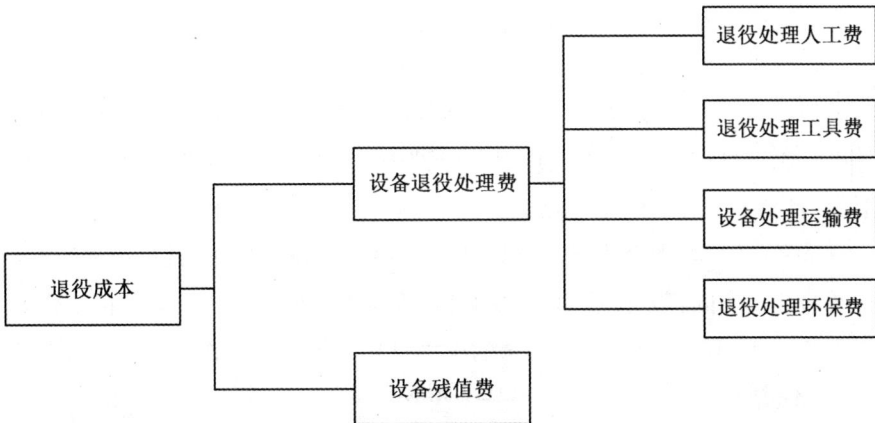

图 4.8　退役成本分解图

4.1.3 电网资产 LCC 各阶段的成本费用

按照本书 4.1.1 部分中的分类,本部分主要以开关设备(断路器、隔离开关和接地开关)、变压器、输电设备(输电线路、电缆)及二次侧设备的实际应用为例,对电力设备 LCC 的各部分费用按照如下方法进行求解。

4.1.3.1 投资成本

投资成本(investing cost,IC),也称投资一次成本或固定资产投资,是指在电网工程项目正式投入运行之前,由电网工程建设和变电站调试期间内所花费的全部费用,即该工程项目有计划地进行固定资产再生产和形成相应无形资产及流动资金的一次性费用总和。投资成本一般发生在设备购置的当年,即计算周期的初始年(也可称为基准年),可通过式(4.2)计算:

$$投资成本 = 规划期成本 + 建筑工程费 + 设备购置费 + 安装调试费 + 其他费用$$

$$(4.2)$$

规划期成本为规划阶段设计项目招标确定;建筑工程费为业主方根据工程概算确定;设备购置费为设备价格经技术和供货范围调整后确定;安装调试费由业主方根据工程概算确定;其他费用中的特殊调试项目根据工程预算确定,状态监测装置费用根据报价确定。

4.1.3.2 运行成本

运行成本(operating cost,OC)是为了维持资产寿命期内正常运转的日常支出,包括常规检修工作成本和日常维护工作成本。其中,常规检修工作成本主要为巡视检查的人工费,包括工作人员的培训费、工资,特殊岗位津贴及其他服务人员的劳务费等。式(4.3)为运行成本的计算公式:

$$运行成本 = 常规检修工作成本 + 日常维护工作成本 \qquad (4.3)$$

常规检修工作成本包括对输变电设备进行的 C 类(指一般性检修,对设备在停电状态下进行的预防性试验、一般性消缺、检查、维护和清扫等)、D 类(指维护性检修,对设备在不停电状态下进行的带电测试和设备外观检查、维护、保养等)、E 类(指设备带电情况下的等电位检修、消缺、维护等)等以达到保持及验证设备的正常性能为目的的日常检修工作的成本;日常维护工作成本是指不属于 A,B,C,D,E 类检修的设备日常运行维护工作成本,包括设备巡视、日常保养等。

4.1.3.3 检修成本

检修成本(maintenance cost,MC)主要是指对设备进行检修、保养,对零部件的替换，以及在不中断供电的情况下对设备的测试和维修等，一般包括日常小修(各类一般检修成本)和大修成本。其中，大修费用是为了恢复资产原值、延长资产寿命的一次性支出费用，包含 A 类检修(指整体性检修，对设备进行较全面的解体、检查、修理及修后试验)、B 类检修(指局部性检修，对设备部分功能部件进行分解检查、修理、更换及修后试验)等列入年度大修项目计划的成本费用。

$$MC_n = 各类一般检修成本 + 大修成本 \tag{4.4}$$

式中，n 为设备技术生命。

一般定期检修维护以 1~2 年为一个周期，大修或更换以 3~5 年为一个周期。

4.1.3.4 故障成本

故障成本(failure cost, FC)是在变电站和配电网正常运行过程中，由于变电设备或输电线路发生故障造成停电导致的修理费、停电直接经济损失和间接经济损失。其主要包括故障恢复费和故障损失费，两者一般由供电损失价值、中断供电功率、平均年故障率、故障发生时间、修复故障和恢复供电等因素决定。

$$FC_n = 年故障恢复费 + 年故障损失费 \tag{4.5}$$

年故障恢复费和年故障损失费可分别通过式(4.6)和式(4.7)计算：

$$年故障恢复费 = 年故障率 \times 现场故障修复费 + 返厂次数 \times$$
$$返厂平均修理费 + 保险赔偿费 \tag{4.6}$$

$$年故障损失费 = 年停电损失费 + 年设备性能损失费 +$$
$$社会负面影响费(间接损失费) \tag{4.7}$$

$$年停电损失费 = 年故障概率 \times (停电损失费 + 电网支援电量费用) \times$$
$$供电单价 \tag{4.8}$$

$$年设备性能损失费 = 各类设备平均修理费 \times \frac{设备故障率}{设备使用寿命} \tag{4.9}$$

$$间接损失费 = 年故障概率 \times 赔偿用户平均费用 \times 用户数量 \tag{4.10}$$

年故障率根据厂家提供的数据经置信度分析确定，必要时采用行业统计数据，现场故障修复费、返厂次数和返厂平均修理费根据电力公司实际经验数据确定。

停电损失费、电网支援电量费用和赔偿用户平均费用根据电网运行经验取值，用户数量取自国网冀北电力有限公司用户接入数，供电单价取自国网冀北电力有限公司评价年度实际供电单价。

4.1.3.5 退役成本

退役成本(decommissioning cost，DC)是指电力设备的运行年限超过设计寿命，处于退役阶段和报废阶段时所需要的费用。其主要包括处理成本、处置成本及设备残值。

$$退役成本=退役处理费-退役残值=清理费费率×安装直接工程费-退役残值 \tag{4.11}$$

退役处理费根据相关标准确定，而退役残值需要考虑回收率的问题。

4.2 优化 OPLS 模型构建

4.2.1 OPLS 原理

利用 OPLS(正交偏最小二乘法)分析电网资产 LCC 费用 Y 与其影响因素 X 之间的关系时，首先基于 Y 的信息将解释变量 X 分为三部分，即

$$X=tp^{\mathrm{T}}+t_*p_*^{\mathrm{T}}+E \tag{4.12}$$

式中，t 是解释变量 X 的预测得分矩阵，即对它的概括；P^{T} 是 X 的预测载荷矩阵，用于描述其重要性；t_* 是 X 与 Y 的正交得分矩阵；P_*^{T} 为 t_* 所对应的载荷矩阵；E 为 X 的残差矩阵，定量反映预测值和原始值之间的偏差。

其次，从 X 矩阵中剔除与 Y 正交的变量，仅保留预测部分 X_p，即 $X_p=X-t_*P_*^{\mathrm{T}}$。进而，对 X_p 进行偏最小二乘法分析，在解释变量 X_p 中提取若干对 Y 具有最佳解释能力的新的综合变量，即从解释变量 X_p 中提取一个由线性组合 x_1，x_2，$\cdots$，x_p 构成的主成分 t_1，从被解释变量 Y 中提取 y_i 的一个由线性组合构成的主成分 u_1。基于上述基础，再次进行正交成分校正，把去除正交成分变异后的综合变量集中在预测成分中，最终利用其进行回归分析。

4.2.2 OPLS 建模步骤

基于本书所分析的对象为 LCC 费用这一单一变量，下面给出单变量 OPLS 的简化建模步骤。

(1)将被解释变量和解释变量矩阵进行标准化处理，得到标准化被解释变量矩阵 y 和标准化解释变量矩阵 X。

(2)计算权重向量 w：$w^{\mathrm{T}}=\dfrac{y^{\mathrm{T}}X}{\|y^{\mathrm{T}}y\|}$。

(3)对权重向量 w 进行归一化处理：$w=\dfrac{w}{\|w\|}$。

（4）计算 X 的预测得分矩阵：$t = \dfrac{Xw}{w^{\mathrm{T}}w}$。

（5）计算 X 的载荷向量：$p^{\mathrm{T}} = \dfrac{t^{\mathrm{T}}X}{t^{\mathrm{T}}t}$。

（6）计算正交成分的权重向量：$w_* = p - \left(\dfrac{w^{\mathrm{T}}p}{w^{\mathrm{T}}w} \right) w$。

（7）对 w_* 进行归一化处理：$w_* = \dfrac{w_*}{\| w_* \|}$。

（8）计算 X 正交成分的得分向量：$t_* = \dfrac{Xw_*}{w_*^{\mathrm{T}}w}$。

（9）计算 X 正交成分的载荷向量：$p_*^{\mathrm{T}} = \dfrac{t_*^{\mathrm{T}}X}{t_*^{\mathrm{T}}t}$。

（10）过滤掉 X 的正交成分矩阵，得到修正后的数据：$E_{\mathrm{OPLS}} = X - t_* p_*^{\mathrm{T}}$。

（11）保存 $T_* = [T_*, t_*]$，$P_* = [P_*, p_*]$，$W_* = [W_*, w_*]$，并令 $X = E_{\mathrm{OPLS}}$，再求下一个正交成分，重复操作步骤（4）～步骤（10）。

（12）对于新样本 X，通过 W_* 和 P_* 进行校正，确定正交成分是否被全部剔除，最后进行回归预测分析。

4.2.3　基于交叉有效性标准的 OPLS 正交成分个数的确定

OPLS 模型对过度拟合有着良好的预防作用，在于其能够通过交叉有效性标准确定正交成分个数。其原理在于均分样本数据为 k 个部分，其中以判别精度（Q^2）最大作为选择正交成分个数的依据，其计算公式如下：

$$Q^2 = 1 - \frac{\sum (Y_i - Y_i')^2}{\sum (Y_i - \bar{Y}_i)^2}, \ i \in (k, k) \tag{4.13}$$

式中，Y_i 为 LCC 费用的实测值；Y_i' 为其对应的预测值；$\bar{Y}_i$ 为所有 LCC 费用的平均值；预测误差平方和 $\sum (Y_i - Y_i')^2$ 用于衡量样本预测值偏离真实值的程度。

4.2.4　辅助分析

4.2.4.1　特异点分析

定义样本点 i 对成分 t_1，t_2，$\cdots$，t_m 的累计贡献率 T_i^2：

$$T_i^2 = \frac{1}{n-1} \sum_{i=1}^{h} \frac{t_{il}^2}{s_i^2} \tag{4.14}$$

OPLS 可以通过统计各样本点的贡献率来判别样本中的特异点。一般认为，在 95% 检验水平上，当 T_i^2 过大时，此时称样本点 i 为特异点。通过解析几何分析，样本特异点判别条件构成一个 T^2 椭圆图，若所有的样本点均在椭圆内，则认为样本点是均匀分布的；反之，落在椭圆外的点是特异点。特异点的取值偏离所有样本点的均值，会使模型偏离原有规律，从而使模型拟合结果产生严重的偏差，因此，须在剔除特异点后，重新对样本点进行分析。

4.2.4.2　变量投影重要性

本部分内容详见本书 3.3.1.3 部分，此处不再叙述。

4.2.5　优化 OPLS 模型

在具体建模时，选取电网资产 LCC 费用构成的影响因素作为输入变量，由于 LCC 费用划分较为详细，所选取的影响因数多达 15 个，导致解释变量含有较多的正交成分。OPLS 通过主成分提取，可以有效剔除自变量中与电网资产 LCC 费用正交的变异信息，提高自变量与电网资产 LCC 费用的相关性。但当提取的主成分较少时，虽然变异后的综合变量表达了 X 的绝大多数信息，但对 Y 的解释能力较弱，这可能导致 OPLS 模型的预测效果不够理想；只有当提取的主成分越多，所包含的变异信息越充分时，对 Y 自身的变化信息解释能力才会增强，预测拟合精度才会越高。但主成分的提取又受到交叉有效性检验的约束，这将导致模型拟合精度无法进一步提高，那么，如何进一步提高 X 中的变异信息的有效性以增加其解释能力，是提高预测精度的关键所在。

为此，本部分对经典 OPLS 模型进行了优化。利用变量投影重要性定量地测出 x_i 对 y 的贡献，剔除其中 $VIP_i < 0.5$ 的那些与被解释变量相关性较差的冗余因素，确保所提取解释变量的变异信息与电网资产 LCC 费用的相关性达到最大，以此确保预测精度的有效提高。

优化 OPLS 的具体操作步骤如下：首先，在第一次预测模型的基础上，剔除 $VIP_i < 0.5$ 的解释变量；然后，将剩余较为重要的解释变量 x_j 重新代入 OPLS 模型进行回归，得出新的拟合方程；再次，根据 VIP_i 值进行判断，重复以上操作，直至所有解释变量的 VIP_i 值均大于 0.5；最后，确定最优拟合方程，以此达到最理想的预测效果。优化 LOPLS 模型算法流程如图 4.9 所示。

```
开始
  ↓
样本数据归一化
  ↓
计算权重矩阵 w
  ↓
提取主成分 t 和 u
  ↓
剔除正交变量
  ↓
是否满足正交校验? ──否──→
  ↓是
是否满足交叉有效性? ──否──→
  ↓是
回归拟合得到方程
  ↓
拟合结果
  ↓
进行辅助分析
  ↓
是否所有 VIP_i > 0.5? ──否──→
  ↓是
最佳预测值
  ↓
结束
```

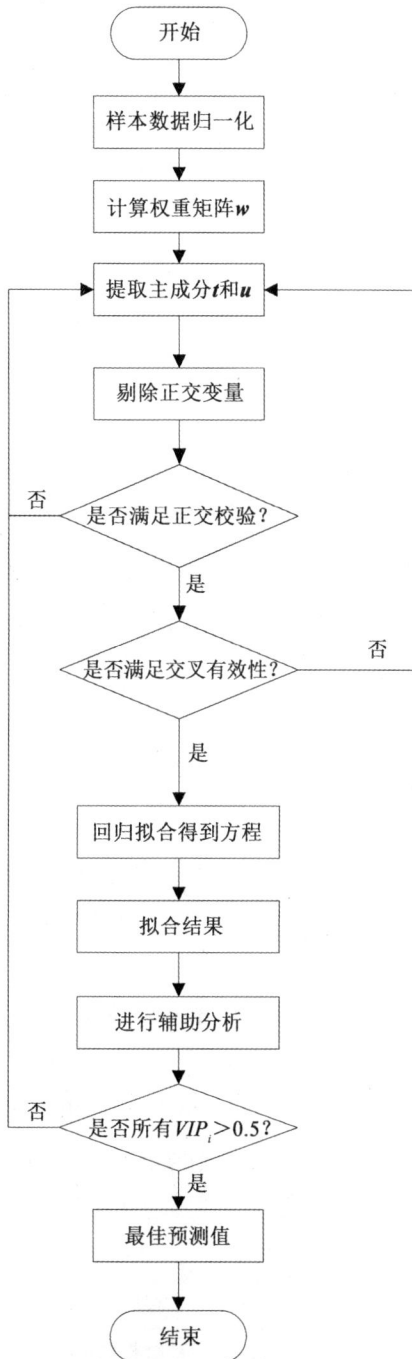

图 4.9　优化 OPLS 模型算法流程图

4.3 算例分析

4.3.1 变量选取及数据来源

为验证本部分所提出优化 OPLS 模型在预测电网资产 LCC 上的可行性与优越性,同时考虑数据的可得性,选取某电网公司 12 组 110 kV 变电站数据进行算例分析。其中,取前 10 组数据用于优化 OPLS 模型的回归拟合,后 2 组用于分析预测效果。建模中,以变电站 LCC 总成本 y 为被解释变量。考虑到影响成本的因素较多,参考 LCC 的组成部分,从投资成本、运行成本、检修成本、故障成本、退役成本及资金的时间价值参数出发,选择 15 个相关变量作为解释变量(期初投资、物理寿命周期、运维率、报废率、社会折现率、通货膨胀率、年平均故障率、年故障时间、年故障中断功率、年平均故障修复成本、年平均检修成本、单位赔偿费用、年平均非计划停电量、年平均修复时间、电价),分别记作 x_1,x_2,$\cdots$,x_{15},见表 4.1。

表 4.1 变电站 LCC 总成本及其影响因素

	各阶段成本	影响因素	参数
	投资成本	期初投资	x_1
	运行成本	物理寿命周期	x_2
		运维率	x_3
	检修成本	年平均检修成本	x_{11}
解释变量	故障成本	年平均故障率	x_7
		年故障时间	x_8
		年故障中断功率	x_9
		年平均故障修复成本	x_{10}
		单位赔偿费用	x_{12}
		年平均非计划停电量	x_{13}
		年平均修复时间	x_{14}
		电价	x_{15}
	退役成本	报废率	x_4
	资金的时间价值	社会折现率	x_5
		通货膨胀率	x_6
被解释变量	变电站 LCC 总成本		y

4.3.2　OPLS 模型回归拟合及结果分析

4.3.2.1　OPLS 回归模型

基于 OPLSR 的预测原理，根据交叉有效性指标自动提取最佳主成分，可得到提取主成分个数为 2 时，Q^2 最大。提取第一成分时，模型仅存在预测成分，且对 X，Y 的解释能力分别为 0.300，0.699，交叉有效性为 $Q^2 = 0.270$；提取第二成分时，模型存在预测成分和正交成分，预测成分对 X 的解释能力达到 0.205，正交成分对 X 的解释能力达到 0.254，模型对 X，Y 的累计解释能力达到 0.459，0.922，交叉有效性为 $Q^2 = 0.365$；提取第三成分时，模型存在预测成分和两个正交成分，此时模型对 X，Y 的累计解释能力上升较小，且交叉有效性 Q^2 下降为 0.303。

通过以上交叉有效性分析可知，最终模型提取成分为 2 个，过滤 1 个正交成分，可达到最佳拟合效果。其 OPLS 的标准回归方程为

$$y^* = 0.239x_1^* + 0.120x_2^* + 0.171x_3^* + 0.279x_4^* + 0.256x_5^* + 0.419x_6^* +$$
$$0.203x_7^* + 0.384x_8^* + 0.275x_9^* + 0.203x_{10}^* + 0.122x_{11}^* + 0.162x_{12}^* +$$
$$0.417x_{13}^* + 0.335x_{14}^* + 0.107x_{15}^*$$

通过数据标准化逆过程，得到原始变量的 OPLS 回归方程：

$$y = 28959.3 + 0.323x_1 + 49.296x_2 - 54749.9x_3 - 139302x_4 - 34293.3x_5 +$$
$$103707x_6 - 721.547x_7 + 617.367x_8 + 0.02x_9 + 47261.4x_{10} - 72.48x_{11} -$$
$$4810070x_{12} + 0.069x_{13} - 445.039x_{14} + 9356710x_{15}$$

OPLS 回归方程包含了所有解释变量，这表明 OPLS 回归模型具有良好的变量解释能力。

为保证预测的可靠性，下面从特异点分析、变量投影重要性、t_1/u_1 图等方面进一步考察 OPLS 模型的优劣度。

（1）特异点分析。

T^2 椭圆图如图 4.10 所示。基于特异点分析原理，从 t_1/t_2 的散点图可以看出，样本点均分布在椭圆内，样本分布均匀，不存在特异点。因此，OPLS 模型的拟合效果较好。

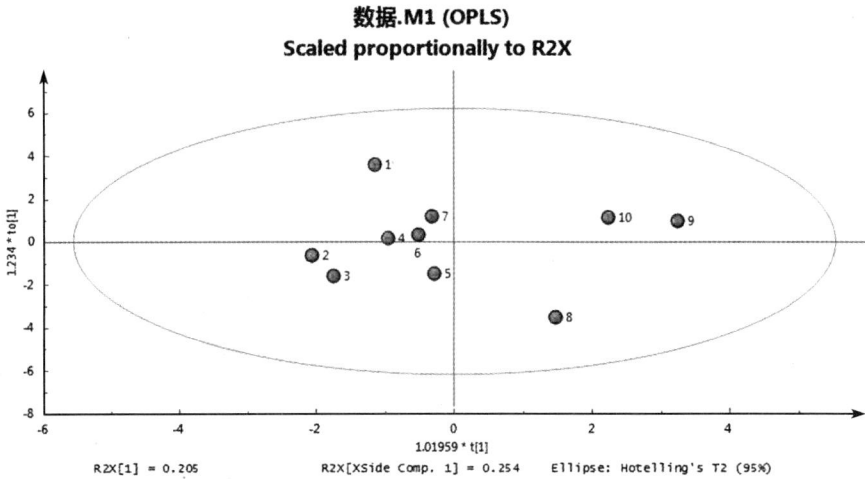

图 4.10 T^2 椭圆图

(2)变量投影重要性。

变量 VIP 图如图 4.11 所示。由图 4.11 可知：x_8，x_1 的 VIP_i 值都大于 1.5（显著大于 1），证明它们对 LCC 的重要度影响明显；x_9，x_{12}，x_{15}，x_7 的 VIP_i 值都大于 1，可见它们对 LCC 也具有重要影响；x_2，x_3，x_{14}，x_{10}，x_6 的 VIP_i 值为 0.5~1，说明它们对 LCC 的影响比较重要。x_5，x_{13}，x_{11}，x_4 的 VIP_i 值都小于 0.5，说明它们对 LCC 并不重要。

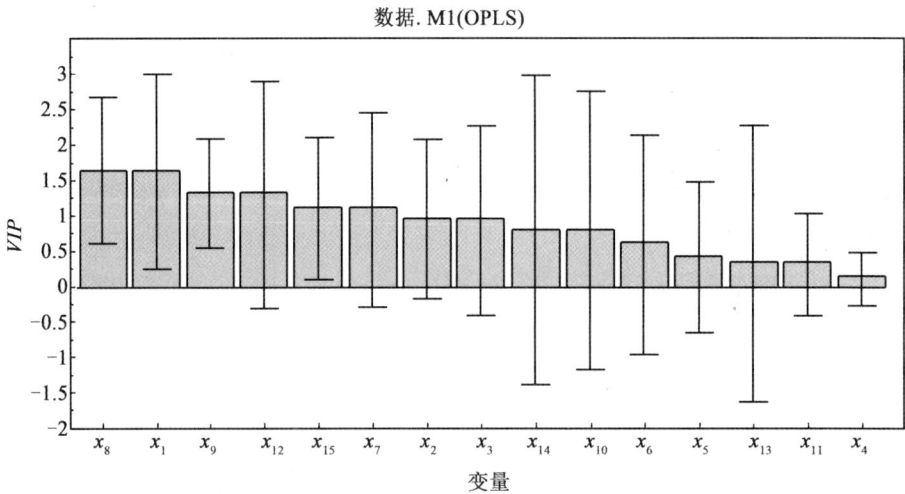

图 4.11 变量 VIP 图

（3）t_1/u_1 平面图。

t_1/u_1 平面图如图 4.12 所示，它可以用来判断解释变量 x_i 与 y 之间是否存在较强的相关性。如果所有样本点在图 4.12 中的排列近似于一条直线，则说明两组变量 (x,y) 之间存在较强的相关关系。由图 4.12 可知，解释变量 x 的成分 t_1 与被解释变量 y 的成分 u_1 之间存在线性关系，这表明用 OPLS 模型建立的 Y 与 X 的线性模型是合理的。

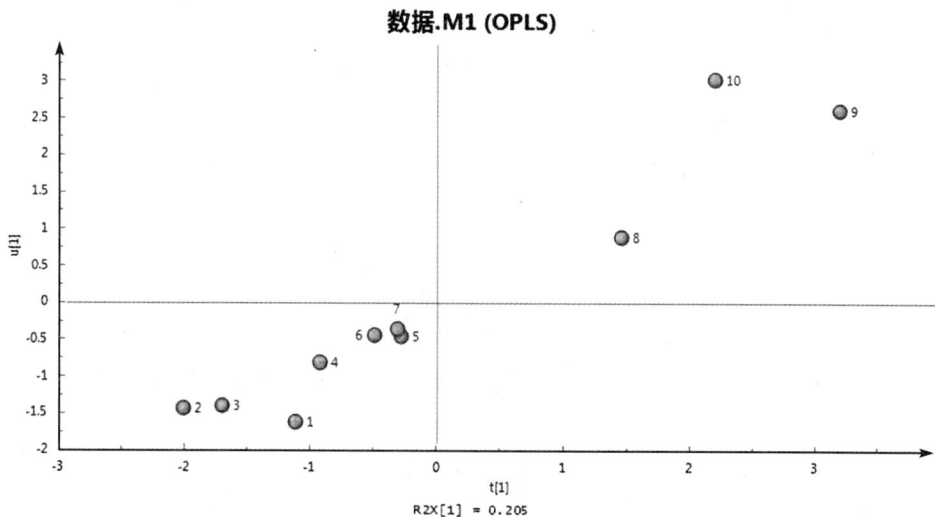

图 4.12　t_1/u_1 平面图

4.3.2.2　优化 OPLS 回归模型

考虑到前文通过 OPLSR 预测建模，在提取 2 个主成分时，模型中对 X 的自身变异信息的解释能力仅达到 0.459，远低于对 Y 变异信息的 0.922。为进一步有效提高 X 中的变异信息，需对上述解释变量进行层层筛选。根据优化后的 VIP 图（图 4.13）所示结果，模型经过一次变量筛选优化后，仅剩下 x_1，x_2，x_3，x_6，x_7，x_8，x_9，x_{10}，x_{11}，x_{12}，x_{14}，x_{15} 共 11 个解释变量，模型对 X 自身的变异信息的解释能力提升到 0.936，而对 Y 变异信息解释能力提升到 0.999，OPLS 回归方程如下：

$$y = 27985 + 0.316x_1 + 10.922x_2 - 84541.1x_3 - 135215x_6 - 822.07x_7 + 615.515x_8 +$$
$$0.035x_9 - 24044.5x_{10} - 5022110x_{12} - 751.8x_{14} - 219357.000x_{15}$$

数据.M2(OPLS)

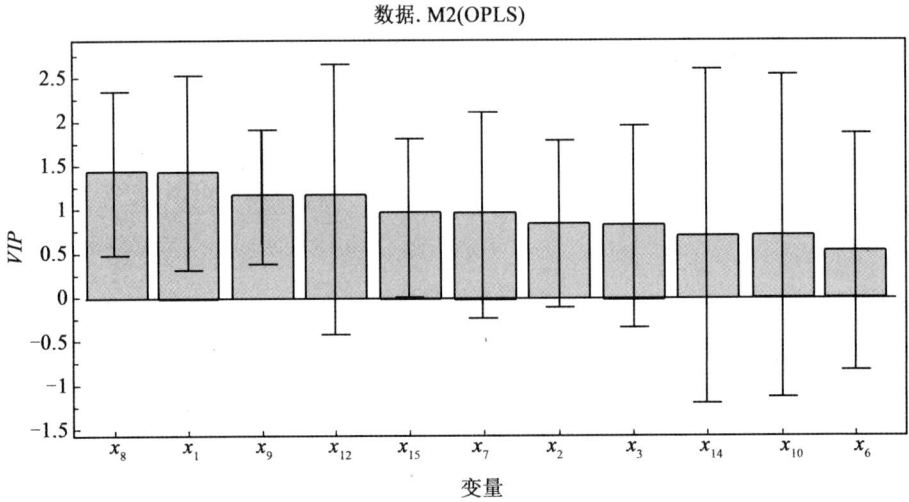

图 **4.13** 优化后 *VIP* 图

由图 4.13 和图 4.14 可知，各解释变量 VIP_j 的值均大于 0.5，说明选取的各变量均重要，且 t_1/u_1 平面图的线性关系更显而易见，模型拟合质量也得到进一步提升。

数据.M2 (OPLS)

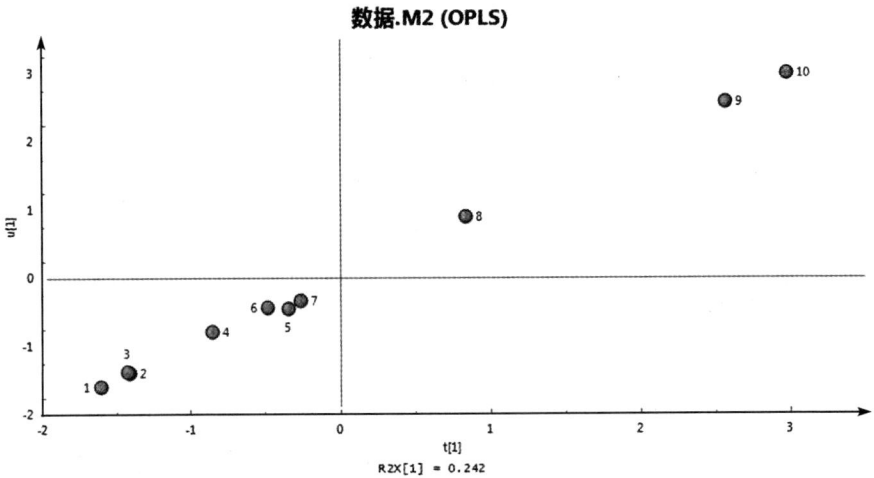

图 **4.14** 优化后 t_1/u_1 平面图

4.3.3 结果分析

4.3.3.1 OPLS 模型和优化 OPLS 模型拟合效果对比分析

OPLS 模型的拟合值和实际值的对比图如图 4.15 所示。从图 4.15 可知，从样本历史数据与模型拟合结果对比来看，拟合值和实际值折线的重合度较高，样本点相对误差均不超过 1.5%，这表明 OPLS 模型的预测模型拟合质量较高。优化 OPLS 模型的拟合值和实际值的对比图如图 4.16 所示。从图中可知，因为优化后的虚实连线的重合程度比优化前的高，所以优化 OPLS 模型的拟合效果更优于 OPLS 模型。

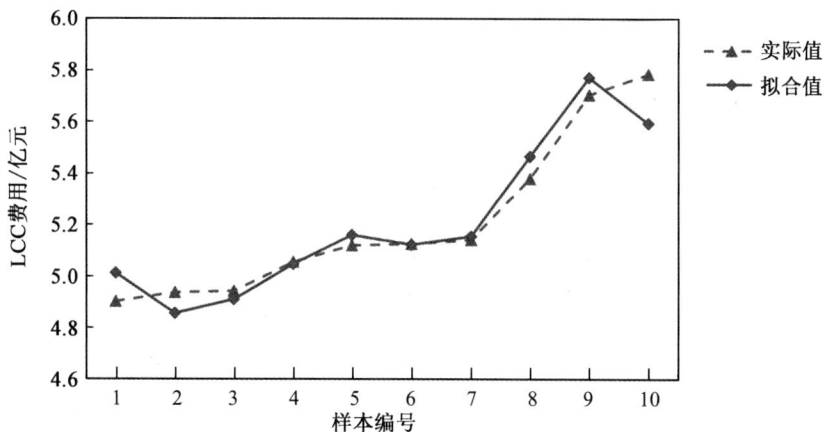

图 4.15　OPLS 模型的拟合值和实际值对比图

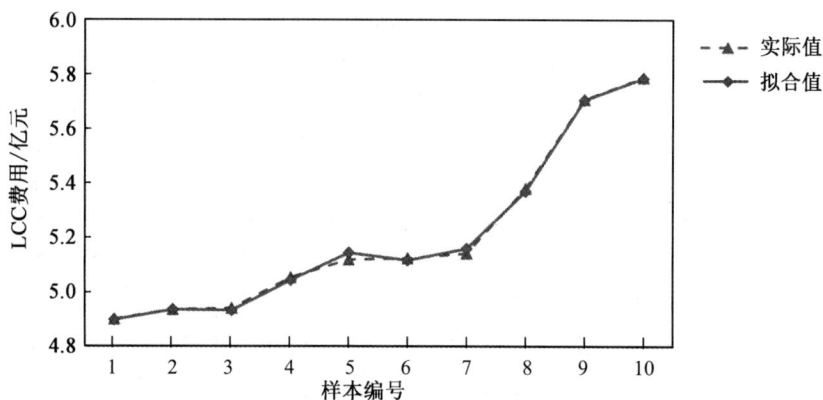

图 4.16　优化 OPLS 模型的拟合值和实际值对比图

4.3.3.2　预测结果对比分析

为进一步分析本部分采用的优化 OPLS 在预测变电站 LCC 方面的适用性，还将比较分析 PLS 模型、OPLS 模型、LS-VSM 算法、BP 神经网络算法，以及优化 OPLS 模型的预测效果。除了直接比较，还采用了以下两个指标衡量预测精度。

（1）平均绝对百分比误差。

$$E_{MAP} = \frac{1}{N} \sum_{h=1}^{N} \left| \frac{y_h - \hat{y}_h}{y_h} \right| \times 100\% \qquad (4.15)$$

（2）根均方误差。

$$E_{RMS} = \sqrt{\frac{1}{N} \sum_{h=1}^{N} (y_h - \hat{y}_h)^2} \qquad (4.16)$$

式（4.15）和式（4.16）中，y_h 为实际值；$\hat{y}_h$ 为拟合值；N 为时间序列的长度。

表4.2给出了5种模型的预测结果及相应的平均指标。

表 4.2　5 种模型预测结果对比

预测方法	样本	LCC 实际值	模型预测值	相对误差	E_{MAP}	E_{RMS}
PLS	1	53581.1	51160.91	4.73%	3.1650	1828.771
	2	50295.73	51207.59	−1.78%		
LS-SVM	1	53581.1	53054	0.99%	1.3242	699.5911
	2	50295.73	51133	−1.64%		
BP	1	53581.1	53802	−0.41%	0.7740	433.0971
	2	50295.73	50867	−1.12%		
OPLS	1	53581.1	53276.63	0.57%	0.6826	355.9542
	2	50295.73	49894.85	0.80%		
优化 OPLS	1	53581.1	53221.06	0.68%	0.4574	268.8418
	2	50295.73	50417.89	−0.24%		

由表4.2可知，样本1和样本2通过优化前的 OPLS 模型预测值的相对误差分别为0.57%和0.80%，而 PLS 模型的相对误差分别为4.73%和−1.78%，LS-SVM 算法的相对误差分别为0.99%和−1.64%，BP 神经网络算法的相对误差分别为−0.41%和−1.12%。可见，OPLS 模型的预测精度远高于其他3种方法，其拟合优度最佳。而对比优化 OPLS 模型，其预测值相对误差分别0.68%和−0.24%，虽相对于 OPLS 模型样本1的相对误差上升0.11%，但样本2的相对误差却大幅下降了1.04%。结合 E_{MAP} 和 E_{RMS} 可以发现，优化 OPLS 模型总体预测效果远高于其他4种预测效果。

4.4　本章小结

本章主要基于 LCC 的基础理论，对电网资产最优成本进行了研究。首先对电网资产的 LCC 进行分类和分解；然后利用 OPLS 在处理小样本高维数据问题方面的独特优势，同时考虑 OPLS 自身存在的一些缺陷，对其进一步改善，得到了基于优化 OPLS 电网资产 LCC 费用的预测模型；最后鉴于数据的可得性，以某电网公司 12 组 110 kV 变电站为例，通过优化 OPLS 模型对其 LCC 费用进行预测分析。

研究结果表明，相较于 PLS 模型、OPLS 模型、LS-VSM 算法、BP 神经网络算法，优化 OPLS 模型能够进一步提升预测精度，对于预测变电站 LCC 具有很好的适宜性。同时，在建模过程中发现，年故障时间、初期投资、年故障中断功率、单位赔偿费用、电价、年平均故障修复率、物理寿命周期、运维率、年平均修复时间、年平均故障修复成本和通货膨胀率等作为关键影响因子，对变电站建设 LCC 费用至关重要。因此，在对电网进行规划时，应重点考察以上因子，并利用优化 OPLS 模型实现对变电站的 LCC 的简单高效的估算，合理规划预算成本，这对电网资产的质量和效益的全面提升意义重大。

变电站作为电网资产的重要组成部分，具有较强的代表性。本章以其为例进行分析，不仅可以有效解决权衡资产全寿命周期成本与效益之间的问题，提升电网企业的竞争力，而且通过设备和线路等固定资产的维修改造，可以提升电网的安全性与经济性，实现社会效益与经济效益，对电网企业的战略规划和企业发展意义重大。随着数据的丰富和研究的深入，该方法可以被推广到配电网的建设中及整个电网，并可以为尝试对输配电及整个电网的建设费用的估算与预测进行系统研究分析提供思路。

第5章

实物资产折旧率合理区间分析

固定资产折旧管理是企业资产管理中的一个重要组成部分，不仅关系到固定资产的经济寿命及其使用效益，而且关系到企业的设备更新和技术进步，最终影响企业的经营成果。折旧问题对于搞好财务会计工作、正确核算成本、合理缴纳所得税也是必要的。因而，建立健全合理的固定资产折旧制度，科学地计提折旧，对加强企业资产管理、增强企业生产活力具有重要意义。特别是在新电改形势下，输配电价定价办法中准许收入由准许成本、准许收益及价内税金组成，定价折旧费是其中的重要参数。因此，电网工程折旧成为政府成本监审的重要环节，其折旧率的取值和确定对于电网资产、收益的核算与归类起到至关重要的作用，对准许收入乃至输配电价的确定，平衡电网企业的经济效益和社会效益具有战略性意义。为此，本章主要对电网企业是否存在一个合理的折旧率等问题开展研究，并在此基础上，进一步讨论电网企业成新率、逾龄资产等模糊指标的合理区间。

5.1 门限回归相关理论

现实宏观经济变量之间可能存在一些非线性关系（如就业响应经济衰退的速度快于经济繁荣期常用的机制转换模型研究），主要包括门限模型、平滑转移模型、马尔科夫机制转换模型等。Tong[62]提出的门限回归用来描述在特定的时间点上，时间序列的运动方式由一种机制迅速跳跃至另一种机制，现实数据处理则以跳跃点为界对样本值进行归类，分别回归后，再比较系数之间的差异。

随后，计量经济学家开始尝试构建各类门限模型，如门限自回归模型、门限协整模型、惯性门限自回归模型、面板门限回归模型、门限向量误差修正模型等。Hansen[63]提出了时间列门限自回归模型（TAR）的估计和检验。Hansen联合考虑数据的时效性及丰富性，利用非动态平衡面板数据构建个体固定效应的面板门限回归模型（PTR），介绍了具有个体效应的静态面板数据门限回归模型的计量分析方法，采用自举法对门限效应的显著性进行了假设和检验。Hansen 的模型中，解释变量不能包含内生解释变量，这是其应用上的一个障碍。

Caner 和 Hansen[64]研究了带有内生变量和一个外生解释变量的面板门限模型。与静态面板数据门限回归模型有所不同，在含有内生解释变量的面板门限回归中，需要利用简化型对内生解释变量进行一定的处理，然后用 2SLS 或 GMM 对参数进行估计。对于动态面板门限模型而言，最主要的问题是在不影响渐进分布的情况下，找到一种消除个体效应的方法。在动态面板门限模型中，若使用组内去均值的方法消除个体效应，估计是非一致的；若进行一阶差分，则会导致残差项的负相关。因此，Kremer 等人[65]指出，使用 Arellano 和 Bover[66]的前向正交离差法消除个体效应，可以避免转换后残差项存在序列相关的问题，从而保证静态面板门限模型的分布理论可以应用于动态面板门限模型。这样，Kremer 等人改进了 Caner 和 Hansen 的方法，从而建立了相对完善的动态面板数据门限回归模型的估计和检验过程。

门限回归(threshald regression，TR)模型是由 H.Tong(汤家豪)博士首创的门限自回归模型的拓展，其基本思路是以分区间的线性模型描述研究对象在整个区间的非线性变化特征，利用若干线性回归模型描述非线性关系。TR 建模过程是对参数的高维寻优过程。TR 模型能够有效地描述具有突变型、准周期型、分段相依型等复杂现象的非线性动态情况，同时门限的控制作用保证了 TR 模型的预测精度的稳健性与广泛适用性。与人工神经网络、投影寻踪回归、多元线性回归、混沌分析、灰色模型等方法相比，TR 模型用法简便、适用性强。TR 模型建模的常规方法是根据门限模型参数的不同取值组合进行试验，再优化出最佳或相对最佳的参数值。由于该方法的计算量大及存在局部优化问题，因此限制了其进一步应用。

5.1.1 门限回归

在回归分析中，人们常常关心系数估计值是否稳定，即若把整个样本分为若干子样本分别进行回归，是否还能得到大致相同的估计系数呢？对于横截面数据，如样本中有男性与女性，则可根据性别，将样本一分为二，分别估计男性样本与女性样本。对于时间序列数据，意味着经济结构是否随着时间的推移而改变。若用来划分变量的不是离散型变量而是连续型变量，如消费水平，则需要给出一个划分的标准，即"门限值"。例如，Galbraith[67]指出，加拿大和美国的货币对产出的效果依赖于是否信用膨胀或紧缩。

发达国家与发展中国家的经济增长规律可能不同，如何通过人均国民收入这一指标来区分一个国家发达与否，经济规律可能是非线性的，其函数形式可能随着某个变量（即门限变量）而改变。传统的做法是由研究者主观地确定一个门限值，然后根据此门限值把样本分为多个子样本，既不对门限值进行参数估计，也不对其显著性进行统计检验。因此，这样的结果并不可靠。为此，Hansen提出门限回归，以严格的统计推断方法对门限值进行了参数估计和假设检验。

假设样本数据为 $\{y_i, x_i, q_i\}_{i=1}^n$，其中 q_i 为门限变量，q_i 可以是解释变量 x_i 的一部分。考虑如下门限回归模型：

$$\begin{cases} y_i = \beta_1' x_i + \varepsilon_i, & q_i \leqslant \gamma \\ y_i = \beta_2' x_i + \varepsilon_i, & q_i > \gamma \end{cases} \tag{5.1}$$

式中，γ 为待估计的门限值；x_i 为外生解释变量，与扰动项 ε_i 不相关。

式（5.1）等价于式（5.2）：

$$y_i = \beta_1' x_i I(q_i \leqslant \gamma) + \beta_2' x_i I(q_i > \gamma) + \varepsilon_i \tag{5.2}$$

式中，$I(\ )$ 为示性函数，若括号中表达式为真，则取 1；反之，则取 0。显然，这是一个非线性回归。可以用非线性最小二乘法（NLS）来估计，即求最小化残差平方和。

实际上，如果 γ 的取值已知，可以通过定义 $Z_{i1} \equiv x_i I(q_i \leqslant \gamma)$ 与 $Z_{i2} \equiv x_i I(q_i > \gamma)$，将式（5.2）转化为参数为 (β_1, β_2) 的线性回归模型：

$$y_i = \beta_1' z_{i1} + \beta_2' z_{i2} \tag{5.3}$$

于是，在实际计算上，常分用两步法来求最小化残差平方和。首先，给定 γ 的取值，对式（5.3）使用最小二乘法来估计 $\hat{\beta}_1(\gamma)$ 与 $\hat{\beta}_2(\gamma)$（显然 $\hat{\beta}_1$ 与 $\hat{\beta}_2$ 依赖于 γ），并计算残差平方和 $SSR(\gamma)$，它也是 γ 的函数。其次，选择 γ 使得 $SSR(\gamma)$ 最小化。应注意到，对于给定的 q_i，由于示性函数只能取 0 或 1，故是 γ 的阶梯函数，而阶梯的升降点正好是 q_i。由此可知，$SSR(\gamma)$ 也是 γ 的阶梯函数，而阶梯的升降点恰好在 $q_{i=1}^n$ 不重复的观测值上，因为如果 γ 取 $q_{i=1}^n$ 以外的其他值，不会对子样本的划分产生影响，故不改变 $SSR(\gamma)$。因此，只需要考虑 γ 取 n 个值即可，即 $\gamma \in \{q_1, q_2, \cdots, q_n\}$，使得 $SSR(\gamma)$ 的最小化计算得以简化。记最后的参数估计量为 $(\hat{\beta}_1(\hat{\gamma}), \hat{\beta}_2(\hat{\gamma}), \hat{\gamma})$。

在一定条件下，Hansen 导出了 $\hat{\gamma}$ 的大样本渐进分布，在此基础上构造 $\hat{\gamma}$ 的置信区间，并对原假设 $H_0: \gamma = \gamma_0$ 进行似然比检验。

类似地，可以考虑包含多个门限值的门限回归。例如，对于门限变量 q_i，假设两个门限值为 $\gamma_1 < \gamma_2$，则门限回归模型为

$$y_i = \beta'_1 \boldsymbol{x}_i I(q_i \leqslant \gamma_1) + \beta'_2 \boldsymbol{x}_i I(\gamma_1 < q_i < \gamma_2) + \beta'_3 \boldsymbol{x}_i I(q_i > \gamma_2) + \boldsymbol{\varepsilon}_i \tag{5.4}$$

5.1.2　面板数据的门限回归

对于面板数据 $\{y_{it}, x_{it}, q_{it}: 1 \leqslant i \leqslant n, 1 \leqslant t \leqslant T\}$，其中 i 表示个体，t 表示时间。Hansen 考虑了如下固定效应门限回归模型：

$$\begin{cases} y_{it} = u_i + \beta'_1 x_{it} + \varepsilon_{it}, & q_{it} \leqslant t \\ y_{it} = u_i + \beta'_2 x_{it} + \varepsilon_{it}, & q_{it} > t \end{cases} \tag{5.5}$$

式中，q_{it} 为门限变量；γ 为待估计的门限值；ε_{it} 为独立同分布的误差项，均值为 0，方差为 σ^2。假设解释变量 x_{it} 为外生变量，与扰动项 ε_{it} 不相关，则 x_{it} 不包含被解释变量 y_{it} 的滞后值，不属于动态面板。存在个体截距项 u_i，表明这是固定效应模型。使用示性函数 $I(\ )$，可以将模型简化为

$$y_{it} = u_i + \beta'_1 x_{it} I(q_{it} \leqslant \gamma) + \beta'_2 x_{it} I(q_{it} > \gamma) + \varepsilon_{it} \tag{5.6}$$

假设为短面板，即 n 较大，T 较小，故大样本的渐近理论基于 $n \to \infty$ 而展开。定义 $\boldsymbol{\beta} = \begin{pmatrix} \beta_1 \\ \beta_2 \end{pmatrix}$，$\boldsymbol{x}_{it} \equiv \begin{pmatrix} x_{it} I(q_{it} \leqslant \gamma) \\ x_{it} I(q_{it} > \gamma) \end{pmatrix}$，则式(5.6)可以简化为

$$y_{it} = u_i + \boldsymbol{\beta}' \boldsymbol{x}_{it}(\gamma) + \varepsilon_{it} \tag{5.7}$$

对于第 i 个个体，将式(5.7)左右两边对时间求平均，可得

$$\bar{y}_i = u_i + \boldsymbol{\beta}' \bar{\boldsymbol{x}}_i(\gamma) + \bar{\varepsilon}_i \tag{5.8}$$

式中，$\bar{y}_i = T^{-1} \sum_{t=1}^{T} y_{it}$；$\bar{\varepsilon}_i = T^{-1} \sum_{t=1}^{T} y_{it} \varepsilon_{it}$；$\bar{\boldsymbol{x}}_i(\gamma) = \dfrac{1}{T} \sum_{t=1}^{T} \boldsymbol{x}_{it}(\gamma) = $

$\begin{pmatrix} \dfrac{1}{T} \sum_{t=1}^{T} x_{it} I(q_{it} \leqslant \gamma) \\ \dfrac{1}{T} \sum_{t=1}^{T} x_{it} I(q_{it} > \gamma) \end{pmatrix}$。

式(5.7)减去式(5.8)，得

$$y_{it}^* = \boldsymbol{\beta}' \boldsymbol{x}_{it}^*(\gamma) + \varepsilon_{it}^* \tag{5.9}$$

其中，$y_{it}^* = y_{it} - \bar{y}$；$x_{it}^*(\gamma) = x_{it}(\gamma) - \bar{x}_i(\gamma)$；$\varepsilon_{it}^* = \varepsilon_{it} - \bar{\varepsilon}_i$。

记 $\boldsymbol{y}_i^* = \begin{bmatrix} y_{it}^* \\ \vdots \\ y_{iT}^* \end{bmatrix}$，$\boldsymbol{x}_i^*(\gamma) = \begin{bmatrix} x_{i1}^*(\gamma)' \\ \vdots \\ x_{iT}^*(\gamma)' \end{bmatrix}$，$\boldsymbol{\varepsilon}_i^* = \begin{bmatrix} \varepsilon_{i1}^* \\ \vdots \\ \varepsilon_{iT}^* \end{bmatrix}$，然后令 $\boldsymbol{X}^*(\gamma) = \begin{bmatrix} x_1^*(\gamma) \\ \vdots \\ x_i^*(\gamma) \\ \vdots \\ x_n^*(\gamma) \end{bmatrix}$，

$$Y^* = \begin{bmatrix} y_1^* \\ \vdots \\ y_i^* \\ \vdots \\ y_n^* \end{bmatrix}, \quad \boldsymbol{\varepsilon}_i^* = \begin{bmatrix} \varepsilon_1^* \\ \vdots \\ \varepsilon_2^* \\ \vdots \\ \varepsilon_n^* \end{bmatrix}, \quad 于是，式(5.9)等价于$$

$$Y^* = X^*(\gamma)\boldsymbol{\beta} + \boldsymbol{\varepsilon}^* \tag{5.10}$$

使用两步法进行估计。首先，对任意给定的门限值 γ，用普通最小二乘法得到系数 $\boldsymbol{\beta}$ 的估计值：

$$\hat{\boldsymbol{\beta}}(\gamma) = (X^*(\gamma)'X^*(\gamma))^{-1}X^*(\gamma)'Y^* \tag{5.11}$$

回归的残差：

$$\hat{\boldsymbol{\beta}}^*(\gamma) = Y^* - X^*(\gamma)\hat{\boldsymbol{\beta}}(\gamma) \tag{5.12}$$

残差平方和：

$$S_1(\gamma) = \hat{\boldsymbol{\varepsilon}}^*(\gamma)'\hat{\boldsymbol{\varepsilon}}^*(\gamma) \tag{5.13}$$

其次，对于 $\gamma \in \{q_{it} : 1 \le i \le n, 1 \le t \le T\}$（$\gamma$ 最多有 nT 个可能取值），选择 $\hat{\gamma}$，使 $S_1(\gamma)$ 最小。因此，残差平方和最小的门限估计值为

$$\hat{\gamma} = \arg\min S_1(\gamma) \tag{5.14}$$

最后，得到估计系数为 $\hat{\boldsymbol{\beta}} = \hat{\boldsymbol{\beta}}(\hat{\gamma})$，残差为 $\hat{\boldsymbol{\varepsilon}}^* = \hat{\boldsymbol{\varepsilon}}^*(\hat{\gamma})$，$\hat{\sigma}^2 = \dfrac{1}{n(T-1)}\hat{\varepsilon}^*$，

$\hat{\varepsilon}^* = \dfrac{1}{n(T-1)}S_1(\hat{\gamma})$。

如果不希望某个子样本中的观测值过少，则可以限制 γ 的取值，如不考虑 $\{q_{it}\}$ 中最大 5% 或最小 5% 的取值。为了消除极端影响，本部分剔除最大和最小各 1% 的值，对门限变量进行格点数为 400 的格点搜索。

门限效应是不是统计上显著的，对于是否存在门限效应的检验是非常重要的。

假设式(5.6)不存在门限效应，即可以检验如下原假设：

$$H_0 : \boldsymbol{\beta}_1 = \boldsymbol{\beta}_2 \tag{5.15}$$

如果原假设成立，则不存在门限效应。因此，模型可简化为

$$y_{it} = u_{it} + \boldsymbol{\beta}_1'x_{it} + \varepsilon_{it} \tag{5.16}$$

将式(5.16)转换为离差形式：

$$y_{it}^* = \boldsymbol{\beta}_1'x_{it}^* + \varepsilon_{it}^* \tag{5.17}$$

利用普通最小二乘法进行估计，$\boldsymbol{\beta}_1$ 估计值为 $\hat{\boldsymbol{\beta}}_1$，残差为 $\hat{\varepsilon}_{it}^*$，残差平方和为 $S_0 = \hat{\varepsilon}^{*'}\hat{\varepsilon}^*$。

在 $H_0: \beta_1 = \beta$ 的约束下所得到的残差平方和为 S_0, 无约束的残差平方和为 $S_1(\hat{\gamma})$。显然, $S_0 \geqslant S_1(\hat{\gamma})$。若 $S_0 - S_1(\hat{\gamma})$ 越大, 加上约束条件后使得残差平方和增加越多, 则更应该倾向于拒绝 $H_0: \beta_1 = \beta$。

Hansen 提出使用以下似然比检验统计量(LR):

$$F_1 = \frac{S_0 - S_1(\hat{\gamma})}{\hat{\sigma}^2} \tag{5.18}$$

式中, $\hat{\sigma}^2 = \dfrac{S_1(\hat{\gamma})}{n(T-1)}$ 为对扰动项方差的一致估计。若原假设成立, 则无论 γ 如何取值, 对模型无影响, 即参数 γ 不可识别。因此, 检验统计量 LR 的渐近分布并非标准的 x^2 分布, 而依赖于样本矩, 无法对临界值进行列表, 可以用自举法得到临界值。

Hansen 设计自举法(bootstrap)得到 LR 统计量的渐近分布, 由此计算基于似然比检验的 p 值。鉴于面板数据的性质, Hansen 提出了如下自举法。将自变量 x_{it} 与门限变量 q_{it} 作为已给定的值, 将它们的值固定在重复的自举样本中。对于残差 $\hat{\varepsilon}_{it}^*$, 令 $\hat{\varepsilon}_i^* = (\hat{\varepsilon}_{i1}^*, \hat{\varepsilon}_{i2}^*, \cdots, \hat{\varepsilon}_{iT}^*)$。将 $\{\hat{\varepsilon}_1^*, \hat{\varepsilon}_2^*, \cdots, \hat{\varepsilon}_n^*\}$ 作为经验分布用于自举。基于原假设 H_0, 在经验分布中, 取容量为 n 的样本作为自举样本(基于原假设 H_0, 检验统计量 F_1 与参数 β_1 无关, 因此 β_1 的任意值都可以用)。利用自举样本, 计算似然比统计量 F_1 的自举值。多次重复这个过程, 得到 p 值。

若 p 值足够小, 则拒绝原假设, 表明存在一个门限值。若拒绝 $H_0: \beta_1 = \beta_2$, 即当认为存在门限效应时, Chan 和 Hansen 证明 $\hat{\gamma}$ 是 $\gamma_0(\gamma$ 的真实值)的一致估计。可以检验以下原假设: 若 $H_0: \gamma = \gamma_0$, 则似然比统计量为

$$LR_1(\gamma) = \frac{S_1(\gamma) - S_1(\hat{\gamma})}{\hat{\sigma}^2} \tag{5.19}$$

Hansen 证明, 可以利用统计量 $LR(\gamma)$ 计算 γ 置信区间。

类似地, 可以考虑多门限值的面板回归模型的设定及检验。以双门限为例, 具体设定如下:

$$y_{it} = u_i + \beta_1' x_{it} I(q_{it} \leqslant \gamma_1) + \beta_1' x_{it} I(\gamma_1 < q_{it} \leqslant \gamma_2) + \beta_2' x_{it} I(q_{it} > \gamma_2) + \varepsilon_{it} \tag{5.20}$$

模型估计采用 Bai 和 Perron 介绍的方法: 首先固定单门限模型所得估计值 $\hat{\gamma}_1$; 然后利用格点搜索法确定第二个门限值 $\hat{\gamma}_2$, 使残差平方和 $S(\gamma_2)$ 最小; 接着固定第二门限值 $\hat{\gamma}_2$, 反过来修正第一门限值 $\hat{\gamma}_1$, 获得使残差平方和最小的修正第一门限值 $\hat{\gamma}_1'$。同理, 构建 F 统计量[$F_2 = (S_1(\hat{\gamma}_1) - S_2(\hat{\gamma}_1'))/\hat{\sigma}^2$], 判断第二个门限值是否显著。若显著, 则表明存在两个以上的门限值。以此类推, 继续

扩展模型的设定及检验的形式，直至接受原假设。

5.2 实证分析

5.2.1 模型设定

"门槛回归"作为一种非线性计量经济学模型，其实质就是在反映因果关系的变量中寻找门槛变量，门槛值根据样本数据进行估算，并检验根据门槛值划分的样本组参数是否存在显著不同。针对本书的计量模型，设定如下面板门槛回归模型：

$$\ln RRI = \beta_0 + \beta_1 \ln\delta I(\ln\delta \leqslant \gamma) + \beta_2 \ln\delta I(\ln\delta > \gamma) + \alpha \ln X + \mu \qquad (5.21)$$

式中，$I(\ )$ 为示性函数，当括号中表达式为假时，取值为 0；反之，取值为 1。根据门槛变量折旧率是否大于门槛值 γ，可以将样本区间划分为两个区制，并且两个区制分别采用斜率值 β_1 和 β_2 进行区别。X 代表控制变量，包括名义 GDP、三产比重 str 和产出品与投资品的相对价格指数 pri。

类似地，在一门槛值模型的基础上，还可以考虑模型中存在多个门槛值的情形。下面以两门槛值模型为例，式（5.21）变为

$$\ln RRI = \beta_0 + \beta_1 \ln\delta I(\ln\delta \leqslant \gamma_1) + \beta_2 \ln\delta I(\gamma_1 < \ln\delta \leqslant \gamma_2) +$$
$$\beta_3 \ln\delta I(\ln\delta > \gamma_2) + \alpha \ln X + \mu \qquad (5.22)$$

式中，$\gamma_1 < \gamma_2$，两门槛模型计算过程与一门槛类似，是在第一个门槛值固定的情形下，估计第二个门槛值。接下来对上述面板门槛模型进行实证分析。

5.2.2 变量说明

5.2.2.1 被解释变量

（1）投资。

投资是在未来一定时间段内获得某种比较持续稳定的现金流收益，是未来收益的累积。

（2）利润。

利润是收入扣除成本价格和税金的余额，是企业经营效果的综合反映。

（3）投资收益率。

投资收益率是利润与总投资额之比，是衡量设备投资经济效益的重要指标，能反映企业运用资金的经济效果及其回收资金的能力。不同部门或行业都可以制定其标准投资收益率，以检验企业的投资效果。本书直接采用利润或投资作为被解释变量。

5.2.2.2　核心解释变量

核心解释变量是折旧率。本书中的折旧率，即折旧率等于本年折旧与上一年的固定资产原价之比。对于没有提供本年折旧的，则利用近三年折旧的平均值来计算本年折旧。

5.2.2.3　控制变量

由于本书主要研究地方电网的投资情况，因此需要控制现有理论中影响电网企业投资定位的因素，本书选择名义 GDP 这一代理指标来衡量经济发展水平。而一国或地区的经济结构，特别是产业结构会随着经济的不断增长而由低级向高级转换。威廉·配第首先发现了产业结构与国民收入水平之间的联系，因此，本书选取三产比重作为衡量产业结构的一项代理指标。产出品与投资品是拉动国民经济发展的重要因素，把握二者之间的关系，有助于产出与投资之间关系的有效调整，进而推动国民经济的平稳健康增长。因此，本书采用产出品与投资品的相对价格指数(即以 2000 年为基期的各地区产出品价格指数和投资品价格指数之比)进行计算。

5.2.3　实证结果与分析

5.2.3.1　投资为被解释变量的面板门槛回归结果

以折旧率为门槛变量，投资为被解释变量，对不存在门槛值、存在一个门槛值及存在两个门槛值分别进行估计，借鉴 Hansen 的自举法，运用 Stata 统计软件，通过反复抽样得出检验统计量对应的 P 值，判断是否存在门槛效应。由表 5.1 可知，门槛值有两个。

表 5.1　门槛值显著性检验(1)

模型	F 统计值	P 值	10%临界值	5%临界值	1%临界值
单一门槛	5.96	0.300	0.135	9.528	14.982
双重门槛	12.12	0.067	0.310	14.987	15.907

表 5.2 列出了门槛值分别为 1.640，1.644，以及 95%置信区间的估计结果。

表 5.2　门槛值估计结果(1)

模型	门槛值	95%的置信区间
第一门槛	1.640	(1.618，1.642)
第二门槛	1.644	(1.425，1.645)

相应地，面板门槛模型参数估计结果如表 5.3 所列。

表5.3　面板门槛模型参数估计结果（1）

变量	回归系数	t 值
GDP	9.108*	1.72
str	12.933***	5.17
pri	312.987***	4.99
$\delta \leqslant 1.640$	45.235	1.23
$1.640 < \delta \leqslant 1.644$	266.719***	4.02
$1.644 < \delta$	80.427***	2.90

注："＊＊＊""＊"分别代表在1%，10%水平下通过显著性检验。

由表5.3可知：当$\delta \leqslant 1.640$时，折旧率（δ）对投资的影响系数为45.235，没有通过显著性检验；当$1.640 < \delta \leqslant 1.644$时，$\delta$对投资的影响系数为266.719，并在1%水平下通过显著性检验；当$\delta > 1.644$时，δ对投资的影响增加，回归系数变为80.427，在1%水平下通过显著性检验。所以，当折旧率为$1.640 \sim 1.644$时，对投资作用效率最大，提高一个单位会导致投资正向增长266.719；当折旧率大于1.644时，对投资也有一定影响，变动一个单位会导致投资正向增长80.427。

其回归表达式如下：

$$I = \begin{cases} -836.559 + 45.235\delta + 9.108GDP + 12.933str + 312.987pri, & \delta \leqslant 1.640 \\ -836.559 + 266.719\delta + 9.108GDP + 12.933str + 312.987pri, & 1.640 < \delta \leqslant 1.644 \\ -836.559 + 80.427\delta + 9.108GDP + 12.933str + 312.987pri, & 1.644 < \delta \end{cases}$$

$$(5.23)$$

5.2.3.2 利润为被解释变量的面板门槛回归结果

以折旧率为门槛变量、利润为被解释变量进行检验，由表5.4可知，存在两个门槛值。

表5.4　门槛值显著性检验（2）

模型	F 统计值	P 值	10%临界值	5%临界值	1%临界值
单一门槛	25.25	0.007	14.212	16.034	24.065
双重门槛	15.57	0.033	12.131	14.240	17.432

表5.5列出了门槛值分别为3.474，6.734，以及95%置信区间的估计结果。

表 5.5　门槛值估计结果(2)

模型	门槛值	95%的置信区间
第一门槛	3.474	(3.395, 3.480)
第二门槛	6.734	(6.614, 6.779)

相应地,面板门槛模型参数估计结果如表 5.6 所列。

表 5.6　面板门槛模型参数估计结果(2)

变量	回归系数	t 值
GDP	0.004***	16.41
str	0.738	1.60
pri	−13.934	−0.95
$\delta \leqslant 3.474$	−0.602	−0.07
$3.474 < \delta \leqslant 6.734$	17.592**	2.35
$6.734 < \delta$	−3.967	−0.63

注:"***""**"分别代表在 1%,5%水平下通过显著性检验。

由表 5.6 可知:当 $\delta \leqslant 3.474$ 时,δ 对利润的影响系数为 −0.602,但没有通过显著性检验;当 $3.474 < \delta \leqslant 6.734$ 时,δ 对利润的影响系数为 17.592,并在 5% 水平下通过显著性检验;当 $\delta > 6.734$ 时,δ 对利润的影响增加,回归系数变为 −3.967,未通过显著性检验。当折旧率超过门槛值 6.734 时,回归系数由正向变为负向。这说明折旧率为 3.674 ~ 6.734 时对利润的作用最大,折旧率变动一个单位,利润正向变动 17.592。

其回归表达式如下:

$$P = \begin{cases} -4.783 - 0.602\delta + 0.004GDP + 0.738str - 13.934pri, & \delta \leqslant 3.474 \\ -4.783 + 17.592\delta + 0.004GDP + 0.738str - 13.934pri, & 3.474 < \delta \leqslant 6.734 \\ -4.783 - 3.967\delta + 0.004GDP + 0.738str - 13.934pri, & 6.734 < \delta \end{cases}$$

(5.24)

5.2.3.3　投资收益率为被解释变量的面板门槛回归结果

(1)以取对数后的折旧率为门槛变量、投资收益率为被解释变量进行检验,检验结果如表 5.7 所列。无论是在单一门槛,还是在双重门槛模型中,至少在 10% 的水平下显著,即 P 值均小于 0.1,因此,模型中存在两个门槛值。

表 5.7　门槛值显著性检验（3）

模型	F 统计值	P 值	10%临界值	5%临界值	1%临界值
单一门槛	26.85	0.023	13.422	17.575	35.162
双重门槛	50.30	0.003	13.290	18.348	31.948

表 5.8 列出了门槛值分别为 1.239，1.258，以及 95% 的置信区间的估计结果。

表 5.8　门槛值估计结果（3）

模型	门槛值	95%的置信区间
第一门槛	1.239	（1.228，1.306）
第二门槛	1.258	（1.224，1.265）

相应地，面板门槛模型参数估计结果如表 5.9 所列。

表 5.9　面板门槛模型参数估计结果（3）

变量	回归系数	t 值
GDP	$-2.03\text{e}{-07}$	-0.10
str	0.006^{*}	1.82
pri	-0.039	-0.34
$\ln\delta \leq 1.239$	0.045	0.46
$1.239640 < \ln\delta \leq 1.258$	1.067^{***}	7.08
$1.258 < \ln\delta$	-0.107^{**}	-2.14

注："＊＊＊""＊＊""＊"分别代表在 1%，5%，10% 水平下通过显著性检验。

由表 5.9 可知：当 $\ln\delta \leq 1.239$ 时，（折旧率）$\ln\delta$ 对投资收益率的影响系数为 0.045，没有通过显著性检验；当 $1.239 < \ln\delta \leq 1.258$ 时，对投资收益率的影响系数为 1.067，并在 1% 水平下通过显著性检验；当 $1.258 < \ln\delta$ 时，$\ln\delta$ 对投资收益率的影响增加，回归系数变为 -0.107，在 5% 水平下通过显著性检验。这说明，当折旧率超过门槛值 1.258 时，折旧率越高反而会降低投资收益率，从正向系数 1.067 变为负向系数 -0.107。

其回归表达式如下：

$$RRI = \begin{cases} 0.208 + 0.045\ln\delta - 2.03\times10^{-7}GDP + 0.006str - 0.039pri, & \ln\delta \leqslant 1.239 \\ 0.208 + 1.067\ln\delta - 2.03\times10^{-7}GDP + 0.006str - 0.039pri, & 1.239 < \ln\delta \leqslant 1.258 \\ 0.208 - 0.107\ln\delta - 2.03\times10^{-7}GDP + 0.006str - 0.039pri, & 1.258 < \ln\delta \end{cases}$$

$$(5.25)$$

（2）以折旧率为门槛变量、投资收益率为被解释变量进行检验，由表 5.10 可知，存在两个门槛值。

表 5.10　门槛值显著性检验（4）

模型	F 统计值	P 值	10%临界值	5%临界值	1%临界值
单一门槛	37.38	0.007	12.391	15.239	23.598
双重门槛	49.06	0.010	13.150	16.748	41.265

表 5.11 列出了门槛值分别为 3.453，3.519，以及 95%置信区间的估计结果。

表 5.11　门槛值估计结果（4）

模型	门槛值	95%的置信区间
第一门槛	3.453	(3.416, 3.690)
第二门槛	3.519	(3.401, 3.544)

相应地，面板门槛模型参数估计结果如表 5.12 所列。

表 5.12　面板门槛模型参数估计结果（4）

变量	回归系数	t 值
GDP	$-1.46e-07$	-0.07
str	0.006^*	1.79
pri	-0.038	-0.34
$\delta \leqslant 3.453$	0.043	1.30
$3.453 < \delta \leqslant 3.519$	0.336^{***}	6.88
$3.519 < \delta$	-0.019	-1.64

注："$***$""$*$"分别代表在 1%，10%的水平下通过显著性检验。

由表 5.12 可知，当 $\delta \leqslant 3.453$ 时，折旧率（δ）对投资收益率的影响系数为 0.043，没有通过显著性检验；当 $3.453 < \delta \leqslant 3.519$ 时，δ 对投资收益率的影响系数为 0.336，并在 1%水平下通过显著性检验；当 $3.519 < \delta$ 时，δ 对投资收益率的影响增加，回归系数变为 -0.019，未通过显著性检验。但回归系数的变化趋势

与(1)内容一致,系数值呈现先升后降的过程,并最终由正值变为负值,说明稳健性良好。

其回归表达式如下:

$$RRI = \begin{cases} 0.135+0.043\delta-1.46\times10^{-7}GDP+0.006str-0.038pri, & \delta\leq3.453 \\ 0.135+0.336\delta-1.46\times10^{-7}GDP+0.006str-0.038pri, & 3.453<\delta\leq3.519 \\ 0.135-0.019\delta-1.46\times10^{-7}GDP+0.006str-0.038pri, & 3.519<\delta \end{cases}$$

$$(5.26)$$

5.3 本章小结

本章基于门限回归的相关理论知识,选取2002—2019年(共18年,30个省(自治区、直辖市)及冀北和蒙东地区的GDP、三产比重和产出品与投资品的相对价格指数的面板数据,利用Stata统计软件做了面板数据的门限回归,并对结果进行比较分析,以测度提升电网企业投资、利润和总投资收益率为目标的折旧率等模糊指标的最优合理区间。

检验结果表明,当以投资为被解释变量时,折旧率为1.640~1.644时对投资作用效率最大,提高一个单位会导致投资正向增长266.719;当折旧率大于1.644时,对投资也有一定影响,变动一个单位会导致投资正向增长80.427。当以利润为被解释变量时,折旧率超过门槛值6.734时,回归系数由正向变为负向,说明折旧率为3.674~6.734时对利润的作用最大,折旧率变动一个单位,利润正向变动17.592。当以投资收益率为被解释变量时,折旧率超过门槛值1.258时,折旧率越高反而会降低投资收益率,从正向系数1.067变为负向系数-0.107;将核心解释变量折旧率取对数后,发现回归系数的变化趋势与不取对数的折旧率一致,系数值呈现先升后降的过程,并最终由正值变为负值,说明稳健性良好。综上所述,当折旧率处于最优合理区间3.45%~3.52%时,可提升投资收益率。

第 6 章

电网资产维修决策研究

随着状态检修的提出与推广，电力设备的实际状态对于现场检修越发重要。在以往的检修中，现场检修决策人员拥有很多维护方法，但是不同的维护方法之间存在较大的差异。例如，油浸式变压器会因为绝缘油的劣化和污染，导致其介损值升高。在对其检修过程中，检修人员既可以采取更换新油的方式进行维护，也可以仅对油进行净化吸附处理。这两种维护方法都能够降低介损值，但会产生不同的费用，而且维护后达到的效果不同。由此可见，如何根据设备当前状态进行检修决策分析，选取不同的维护方法，是现今检修需要解决的问题。

对于检修而言，可以通过数学模型将检修对系统寿命和可靠性的影响量化，并对检修进行安排和优化。电力设备在老化过程中受多方面因素的影响，很多不确定性因素会影响其劣化过程，因而其实际的老化过程是一个随机过程。如果采取确定性模型对此过程进行量化定性分析，容易出现一些错误结果。因而，如今的研究大都采用概率模型。概率模型能考虑系统过往历史的运行情况进行统计，因而更加符合设备老化的实际状况。

本章将介绍基于状态图的马尔科夫（Markov）模型在实际检修建模中的应用，结合电力设备实际的检修情况，采用半马尔科夫决策过程，对电力设备检修策略进行优化。

6.1 基于马尔科夫过程的检修概率模型

6.1.1 状态图模型

6.1.1.1 老化和故障模型

在传统的可靠性分析中，设备的状态通常被分为完好状态和完全故障状态。两状态的状态空间如图 6.1 所示。

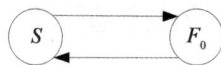

图 6.1 两状态的状态空间图

在很多情况下，系统的故障可以分为两类：一类是随机故障，另一类是系统劣化(老化)结果。在两状态图模型中，通常假设平均无故障时间和平均维修时间呈指数分布。因此，该简单模型具有无记忆特性，可以粗略描述设备的随机故障。随机故障的故障概率是恒定的，与设备的状态无关。这种两状态图模型也与实际的故障后检修相联系，即只有设备在发生故障后才进行维修。

对后一种情况，典型的劣化过程为不断地磨损，最终导致故障。单纯的两状态图模型不足以反映电力设备的实际老化状况。系统故障-维修过程状态图如图 6.2 所示。从图中可知，状态 S_1，S_2，S_3 分别表示系统老化过程中的不同劣化阶段；如果不进行维修，系统就会从 S_1 状态一直过渡到 S_3 状态，最后到达故障状态，即 F 状态；系统故障后，经过设备更换或维修又可以恢复到 S_1 状态。

在图 6.2 中，状态 S_1，S_2，S_3 表示不同的劣化阶段，设备在不同阶段同样处于工作状态；F 状态代表老化故障。然而，因为实际的设备老化过程存在随机故障，所以在模型的建立中往往不能忽略随机故障的情况。随机故障与设备所处的状态无关，在任何时候都可能发生，其故障率在马尔科夫过程中是恒定的，并且不会因为维护而发生改变。图 6.3 为包含随机故障状态和老化故障状态的设备老化模型。

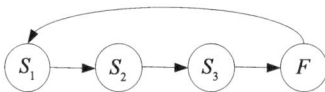

图 6.2　系统故障-维修过程状态图

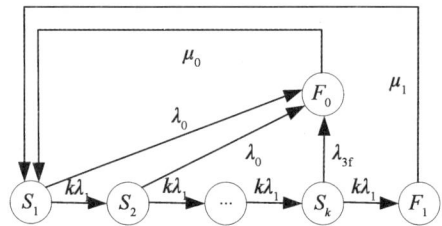

图 6.3　包含随机故障状态和老化故障状态的设备老化模型

在图 6.3 中，设备经过自然磨损和老化最终将进入故障状态 F_1，并且设备会因为偶发故障进入随机故障状态 F_0。随机故障是不可预防的，从每一种劣化状态进入随机故障状态的概率也是恒定的。在经过 k 个劣化阶段后，如果不进行维修，设备将会进入老化故障状态 F_1。故障后维修将会使设备恢复到状态 S_1。从老化故障状态 F_1 和随机故障状态 F_0 恢复如新的转移率分别为 μ_1 和 μ_0。工作劣化状态到随机故障状态的转移率为 λ_0。

6.1.1.2　维修模型

在本书第 6.1.1.1 部分的假设基础上，可以在图 6.1 和图 6.2 上增加维修状态。包含维修的三状态图模型，如图 6.4 所示。

在图 6.4 中，系统或设备可以进入维修状态 M。从状态 S 到状态 M 的时间分布一般呈指数分布。在进行维修之后，系统或设备会恢复到正常运行状态。从图 6.4 中还可以看到，在维修过程中，往往由于人为因素或其他原因，设备会进入故障状态。

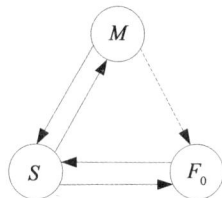

图 6.4　包含维修的三状态图模型

但是，这种三状态图模型并不完全符合实际的设备老化过程。这是因为，该模型中假设所有的维修都是理想的，并且具备同样的维修效果、时间和经济效益，所以这些问题的存在使模型有其不切实际的方面。故而，图 6.4 所示模型仅仅适合应用在忽略了不同维修方式和不同老化状态的情形中。

实际上，很多系统都会定期进行检修，并在设备状态到达临界点前进行干预，以避免发生故障。因此，检修的实施可以分为两种情况：一种是根据预先设定的计划进行；另一种是定期对系统进行监测，以确定是否进行检修及检修的内容。包含维修的劣化状态图模型如图 6.5 所示，此检修过程中可以引入附加状态 $M_1 \sim M_3$。图 6.5 中，假设检修通常会使系统的状态改善至前一种劣化状态。

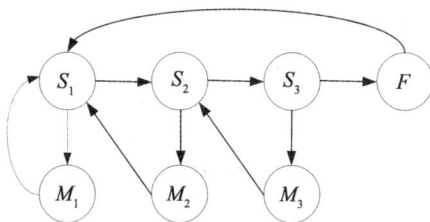

图 6.5　包含维修的劣化状态图模型

针对图 6.5，如果假定各种状态之间转换的时间满足指数分布，那么其状态转换的概率是恒定的，并且系统的下一种状态仅取决于当前状态，此时状态图表达的就是一个马尔科夫过程。在此过程中，下一个过程与之前的任何过程无关。

在实际情况中，设备的老化过程不仅包括设备不同劣化阶段和故障状态，而且包括监测状态、检修状态、决策等。假定设备从劣化状态和故障状态可以过渡到其他状态，之后又回到某一种劣化状态或故障状态（如果检修导致系统故障）。大部分设备的维修决策是通过状态的监测做出的，而状态监测在现实中的应用越来越广泛。可见，在模型中引入检查状态是非常必要的。

这种阐述检修模型的方法称为经典状态图。结合上述几种不同状态，图 6.6 给出了一个简化的典型状态图。

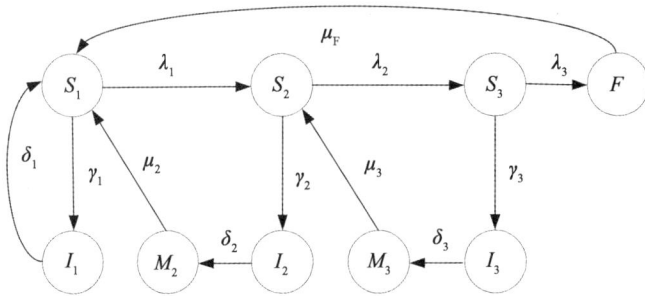

图 6.6　典型状态图

图 6.6 中，系统的劣化过程用三个分离的状态($S_1 \sim S_3$)来表示。如果不进行维修，系统经过最后一种劣化状态之后将进入故障状态 F。假设故障后系统通过设备更换或维修可以恢复至 S_1 状态(这个假设是很容易实现的)，为了延长设备寿命，通常要根据预先设定的检修策略进行检修。图 6.6 中用 $I_1 \sim I_3$ 表示系统的状态监测，根据检测结果做出如下决策。

(1)如果系统处在 S_1 状态，不进行任何操作。

(2)如果系统处在 S_2 状态，那么实施检修 M_2。这会使系统改善到前一种状态。

(3)如果系统处在 S_3 状态，那么实施检修 M_3。这会使系统改善到前一种状态。

在实际检修中，经过状态监测、评估，检修人员会根据实际情况做出不同的检修决策(不修、大修或小修)，不同的检修决策也会得到不同的结果。图 6.7 所示马尔科夫模型包含了大修、小修等不同的检修策略所得到的不同检修效果。

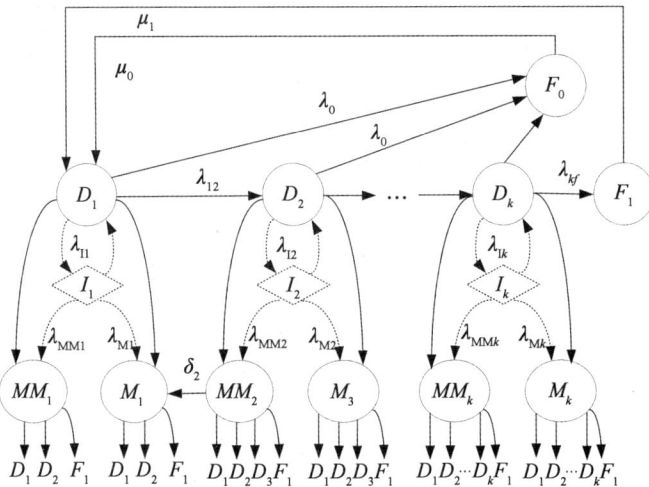

图 6.7　包含大、小修的状态图模型

从图 6.7 可以看出，每一种劣化状态经过状态监测之后，将会进行检修策略决策，选择不同的检修方式。在进行维修之后，设备也会进入不同的状态。其中，*M*，*MM* 分别表示小修和大修状态。

不同的检修方式对于设备状态的提升及经济成本有不同的效果。大修相对小修会更好地提升设备的状态，但是大修也将会耗费更多的时间，从而使设备停运时间增加、可用度降低，并且消耗更多的成本。

6.1.2　实际检修情况论述

上述维护模型可以称为状态监测模型。只有通过状态监测，才能得知系统的状态。在不实施设备更换和维修时，系统的劣化过程是一个非衰减的随机过程。每次决策都需要对两方面进行考虑，并做出决策：一是决策检修内容，是进行设备维修还是进行设备更换，或者不进行任何操作；二是决策什么时候进行下一次状态监测。这种模型下，状态监测频率和检修方式的决策是根据设备当前所处状态阶段做出的，与实际情况相符合。

可以看出，设备运行性能信息是通过状态监测、维修或设备发生故障等方式获取的。也就是说，设备运行性能信息是在提供设备运行性能新信息的环节之后才能被获取的。在典型状态图（图 6.6）中，系统的劣化状态、监测状态及维修状态之间存在直接联系。但在实际检修中，设备只有在执行监测和检修，或者在设备发生故障的时候，其劣化过程和检修策略才会有联系。也就是说，在这些时刻，才能收集系统的信息，然后进行检修过程。图 6.8 简单描述了这两种过程的联系。系统的劣化和检修是两个并行的过程，在图 6.8 中用实箭头表示，它们只有在实施监测（*I*）或故障（*F*）时才会联系在一起，然后据此做出关于检修和下一次状态监测时间的决策。

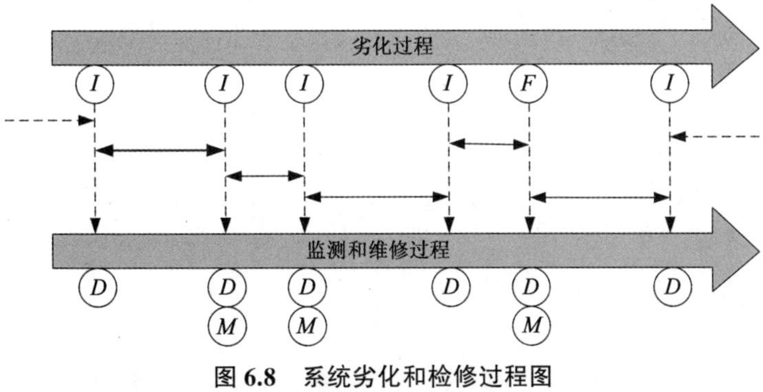

图 6.8　系统劣化和检修过程图

由于存在上述问题，因此对基于马尔科夫过程的典型状态图模型进行改进，改进状态图模型如图 6.9 所示。

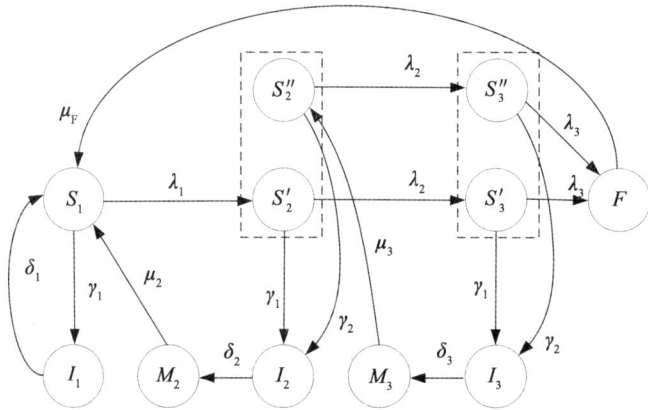

图 6.9 改进状态图模型

在图 6.9 中，劣化状态 S_2' 和 S_2'' 代表典型状态图中的状态 S_2；同样，状态 S_3' 和 S_3'' 代表典型状态图中的状态 S_3；其他所有状态都与典型状态图中的一样。在下一次状态监测之前，也就是系统在 S_1，S_2'，S_3' 时，因为检修人员不知道系统发生了状态转移，以为系统仍然保持在状态 S_1，所以监测频率依然保持为 γ_1。

在经过监测状态 I_2 之后的维修状态 M_2 后，检修人员了解到系统的状态提高到状态 S_1，并且监测频率改变为 γ_1。同样，维修状态 M_3 之后，系统将提高到新的劣化状态 S_2''。由于检修人员清楚地了解系统的当前状态，因此监测频率为 γ_2。当系统从状态 S_2' 劣化至状态 S_3''，检修人员认为系统还是停留在状态 S_2''，仍然以 γ_2 的频率进行检查。在状态 S_3'，S_3'' 之后，系统将进入故障状态 F。

但是改进状态图模型有一个缺点，即其状态数较典型状态图模型多。如果典型状态图有 n 种状态，那么使用改进状态图模型就会增加 $(n-2)(n+1)/2$ 种状态。为了克服这个缺点，可以在使用改进状态图模型计算完平稳概率之后，对该模型进行简化，简化的图形可以表示为图 6.10。

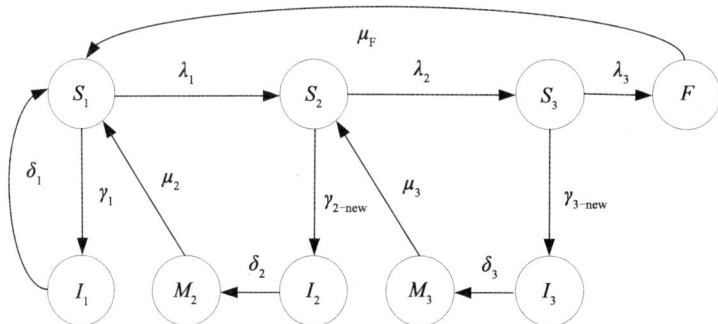

图 6.10 简化后的改进状态图模型

由图 6.10 可知，简化后的改进状态图模型与典型状态图模型很相似。但是有两个不同的地方，即从状态 S_2 向状态 I_2 的转移率、状态 S_3 到状态 I_3 的转移率发生了改变。$\gamma_{2-\text{new}}$ 可表示为

$$\gamma_{2-\text{new}} = \frac{P_2'\gamma_1 + P_2''\gamma_2}{P_2} \tag{6.1}$$

式中，$P_2 = P_2' + P_2''$。P_2''，P_2'，P_2 分别为状态 S_2''，S_2'，S_2 的平稳概率。

同理，可得 $\gamma_{3-\text{new}}$ 的结果。

6.1.3　设备可靠性分析

6.1.3.1　平稳状态概率的求解

在马尔科夫过程模型中，系统从某种状态经过 n 步转移进入的极限状态，叫作过程的平稳状态。进入平稳状态后的平稳状态概率是一个常数，它与初始状态无关。系统处在平稳状态下，即使发生转移，系统的各状态概率也不再发生改变。

马尔科夫过程的线性微分方程组为

$$\frac{\mathrm{d}}{\mathrm{d}t}p(t) = p(t)\boldsymbol{A} \tag{6.2}$$

$$\boldsymbol{A} = \begin{bmatrix} \lambda_{11} & \lambda_{12} & \cdots & \lambda_{1n} \\ \lambda_{21} & \lambda_{22} & \cdots & \lambda_{2n} \\ \vdots & \vdots & & \vdots \\ \lambda_{n1} & \lambda_{n2} & \cdots & \lambda_{nn} \end{bmatrix} \tag{6.3}$$

式中，λ_{ij} 为转移率。

为求解平稳状态概率，需要联立方程，求解以下线性代数方程组：

$$\begin{cases} \boldsymbol{PA} = 0 \\ \sum \boldsymbol{P}_i = 1 \end{cases} \tag{6.4}$$

在此基础上，进一步求解状态频率和平均持续时间等其他可靠性指标。

6.1.3.2　频率和持续时间法

虽然前文已经介绍了求取状态平稳概率的方法，但是一个系统的实际状况并不能仅仅依靠其状态平稳概率来反映。系统的状态频率和停留在该状态的平均持续时间，也是系统可靠性分析中重要的指标。为求解这两个指标，可以运用频率和持续时间法，建立状态概率、状态频率和状态持续时间之间的关系。频率和持续时间法把马尔科夫过程与电力系统的实际情况相结合，普遍应用在

电力系统可靠性分析中。

系统在平稳状态时，每单位时间里停留在状态 i（进入或离开）的平均次数称为系统在状态 i 的频率 f_i。状态 i 的持续时间，是指系统在平稳状态下，停留在状态 i 的平均持续时间。

图 6.11 所示的状态转移图是一个两态过程。可以考虑系统的历史运行状况，以及系统处于状态 i 和离开状态 i 的时间，来确定此给定系统的概率、频率和状态持续时间的关系。

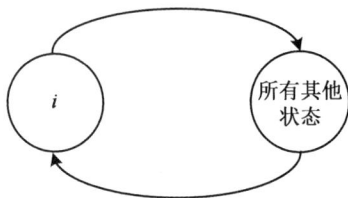

图 6.11　两态过程图

如果令处于状态 i 的平均时间和离开状态 i 的时间分别为 T_i 和 T_i'，那么平均周期时间 T_{ci} 为

$$T_{ci} = T_i + T_i' \tag{6.5}$$

由频率的定义可知，频率 f_i 在很长的一段时间内等于平均周期时间的倒数，即

$$f_i = \frac{1}{T_{ci}} \tag{6.6}$$

式(6.6)两边同时乘以 T_i，得

$$f_i T_i = \frac{T_i}{T_{ci}} \tag{6.7}$$

长时间内处于状态 i 的状态概率就是 $\dfrac{T_i}{T_{ci}}$，即

$$\frac{T_i}{T_{ci}} = p_i \tag{6.8}$$

因此

$$f_i = \frac{1}{T_{ci}} = \frac{T_i}{T_{ci}} \frac{1}{T_i} = \frac{p_i}{T_i} \tag{6.9}$$

再看状态频率 f_i、状态持续时间 T_i 和系统各状态转移频率之间的关系。转移频率 f_{ij} 可定义为单位时间里从状态 i 到状态 j 的直接转移期望次数，写为

$$f_{ij} = \lim_{\Delta t \to 0} \frac{1}{\Delta t} p\{ [X(t+\Delta t) = j \mid X(t) = i] \}$$

$$= \lim_{\Delta t \to 0} \frac{1}{\Delta t} p\{ [X(t+\Delta t) = j \mid X(t) = i] p[X(t) = i] \}$$

$$= \lim_{\Delta t \to 0} \frac{1}{\Delta t} (\lambda_{ij} \Delta t) p [X(t) = i] = \lambda_{ij} p_i \tag{6.10}$$

因此，转移频率是以系统在 t 时刻处于状态 i 为条件的一个条件概率。

根据定义，处于状态 i 的频率应该是所有从状态 i 转出的频率之和，即

$$f_i = \sum_{i \neq j} f_{ij} \tag{6.11}$$

将式(6.11)代入式(6.10)，可得

$$f_i = \sum_{i \neq j} f_{ij} = p_i \sum_{j \neq i} \lambda_{ij} = \sum_{j \neq i} p_j \lambda_{ji} \tag{6.12}$$

在系统达到平稳时，从别的状态进入状态 i 的频率之和与离开状态 i 的频率之和是相等的，称为频率平衡。

因此，处于状态 i 的持续时间 T_i 可写为

$$T_i = \frac{p_i}{f_i} = \frac{1}{\sum_{i \neq j} \lambda_{ij}} \tag{6.13}$$

式(6.13)表明，停留在给定状态的平均持续时间等于离开该状态的脱离率总和的倒数。

6.2　基于半马尔科夫决策过程的电力设备检修策略优化

6.2.1　半马尔科夫决策过程

半马尔科夫决策过程(semi-Markov process)，是对马尔科夫过程使用水平的一种提高。在马尔科夫过程基础上，半马尔科夫决策过程考虑了更多的参数，即设备处在各种状态的平均停留时间。因此，半马尔科夫决策过程可以被应用在具备多种状态，并且考虑各种状态持续时间的系统中。虽然马尔科夫过程比较简单地进行了模型的分析，但是忽略了不同状态之间的不同持续时间，仅仅考虑了各种状态之间的状态转移。因此，半马尔科夫决策过程更加合理地利用了实际数据。从上面的分析中可知，如果各种状态的平均停留时间为1，那么半马尔科夫决策过程就变成了马尔科夫过程。

各种状态的平均停留时间可以代表系统每种状态的一次访问时间，而每种状态的每次访问时间在现实中是不一样的，因此，合理地寻找平均停留时间是应用半马尔科夫决策过程的关键。在实际的电力设备中，设备每种状态的每次访问时间大体一致，因此可以使用半马尔科夫决策过程进行描述，并且能够获得比较准确的结果。

连续时间半马尔科夫决策过程同样需要得到系统各种状态的平稳概率。平

稳状态概率则代表系统达到稳定时每种状态的概率。

以图 6.5 为例，半马尔科夫决策过程的转移概率

$$\boldsymbol{\Gamma}_{ij} = \frac{\lambda_{ij}}{\sum_{j=1,\,j\neq i}^{j=N} \lambda_{ij}} \qquad (6.14)$$

式中，λ_{ij} 代表平均转移次数；N 为系统状态数。

为了得到半马尔科夫决策过程的平稳概率 P_i，应先求得系统进入没改完状态的转移比例 π_i。所有状态的转移比例之和为 1，并且满足式（6.15）和式（6.16）：

$$\sum_{i=1}^{N} \pi_i = 1 \qquad (6.15)$$

$$\pi_i = \sum_{i=1}^{N} \pi_j \boldsymbol{\Gamma}_{ji} \qquad (6.16)$$

平稳概率的求解不仅仅是考虑各种状态的转移概率，而是考虑到每种状态的持续时间 T_i。变量 T_i 应该采取访问时间的平均值。因此，平稳概率的计算公式如下：

$$P_i = \frac{\pi_i T_i}{\sum_{j=1}^{N} \pi_j T_j} \qquad (6.17)$$

6.2.2　检修策略优化

电力设备检修策略优化需要考虑以下三个方面的问题：①决定检查之后是否进行维修；②决策应该采取什么样的维修方式；③如何考虑可靠性和经济性俱佳的检修策略。检修策略的选取与设备的可靠性密切相关，二者的可靠性关系如图 6.12 所示。

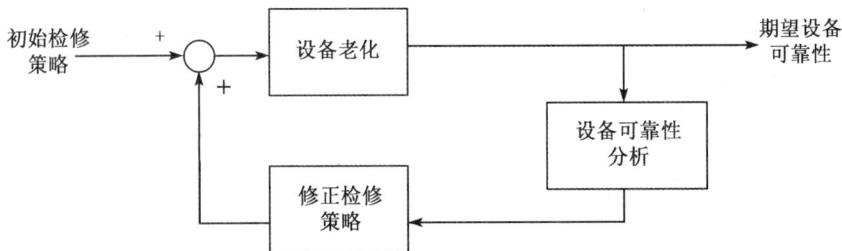

图 6.12　检修策略与设备可靠性关系示意图

半马尔科夫决策过程可以采取价值迭代法和策略迭代法两种方式。价值迭代法在设备运行时间长的时候有其局限性；策略迭代法考虑的是系统处在每种

状态所采取的检修策略的组合，与系统的运行时间长短无关。因此，应采用策略迭代法进行检修策略优化。

电力设备运行的经济性在检修中不仅包括设备进行检查的费用、维护费用、故障后更新或替换的费用，还包括由于设备检查、维护或故障而停运造成的停电风险损失。因此，应采用期望报酬的概念衡量其经济性。若期望报酬为正，则代表设备处于收益状态；若期望报酬为负，则代表设备处于损失状态。

策略迭代法的操作过程如下。

第一步，初始策略的选取。可以随机选取初始策略进行迭代，但是这样容易使迭代过程复杂化、迭代步数增多。因此，可以选取每种状态收益率最高的策略来构成初始策略（用 d_0 表示）。在状态 i 时采取策略 a 的总报酬 $r(i, a)$：

$$r(i, a) = \sum_{j=1}^{N} r(j \,|\, i, a) \, \boldsymbol{\Gamma}(j \,|\, i, a) \tag{6.18}$$

式中，$\boldsymbol{\Gamma}(j \,|\, i, a)$ 表示在策略 a 下由状态 i 转移到状态 j 的概率；$r(j \,|\, i, a)$ 表示策略 a 下由状态 i 转移到状态 j 的报酬。

考虑到每种状态的平均停留时间，提出收益率的概念，并将每种状态收益率最高的策略组合设置为初始策略。

$$q_i^a = \frac{r_i^a}{t_i} \tag{6.19}$$

第二步，策略的评估。采取每种策略得到的相对价值用 v_i 表示，策略的收益 g 代表单位时间的平均报酬。求值公式为

$$v_i + g t_i = q_i t_i + \sum_{j=1}^{N} v_j \boldsymbol{\Gamma}_{ij} \tag{6.20}$$

因为存在 N 种状态，所以式（6.20）将会有 $N+1$ 个变量，通常令 $v_n = 0$，以求得各个值。

第三步，策略改进。定义式（6.21）为策略的目标函数：

$$G_i^a = q_i + \frac{1}{t_i} \left(\sum_{j=1}^{N} v_j \boldsymbol{\Gamma}_{ij} - v_i \right) \tag{6.21}$$

在每种状态下选择不同的策略获得收益（G_i^a）的最大值，从而改进策略，进行下一次迭代。

第四步，如果在迭代过程中，前后两次策略相同，那么停止迭代，此时获得的策略就是最优策略；否则，重复第二步。

策略迭代法操作流程图如图 6.13 所示。

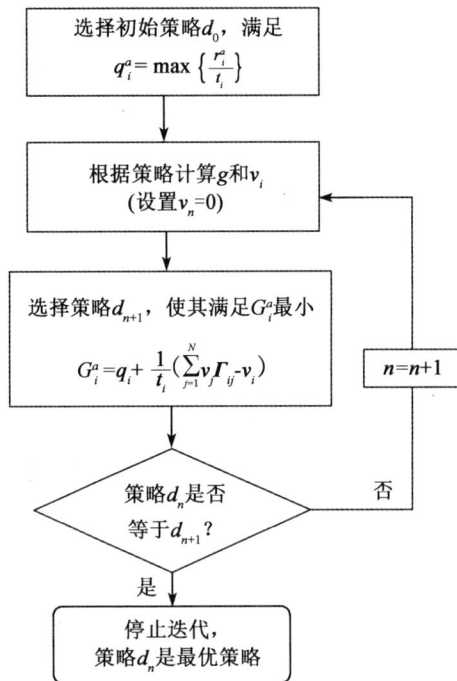

图 6.13 策略迭代法操作流程图

6.3 算例分析

6.3.1 马尔科夫过程

以某设备为例，该设备不断老化到故障状态的平均时间为 8.5 年。S_1，S_2'，S_2''，S_3'，S_3''分别是设备在老化过程中的各种劣化状态。其中，S_1，S_2'，S_3'分别代表设备初始劣化的状态；S_2''和S_3''分别代表设备到达S_2'和S_3'状态后经检修可能恢复到的状态；如没有检修，设备最终进入故障状态 F。每种劣化状态的平均时间分别为 3 年、3.5 年、2 年。进入故障状态 F 后，经过更换或修复所需时间大约为 40 天。在每种劣化状态施行相应的检查状态 I_1，I_2，I_3。根据每次检查所得到的信息，可以决策对设备进行哪种维修措施。M 代表小修，MM 代表大修；小修需要 1 天，大修需要 6 天。大修和小修的费用不同，所得到的检修效果也有所不同。除了老化故障，设备也有可能发生随机故障，发生率约为每 5000 天 1次，故障后的维修时间为 7 天。在设备所有老化状态下，都进行季度计划检修，检修的频率为每年 4 次，需要的维修时间为 1 天，检修后设备恢复到之前的老化状态。图 6.14 为某设备状态图概率模型。

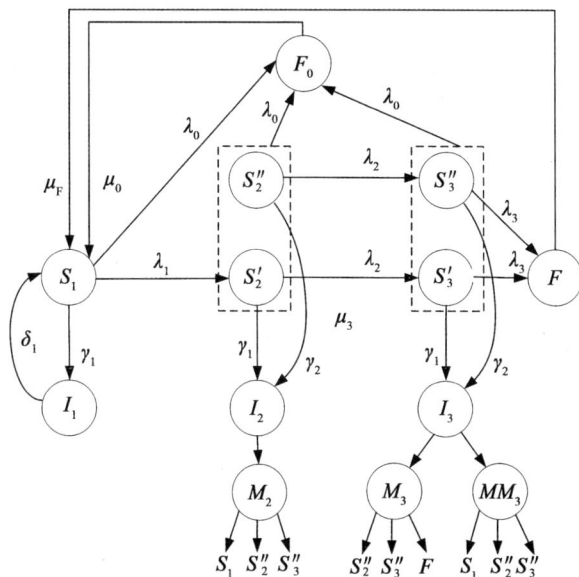

图 6.14　某设备状态图概率模型

根据图 6.14 所示的状态图概率模型，分别定义状态编号，如表 6.1 所列。

表 6.1　状态编号

状态	S_1	S_2'	S_3'	S_2''	S_3''	I_1	I_2	I_3	M_2	M_3	MM_3	F_0	F_1
i	1	2	3	4	5	6	7	8	9	10	11	12	13

图 6.14 中各参数如表 6.2 所列。

表 6.2　状态转移概率值

转移率	数值	转移率	数值	转移率	数值
λ_0	1/5000	$\alpha_2(P_{I-M3})$	0.1	$\alpha_6(P_{M2-S1})$	0.3
λ_1	1/1095	$\alpha_3(P_{I-MM3})$	0.3	$\alpha_7(P_{M2-S2})$	0.6
λ_2	1/1277.5	$\alpha_4(P_{MM1-S1})$	1	$\alpha_8(P_{M2-S3})$	0.3
λ_3	1/730	$\alpha_5(P_{M1-S1})$	1	$\alpha_9(P_{MM2-S1})$	0.9
γ_1	4/365	$\alpha_{10}(P_{MM2-S2})$	0.09	$\alpha_{15}(P_{M3-F})$	0.1
γ_2	4/365	$\alpha_{11}(P_{MM2-S3})$	0.01	$\alpha_{16}(P_{MM3-S1})$	0.3
μ_0	1/7	$\alpha_{12}(P_{M3-S1})$	0	$\alpha_{17}(P_{MM3-S2})$	0.6
μ_1	1/40	$\alpha_{13}(P_{M3-S2})$	0.3	$\alpha_{18}(P_{MM3-S3})$	0.1
$\alpha_1(P_{I-M2})$	1	$\alpha_{14}(P_{M3-S3})$	0.6		

因为该设备的老化过程符合连续时间的马尔科夫过程,根据本书 6.1.1 节介绍的马尔科夫过程计算方法,对该设备的可靠性进行分析,可以求得设备在历史运行过程中各种状态的平均持续时间及平稳状态概率 P_i。

求得的各种状态的平稳持续时间如表 6.3 所列。

表 6.3　状态平稳时间表

状态 i	t_1	t_2	t_3	t_4	t_5	t_6	t_7
时间/天	82.8353	83.7403	79.8163	83.7403	79.8163	1	1
状态 i	t_8	t_9	t_{10}	t_{11}	t_{12}	t_{13}	
时间/天	2.5	0.8333	1	1	7	40	

利用式(6.17)可以求得各状态平稳概率,具体如下:

$$P = \begin{pmatrix} P_1 \\ P_2 \\ P_3 \\ P_4 \\ P_5 \\ P_6 \\ P_7 \\ P_8 \\ P_9 \\ P_{10} \\ P_{11} \\ P_{12} \\ P_{13} \end{pmatrix} = \begin{pmatrix} 0.7683 \\ 0.0588 \\ 0.0037 \\ 0.0990 \\ 0.0515 \\ 0.0084 \\ 0.0017 \\ 0.0015 \\ 0.0014 \\ 0.0002 \\ 0.0005 \\ 0.0014 \\ 0.0036 \end{pmatrix} \tag{6.22}$$

6.3.2　状态转移报酬

随着电力设备的不断运行,对于设备的检修维护方式需要不断优化。检修人员在进行检修的时候会有不同的检修方式,采取不同的检修措施会影响设备运行的经济性。前面介绍了使用期望报酬衡量检修的经济性。

在对某种劣化状态进行检查之后,根据检查所得信息,可以选取不同的检修策略。在选择一种检修策略之后,其状态转移概率将会不同,因此产生的期望报酬有所区别。下面以此为基础进行策略决策,将每种状态下的检修措施定

义为

$$A = \{ 不修(Ⅰ), 小修(Ⅱ), 大修(Ⅲ) \}$$

设备从一种状态转移到另一种状态所需的费用或带来的收益,可以用报酬函数 $r(i, d)$ 表示。报酬函数可正可负,正号表示设备的状态转移会带来一定的收益,负号表示设备的状态转移会造成一定的损失。函数数值的大小取决于设备组成元件老化的程度、采取的维修措施和设备在各状态的持续时间等。设备老化程度越高,越接近故障状态,报酬值一般会越低。设备从正常老化状态到维修停运状态的报酬,是由维修自身的费用和设备不可用所造成的损失之和。设备因维修或故障造成的停运时间越长,报酬越低。因此,各状态间的报酬矩阵可以同状态转移概率矩阵 $\boldsymbol{\Gamma}_{ij}$ 一样,通过对历史数据的分析计算获得。

该设备的各状态期望报酬如表 6.4 所列。

表 6.4　各状态报酬

状态	报酬	状态	报酬
S_1	12000	I_3	−200
S_2	9000	M	−1200
S_3	6000	MM	−14400
I_1	−200	F	−144000
I_2	−200	F_0	8000

由式(6.18)和式(6.19)可得各状态在不同维修措施下的期望报酬及盈利率,如表 6.5 所列。

表 6.5　各状态在不同措施下的期望报酬和盈利率

状态	措施	期望报酬
1(S_1)	Ⅰ	10597.45
2(S_2)	Ⅰ	3494.617
	Ⅱ	8985.306
	Ⅲ	11651.46
3(S_3)	Ⅰ	−33740.449
	Ⅱ	−8098.96
	Ⅲ	9589.108
4(I_1)	Ⅰ／Ⅱ／Ⅲ	−200

表 6.5(续)

状态	措施	期望报酬
5(I_2)	I／II／III	−200
6(I_3)	I／II／III	−200
7(M_2)	II	−1200
8(M_3)	II	−1200
9(MM_3)	III	−14400
10(F_0)	I／II／III	11972.52
11(F)	I／II／III	11433.62

6.3.3　检修策略优化

根据前述所得数据,对该设备的检修策略进行优化。在不同劣化状态下进行检修,根据状态可以选择不同的策略。因此,将其状态图简化为图 6.15。图中,$\gamma_{2-new} = 0.0110$,$\gamma_{3-new} = 0.0110$。

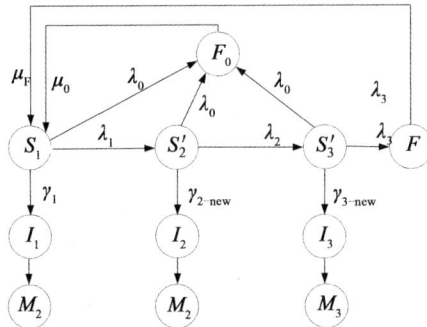

图 6.15　简化状态图

根据策略迭代法,需要选取一个适当的初始策略开始迭代。通过比较选取三种检修方式下的盈利率,可以选取盈利率最高的措施组成初始策略,即 $d =$[I I I]。迭代计算结果如表 6.6 所列。

表 6.6　迭代计算结果

迭代次数	策略	期望回报
0	[I I I]	[33404, 23901, −25334]
1	[I III III]	[36898, 33258, 31195]
2	[I III III]	[36898, 33258, 31195]

　　根据本书 6.2.2 部分介绍的策略迭代法的操作过程，经过迭代可以得到最优的检修策略，即 $D = [\text{Ⅰ Ⅲ Ⅲ}]$。在该检修策略下，对处于 S_1，S_2，S_3 状态的设备分别选取小修、大修和大修的策略，设备运行获得的收益最大。

6.4　本章小结

　　电力设备在实际应用中会由于各种不同的因素而不断老化。因此，在其运行过程中，需要不断地进行检查维护，从而保证能够及时发现设备可能存在的故障，并且能够合理安排检修，以达到延长设备寿命，保证系统可靠性的要求。

　　本章首先针对概率模型分析了检查频率对设备运行的可靠性和经济性的灵敏度，以此来分析检查频率对于检修的影响。然后在马尔科夫过程概率模型的基础上，详细介绍了半马尔科夫决策过程的数学理论方法，并考虑了各种状态的平均持续时间，使模型更加符合实际。针对设备老化过程，给出运用半马尔科夫决策过程分析其可靠性的具体数学方法。最后根据建立的状态图概率模型，描述了实际的检修过程，并且通过期望报酬来衡量检修的经济性，提出运用策略迭代法来更迅速地寻找最优检修策略。

第 7 章

电网资产更换决策研究

在有效资产管制的情况下，电网企业实际发生的资产更换数量无论是高于还是低于管制机构核定或准许的资产更换的数量，都会产生一定的损失。显然，电网企业需要选择适当的方法，对资产更换做出合理的预测与决策，使其尽可能与管制机构准许的评估数量相一致。由于当前国内电网企业处在"电改"深化期，资产更换程序化规范工作还在初步阶段，并且对电网设备的更新还没有统一的决策方法，往往以在役时间长短或设备状态评价结果作为更新的依据，较少考虑其经济成本，因此导致一部分良好的设备提前退役或较差设备延长退役的现象发生，这些都给电网企业带来一定的经济损失。因此，科学合理地确定电网设备的使用寿命，为其退役更新提供精确的决策支撑，对于提高电网企业经济效益、综合生产能力和市场竞争力水平具有重要意义。

本章从有效资产管制的角度分析了电网资产更换问题，采用技术经济评价方法，运用资产全寿命周期管理理念，构建费用年金最低电网设备经济寿命模型，并针对运行费用的不确定性，利用灰色系统理论建立 GM（1，1）预测模型，采用新陈代谢模型滚动预测年度维修费用，采用神经网络对灰色模型的预测残差进行修正，以提高预测精度。通过实际算例预测电网资产经济寿命，以证明模型的实际应用价值，较好地解决投资时间价值、运行成本不准确及事后决策的问题，从而为电网规划、电网投资提供决策参考。

7.1 经济寿命成本测算模型

7.1.1 电网设备经济寿命

经济寿命，即固定资产在经济上的可用时间，是从费用成本的角度研究固定资产更新的最佳周期，一般比物质寿命短。决定固定资产经济寿命的主要因素有三点：一是由于技术进步引起原有固定资产使用年限缩短而提前报废，原有固定资产的经济寿命就此结束；二是由于固定资产年维修成本的逐渐增加和效率的降低，使该项固定资产继续使用在经济上不合算而应加以更新时，经济寿命就此结束；三是由于固定资产在使用中逐渐退化，它所提供的服务级次也逐渐下降，当固定资产从一个服务级次下降到另一个服务级次时，就标志着该固定资产前一个经济寿命的结束和下一个经济寿命的开始。因此，每一固定资产可以有若干相继的经济寿命。考虑到电网企业电力设备实际运行情况，在其运行年限中，因维修费用而令经济寿命缩减，是资产报废退役的主要原因，故对其进行着重研究。

设备的经济寿命，应根据不同的设备类型采用各种不同的方法求得，主要方法有最大总收益法、最小年均费用法、劣化数值法三种。

7.1.1.1　最大总收益法

对于生产设备来说，总收入(寿命周期费用)和总输出的方程式如下：

$$\begin{cases} Y_1 = P + Vt \\ Y_2 = AE^*t \end{cases} \tag{7.1}$$

式中，Y_1 为总收入；Y_2 为总输出；P 为设备原始价值；V 为年可变费用；t 为使用年限；A 为可利用率；E^* 为最大年输出量(即 $A=1$ 时的输出)。

设

$$V = (1+\beta t)V_0$$

式中，β 为可变费用增长系数；V_0 为起始可变费用。

于是可得

$$Y_1 = \beta V_0 t^2 + V_0 t + p \tag{7.2}$$

则设备总收益为

$$Y = Y_2 - Y_1 = -\beta V_0 t^2 + (AE^* - V_0)t - p \tag{7.3}$$

如果欲求总收益的最大值(Y_{max})，那么可对 t 微分并令其等于零，即可求出最大总收益，即设备的经济寿命。最大总收益曲线如图 7.1 所示。

7.1.1.2　最小年均费用法

年均费用是由年均设置费用和年均维持费用两部分组成的。年均费用可用式(7.4)表示：

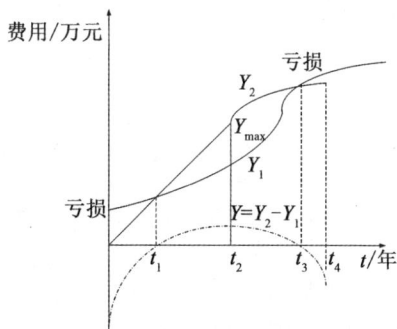

图 7.1　最大总收益图曲线

$$C_i = \frac{\sum V + \sum P}{T} \tag{7.4}$$

式中，C_i 为 i 年的年均费用；V 为年运行维护费用；P 为年设置费分摊值；T 为使用年限。

年设置费分摊值是设备原始价值的每年损耗。一般来说，年设置费分摊值是随使用年份的增大而减小的，而设备的年运行维持费用是随使用年限的增加而逐渐增大的。因此，当通过计算设备每年的平均费用以观察各年费用变化时，年均费用最小的年份即设备经济寿命。最小费用曲线如图 7.2 所示。

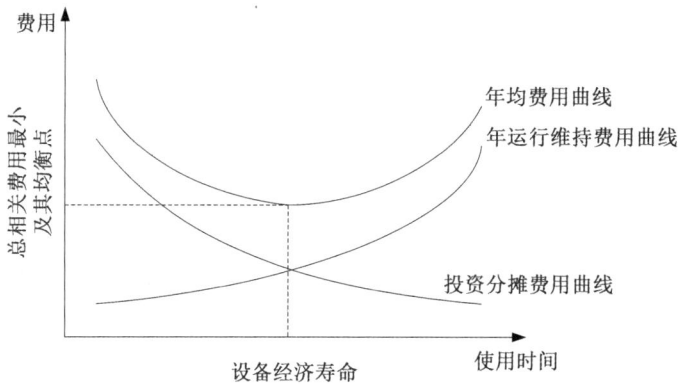

图 7.2　最小费用曲线

7.1.1.3　劣化数值法

随着使用年限的增长，设备的有形磨损逐步加剧，同时设备的运行维护费用也逐步增加，这种变化称为设备的低劣化。如果能按照统计资料预测这种低劣化程度（每年以 λ 的数值呈线性增加），那么就可以在使用早期测定设备的最佳更新期。

假定设备经过使用后的残余价值为零，并以 K_0 代表设备的原始价值，T 代表使用年限，则每年的设备费用均摊值为 $\dfrac{K_0}{T}$。还需要考虑设备在 T 年内的劣化损失：第 1 年的劣化值为 λ，第 2 年的劣化值为 2λ，……，第 T 年的劣化值为 $T\lambda$，则 T 年内平均劣化值可用 $\dfrac{(T+1)\lambda}{2}$ 表示。

随着 T 的增长，$\dfrac{K_0}{T}$ 值减小，$\dfrac{T+1}{2}$ 值增大，设备的年均费用 C_i 可按式（7.5）计算：

$$C_i = \frac{K_0}{T} + \frac{(T+1)\lambda}{2} \tag{7.5}$$

若使设备平均费用最小，则取 $\dfrac{\mathrm{d}C_i}{\mathrm{d}T} = 0$，得最佳更新期 T_0 为

$$T_0 = \sqrt{\frac{2K_0}{\lambda}} \tag{7.6}$$

将式(7.6)代入式(7.5)中，即可得最小年均费用。

以上三种方法中，劣化数值法在使用中具有一定的局限性，因为它是在假设劣化程度以每年 λ 的数值呈线性增加的。但对于电网实物资产来说，每年劣化程度的增长不可能是相同的，也不可能呈线性增长；而最大总收益法一般针对生产仪器进行计算，电网实物资产由于所需数据模糊，不能通过精确统计得到，因此该方法存在操作的可行性问题。

电网设备的使用成本由两部分组成：一是设备初始投资的年分摊费用，它会随着使用年限的延长而减少；二是设备年运行费用(包含日常巡检、维护、大修及故障抢修费用)，这部分费用会随着使用年限的延长而增加。综合考虑这两方面原因，一般来说，随着使用时间的延长，电网设备使用的年均总费用会呈现为先降后升的 U 形曲线。最小年费用法所用数据符合电网设备的性质，故本章将采用该方法对电网逾龄资产经济寿命展开研究。

7.1.2　静态模式设备的年平均使用成本模型

采用资产全寿命周期理论和技术经济学方法，在不考虑资金时间价值的情况下，电网设备的静态年平均费用(C_n)是由初始投资费用的年分摊费用和年运行维持费用组成的。当电网设备的年均成本达到最小值的年份 n_0，就是电网设备的经济寿命，其计算公式为

$$C_n = \frac{P_0 - L_n}{n} + \frac{1}{n}\sum_{t=1}^{n}(C_{1t} + C_{2t} + C_{3t}) \tag{7.7}$$

式中，n 为电网设备的运行年份；C_n 为 n 年内电网设备的静态年平均使用费用；P_0 为电网设备的初设投资费用；L_n 为第 n 年末的电网设备净残值，一般设定为资产原值的5%；C_{1t} 为电网设备第 t 年的运维费用；C_{2t} 为电网设备第 t 年的检修费用；C_{3t} 为电网设备第 t 年的故障处置费用；$C_{1t}+C_{2t}+C_{3t}$ 为电网设备的年运行成本。

7.1.3　动态模式设备的成本年金测算模型

电网设备的运行年限一般为 30 年左右，资金时间价值对经济寿命的影响

较大，因此需要考虑资金的时间价值。在考虑资金时间价值的条件下，电网设备的动态年均费用（C_n'）的计算公式如下：

$$C_n' = P_0 \frac{i_0(1+i_0)^n}{(1+i_0)^n - 1} - L_n \frac{i_0}{(1+i_0)^n - 1} + \left(\sum_{i=1}^{n} C_{1t}(1+i_0)^{-t} + \right.$$

$$\left. \sum_{i=1}^{n} C_{2t}(1+i_0)^{-t} + \sum_{i=1}^{n} C_{3t}(1+i_0)^{-t} \right) \frac{i_0(1+i_0)^n}{(1+i_0)^n - 1} \tag{7.8}$$

式中，C_n' 最小值的年份为电网设备的经济寿命；i_0 为基本内部收益率，体现资金的时间价值。

7.2　设备更换费用模型

一般情况下，随着电网设备使用年限的增加，其运行成本也会逐渐递增。这种运行成本的逐年递增被称为设备的劣化。为了简化计算，有些研究成果设定每年运行成本的劣化增量为均值，但以往电网设备运行费用的统计数据显示，其各年劣化值差异较大，不能简单设定为均值。

按照以往运行管理经验，电网设备更新决策一般都会在设备运行几年后才需要进行决策，从而可以获得前几年的实际运行成本费用。其他年度运行费用虽然可以用概率统计、时间序列等方法进行测算，但需要大量样本数据，且必须设定分布规律才能进行数据拟合，其测算准确性有待提升。而采用灰色系统理论进行预测，所需数据量少，不需要提前知道分布规律，具有外推特性。因此，本书采用灰色系统理论对运行成本进行预测。为了使预测结果更加精确，采用新陈代谢动态递补建模方法，并且通过 BP 神经网络对灰色模型的预测残差进行修正，以提高预测精度。

7.2.1　灰色系统理论预测模型

下面运用单数列微分方程 GM(1,1) 对电网设备的运行成本进行预测。

GM(1,1) 模型是常用的一种灰色模型，它是由一个只包含单变量的一阶微分方程构成的，具体模型构建过程如下。

第一步，设电网设备的年运行成本为 $x^{(0)}$，已知数据序列：

$$x^{(0)} = \{ x^{(0)}(1), x^{(0)}(2), \cdots, x^{(0)}(n) \}$$

对原始数列计算级比：

$$e_{(k)} = \frac{x(k-1)}{x(k)} \tag{7.9}$$

进而获得级比序列 $e = (e_{(2)}, e_{(3)}, \cdots, e_{(n)})$。然后检验级比 $e_{(k)}$ 是否落于可容覆

盖($e^{-\frac{2}{n+1}}$, $e^{\frac{2}{n+1}}$)。当$e_{(k)}$($k = 2$, 3, $\cdots$, n)落入可容覆盖,则该序列可进行GM(1,1)建模。若检验不合格,通常的处理途径是进行变换(即平移变换、对数变换、方根变换),确保处理后的序列级比落在可容覆盖中。经过处理后的数据序列,可建立GM(1,1)模型。

为了减少随机性,增加规律性,将$x^{(0)}$进行一次累加生成处理,得到一次累加生成数列:

$$x^{(1)} = \{x^{(1)}(1), x^{(1)}(2), \cdots, x^{(1)}(n)\} \tag{7.10}$$

其中,

$$x^{(1)}(k) = \sum_{i=1}^{k} x^{(0)}(i), k = 1, 2, \cdots, n \tag{7.11}$$

第二步,对$x^{(1)}$建立白化方程:

$$\frac{\mathrm{d}x^{(1)}}{\mathrm{d}t} + ax^{(1)} = u \tag{7.12}$$

式中,a,u为模型参数(a称作发展系数,其大小反映了序列$x^{(0)}$的增长速度;u为灰色作用量)。

设

$$A = \begin{bmatrix} a \\ u \end{bmatrix} \tag{7.13}$$

$$B = \begin{bmatrix} -\frac{1}{2}(x^{(1)}(1)+x^{(1)}(2)) & 1 \\ -\frac{1}{2}(x^{(1)}(2)+x^{(1)}(3)) & 1 \\ \vdots & \vdots \\ -\frac{1}{2}(x^{(1)}(n-1)+x^{(1)}(n)) & 1 \end{bmatrix} \tag{7.14}$$

$$Y_n = \begin{bmatrix} x^{(0)}(2) \\ x^{(0)}(3) \\ \vdots \\ x^{(0)}(n) \end{bmatrix} \tag{7.15}$$

根据微积分的推导公式可以得到

$$Y_n = BA \tag{7.16}$$

由于数据矩阵B和数据向量Y_n都可以通过计算得到,因此通过微分方程可得求解参数:

$$\hat{A} = (B^{\mathrm{T}}B)^{-1}B^{\mathrm{T}}Y_n = \begin{bmatrix} \hat{a} \\ \hat{u} \end{bmatrix} \tag{7.17}$$

第三步，将 $\hat{a}$，$\hat{u}$ 代入白化微分方程，建立灰色预测模型，可得

$$\hat{x}^{(1)}(k+1) = \left(\hat{x}^{(0)}(1) - \frac{\hat{u}}{\hat{A}}\right)\mathrm{e}^{-\hat{a}k} + \frac{\hat{u}}{\hat{a}} \tag{7.18}$$

第四步，得到运行费用原始数列 $x^{(0)}$ 的灰色预测模型：

$$\hat{x}^{(0)}(k+1) = \hat{x}^{(1)}(k+1) - \hat{x}^{(1)}(k) = (1-\mathrm{e}\hat{a})\left(\hat{x}^{(0)}(1) - \frac{\hat{u}}{\hat{a}}\right)\mathrm{e}^{-\hat{a}k} \tag{7.19}$$

7.2.2 BP 神经网络

BP 神经网络(back propagation neural networks，BP 网络)也称误差反向传播神经网络。BP 神经网络是一种分层次、典型的多层网络，具有一个输入层、数个隐层(隐层的数目可以是一层，也可以是多层)和一个输出层，层与层之间多采用全连接的方式，同一层单元之间不存在相互连接。输入信号从输入层节点，依次传过各隐层节点，最后传到输出层节点。每一层节点的输出仅影响下一层节点的输出。

BP 神经网络模型可以实现多层网络学习的设想。令某一输入样本为 $X = (x_1, x_2, \cdots, x_n)$，其相应的网络目标矢量为 $Y = (y_1, y_2, \cdots, y_n)$，学习的目的就是用网络的每一次实际输出 $Y_s = (y_{s1}, y_{s2}, \cdots, y_{sn})$ 与目的矢量 Y 之间的误差，通过梯度下降法来修改网络权值和阈值，使网络输出层的误差平方达到最小，从而在理论上使输出逐渐接近目标。

一个典型的三层 BP 神经网络结构如图 7.3 所示。

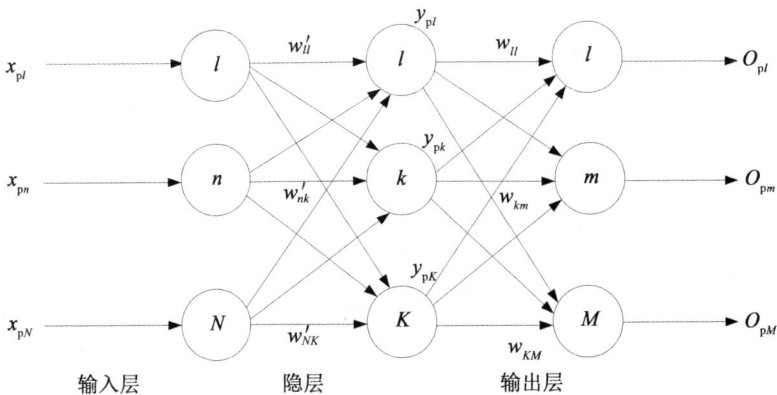

图 7.3 BP 神经网络结构

BP 神经网络学习算法也是一种迭代算法，一次完整的学习过程包含输入

数据的正向传播和误差的反向传播两个子过程。设网络输入为 p，输入神经元有 r 个，隐层有 s_1 个神经元，激活函数为 f_1，输出层内有 s_2 个神经元，对应的激活函数为 f_2，输出为 A，目标矢量为 $\boldsymbol{T}$，则有如下算法。

（1）信息的正向传播过程。

隐层第 j 个神经元的输出为

$$o_j = f_1\Big(\sum_{i=1}^{m} w_{1ij}o_i + b_{1j}\Big)，j = 1，2，\cdots，l \tag{7.20}$$

输出层第 k 个神经元的输出为

$$Y_k = f_2\Big(\sum_{i=1}^{m} w_{2ij}o_j + b_{2k}\Big)，k = 1，2，\cdots，n \tag{7.21}$$

输出层第 k 个神经元的输出误差为

$$E = \frac{1}{2}\sum_{k=1}^{n}(y_{sk} - y_k) \tag{7.22}$$

式（7.20）至式（7.22）中，$f_1(x)$，$f_2(x)$ 分别为隐层和输出层神经元的作用函数；w_{1ij} 为隐层第 i 个神经元和输出层第 j 个神经元之间的连接权值；w_{2ij} 为隐层第 j 个神经元和输出层第 k 个神经元之间的连接权值；b_{1j}，b_{2k} 分别为隐层第 j 个神经元的阈值和输出层第 k 个神经元的阈值；y_k，y_{sk} 分别是网络的目标输出和实际输出。

（2）权值变化与误差的反向传播过程。

按照 δ 规则，连接权值与阈值的调节增量应与误差梯度成比例，即

$$\Delta w = -\eta\frac{\partial E}{\partial w} \tag{7.23}$$

则权值改变为式（7.23）中所得数值。令 η 为学习速率，t 为某一时刻，即

$$w(t+1) = w(t) + \Delta w = w(t) - \eta\frac{\partial E}{\partial w} \tag{7.24}$$

（3）输出层的权值变化。

从第 j 个输入到第 k 个输出的权值调整量为

$$\Delta w_{2jk} = -\eta\frac{\partial E}{\partial w_{2jk}} = -\eta\frac{\partial E}{\partial y_k}\cdot\frac{\partial y_k}{\partial w_{2jk}} = -\eta(y_{sk}-y_k)f_2 o_j = \eta\delta_{jk}o_j \tag{7.25}$$

$$\delta_{jk}(y_{sk}-y_k)f_2 = e_k f_2 \tag{7.26}$$

$$e_k = y_{sk} - y_k \tag{7.27}$$

同理，可得

$$\Delta b_{2jk} = -\eta\frac{\partial E}{\partial b_{2jk}} = -\eta\frac{\partial E}{\partial y_k}\cdot\frac{\partial y_k}{\partial b_{2jk}} = -\eta(y_{sk}-y_k)f_2 = \eta\delta_{jk} \tag{7.28}$$

式中，Δb_{2k} 为输出层的阈值改变量。

(4) 隐层权值变化。

从第 i 个输入到第 j 个输出的权值调整量为

$$\Delta w_{1ij} = -\eta \frac{\partial E}{\partial w_{1ij}} = -\eta \frac{\partial E}{\partial y_k} \frac{\partial y_k}{\partial o_j} \frac{\partial o_j}{\partial w_{2jk}} = -\eta \sum_{k=1}^{n} (y_{sk} - y_k) f_2 w_{2ij} f_1 x_i = \eta \delta_{ij} x_i$$

$$(7.29)$$

式中，$\delta_{ij} = e_i f_1$，$e_i = \sum_{k=1}^{n} \delta_{jk} w_{2jk}$。

同理，可得

$$\Delta b_{1j} = \eta \delta_{ij} \qquad (7.30)$$

在实际应用中，考虑到学习过程的收敛性，为了使学习因子 η 取值足够大，又不至于发生振荡，通常在加权系数调整时增加一个"动量项"，以加快收敛速度。即在权值修正公式 [式(7.24)] 中加上一个动量项，得

$$w(t+1) = w(t) + \Delta w = w(t) - \eta \frac{\partial E}{\partial w} + \alpha(w(t)) - w(t-1) \qquad (7.31)$$

式中，α 为一常数，称为态势因子或冲量因子，它决定上一次学习的权值变化对本次值的更新影响程度。

权值修正是在误差反向传播过程中逐层完成的。由输出层误差修正各输出单元的连接权值，继而修正隐层单元的连接权值。以此类推，整个网络权值更新一次后，网络就经过了一个学习周期。图 7.4 给出了 BP 神经网络学习过程的动态变化。

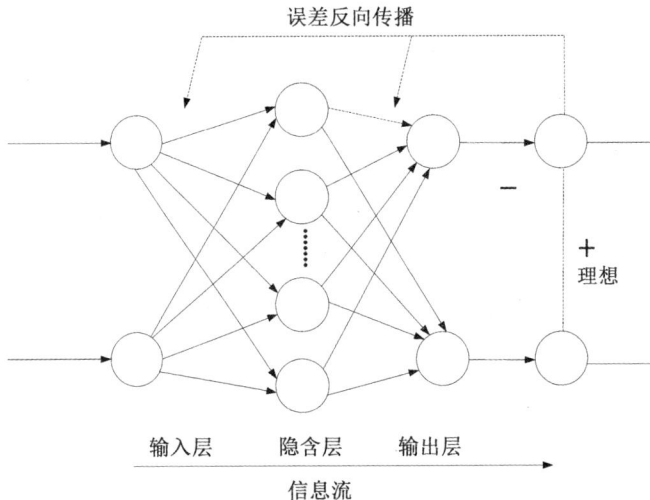

图 7.4　BP 神经网络学习过程的动态变化图

7.2.3　灰色神经网络组合模型

新陈代谢 GM(1, 1)模型只是利用了最接近预测值的几个数据，而将那些"老"数据直接舍去了。通过实际算例验证表明，预测值同那些"老"数据仍然存在着某种函数关系，这种函数关系很难找到确切的数学表达式。而神经网络正好适合处理这种情形。本部分考虑用神经网络来修正新陈代谢 GM(1, 1)模型的残差，然后将组合预测残差回代到灰色预测值中，获得组合预测值。在神经网络系统建模的各种模型中，BP 神经网络简单且易于实现，只要有足够的训练数据，便可以用统一的算法去实现，其算法不因具体问题的不同而改变。因此，BP 神经网络被认为是最适用于模拟输入、输出间的近似关系，故而用 BP 神经网络对新陈代谢 GM(1, 1)模型的残差进行修正，以寻求最佳预测结果。

对于原始数据序列，选取部分数据列：

$$\boldsymbol{X}_s^{(0)} = (x^{(0)}(s), x^{(0)}(s+1), \cdots, x^{(0)}(n)) \tag{7.32}$$

进行灰色预测，得预测数据列：

$$\boldsymbol{X}_1^{(0)} = (\hat{x}^{(0)}(s+1), \hat{x}^{(0)}(s+1), \cdots, \hat{x}^{(0)}(n+1)) \tag{7.33}$$

将式(7.33)中预测值与式(7.32)中对应实际值相减，可获得残差值序列：

$$\boldsymbol{E}^{(0)} = (e^{(0)}(s+1), e^{(0)}(s+2), \cdots, e^{(0)}(n))) \tag{7.34}$$

利用原始数据序列和式(7.34)进行重新分组，以连续 s 年的实际值为输入，以下一年的灰色预测残差值为输出，则可以分为 k 组 $(s+k-1=n)$。

获得矩阵如下：

$$\begin{pmatrix} x^{(0)}(1) & x^{(0)}(2) & \cdots & x^{(0)}(s) & e^{(0)}(s+1) \\ x^{(0)}(2) & x^{(0)}(3) & \cdots & x^{(0)}(s+1) & e^{(0)}(s+2) \\ \vdots & \vdots & & \vdots & \vdots \\ x^{(0)}(k-1) & x^{(0)}(k) & \cdots & x^{(0)}(n-1) & e^{(0)}(n) \\ x^{(0)}(k) & x^{(0)}(k+1) & \cdots & x^{(0)}(n) & e^{(0)}(n+1) \end{pmatrix} \tag{7.35}$$

式中，$\hat{e}^{(0)}(n+1)$ 为未知值。

对式(7.35)所示矩阵建立神经网络模型，输入层为 s，即每一组数据列；输出层为 1，即根据每一组进行预测获得的残差值。使用前 $k-1$ 组数据进行网络训练，训练完毕后，利用第 k 组数据进行仿真预测。获得 $n+1$ 点的残差预测值 $\hat{e}^{(0)}(n+1)$，则该点的组合预测值为 $\widehat{x}^{(0)}(n+1) = \hat{x}^{(0)}(n+1) - \hat{e}^{(0)}(n+1)$，将新信息 $\widehat{x}^{(0)}(n+1)$ 置入式(7.33)中，并去除老信息 $x^{(0)}(k)$，得 $(x^{(0)}(k+1), x^{(0)}(k+2), \cdots, \widehat{x}^{(0)}(n+1))$，可预测第 $n+2$ 点的组合预测值 $\widehat{x}^{(0)}(n+2)$；以此类

推,可获得随后数年的组合预测值序列。灰色神经网络组合模型结构图如图7.5所示。

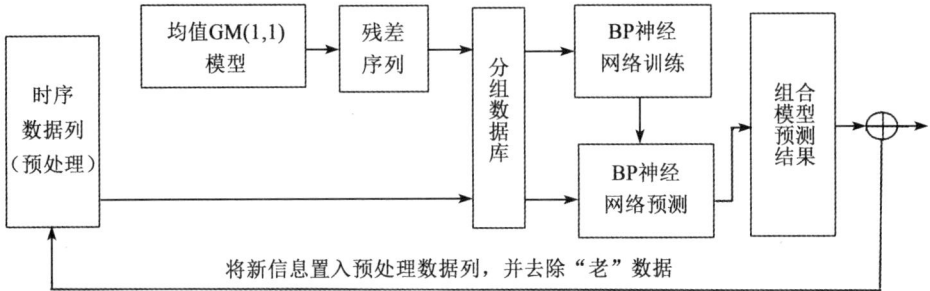

图7.5 灰色神经网络组合模型结构图

7.3 算例分析

以某电力公司统计的220 kV断路器的资产经济寿命数据为分析对象,统计其各年运行维护等基础数据,如表7.1所列。

表7.1 220 kV断路器数据统计表 单位:万元

投运年数	1	2	3	4	5	6	7	8	9	10	11	12	13
年度运行成本	0.28	0.34	0.42	0.50	0.67	0.84	1.00	1.15	1.38	1.66	1.98	2.41	2.57
年度检修成本	0.15	0.19	0.23	0.27	0.36	0.45	0.55	0.65	0.71	0.89	1.03	1.33	1.62
年度故障成本	0.02	0.03	0.03	0.04	0.05	0.06	0.08	0.09	0.10	0.13	0.15	0.19	0.21

已知单台220 kV断路器的资产原值为108.82万元,残值率为5%,基本内部收益率为$i_0 = 6.5\%$,求得单台设备各年运行保障费用,如表7.2所列。

表7.2 运行保障费用 单位:万元

年数	1	2	3	4	5	6	7
费用	0.45	0.5258	0.5995	0.6706	0.8395	0.9926	1.1308

年数	8	9	10	11	12	13
费用	1.2162	1.3233	1.6193	1.6834	1.9608	2.0666

7.3.1 灰色模型预测结果

在实际建模时,原始数据序列中的数据不一定全部用于建模,即在原始数据序列中取出一部分数据，就可以建立模型。根据灰色系统理论中的新信息优先原理选择建模的数据时，应尽量考虑新数据，以建立新情况下的模型。因此，应选择6~13年的数据建立模型，获得数据列(0.9926，1.1308，1.2162，1.3233，1.6193，1.6834，1.9608，2.0666)。对此数据列进行级比检验，若级比均落入可容覆盖内，则结果均满足，可进行灰色建模。根据灰色系统理论，可获得一组预测值和残差，如表 7.3 所列。发展系数为 $a = -0.1.60$，灰色作用量为 $b = 0.9536$，平均相对误差为 2.7994%。

表 7.3　灰色模型预测结果

投运年数	6	7	8	9	10	11	12	13	14
实际值	0.9926	1.1308	1.2162	1.3233	1.6193	1.6834	1.9608	2.0666	—
预测值	0.9926	1.1170	1.2420	1.3809	1.5353	1.7071	1.8980	2.1103	2.3463
残差	0	−0.0138	0.0258	0.0576	−0.0840	0.0237	−0.0628	0.0437	—

7.3.2　组合模型预测结果

经多次验证，可以采用6×3×1的 BP 神经网络，输入层、隐层传递函数为正切 S 形函数，输出层为线性传递函数。取 7 组数据构成样本训练网络，设置最大学习次数为 1000 次，学习速率为 0.01，学习目标取误差平方和为0.0001，将输入值归一化到[0.1，0.9]，设置网络连接权值的初始值为[−1，1]的随机数。

$$\begin{pmatrix} 0.4500 & 0.5258 & 0.5995 & 0.6706 & 0.8395 & 0.9926 & -0.0138 \\ 0.5258 & 0.5995 & 0.6706 & 0.8395 & 0.9926 & 1.1308 & 0.0258 \\ 0.5995 & 0.6706 & 0.8395 & 0.9926 & 1.1308 & 1.2162 & 0.0576 \\ 0.6706 & 0.8395 & 0.9926 & 1.1308 & 1.2162 & 1.3233 & -0.0840 \\ 0.8395 & 0.9926 & 1.1308 & 1.2162 & 1.3233 & 1.6193 & 0.0237 \\ 0.9926 & 1.1308 & 1.2162 & 1.3233 & 1.6193 & 1.6834 & -0.0628 \\ 1.1308 & 1.2162 & 1.3233 & 1.6193 & 1.6834 & 1.9608 & 0.0437 \\ 1.2162 & 1.3233 & 1.6193 & 1.6834 & 1.9608 & 2.0666 & \hat{e}^{(0)}(14) \end{pmatrix} \tag{7.36}$$

通过 MATLAB 软件进行仿真计算，可以得到学习训练的收敛情况；网络在 43 步左右就收敛，满足期望误差，可获得模型；使用第 8 组数据可仿真出第 14 年的残差值 $\hat{e}^{(0)}(14)$，进而预测第 14 年的组合预测值；通过循环迭代，可获得以后数年的使用保障费用(组合预测值)，再代入经济寿命分析公式，可获取年平均费用。

第 14 年后数年的使用维护费用和年平均费用的预测值如表 7.4 所列。

表 7.4　组合模拟预测结果及年平均费用

投运年数	14	15	16	17	18	19
灰色预测值 $(\hat{x}^{(0)}(l))$	2.3463	2.6369	2.8937	3.2155	3.6125	3.9859
残差预测值 $(\hat{e}^{(0)}(l))$	−0.0318	0.0449	−0.0442	−0.0331	0.0269	−0.0337
组合预测值 $(\widehat{\overline{x}}^{(0)}(l))$	2.3781	2.5920	2.9379	3.2486	3.5856	4.0196
年平均费用 $(\overline{C}_{Lcc})$	8.6312	8.2286	7.8979	7.6244	7.4000	7.2221
投运年数	20	21	22	23	24	25
灰色预测值 $(\hat{x}^{(0)}(l))$	4.4693	4.9446	5.5357	6.1284	6.8610	7.6765
残差预测值 $(\hat{e}^{(0)}(l))$	0.0147	−0.0485	0.0252	−0.0604	−0.0480	0.0532
组合预测值 $(\widehat{\overline{x}}^{(0)}(l))$	4.4546	4.9931	5.5105	6.1888	6.9090	7.6233
年平均费用 $(\overline{C}_{Lcc})$	7.0837	6.9842	6.9172	6.8855	6.8865	6.9160

根据表 7.4 可知，在第 23 年时，年平均费用达到最小值，为 6.886 万元。这说明 220 kV 断路器的经济寿命为 23 年。通过图 7.6 也可以看出，随着年份的增加，220 kV 断路器年均使用费用呈现出逐渐下降然后上升的趋势。

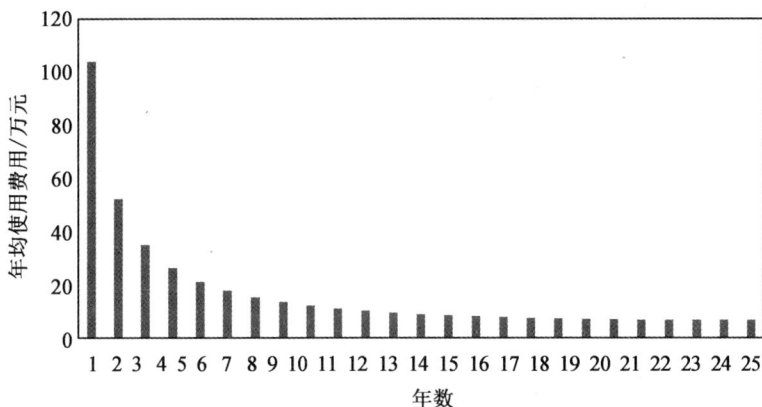

图 7.6　220 kV 断路器各年年均使用费用

7.3.3　精度检验

为检验该模型的精度，选择 6~10 年的数据，按照前文所述建立模型，预测第 11 年到第 13 年的灰色预测值和灰色神经网络组合预测值，结果如表 7.5 所列。

表 7.5　第 11 年至 13 年原始值及各预测值对比

年数	实际值	灰色预测值	灰色值相对误差	组合预测值	组合值相对误差
11	1.6834	1.7755	0.055	1.7363	0.0314
12	1.9608	2.0068	0.023	1.9118	−0.0250
13	2.0666	2.2682	0.098	2.1266	0.0290

从计算数据来看，组合预测运行成本计算误差在 5% 以内，误差相对较小，这说明组合模型预测费用非常准确，采用该模型预测电网设备经济寿命具有可行性。

7.3.4　总结验证

据统计所得的 2012—2017 年 220 kV 断路器报废退役数据，6 年内该电网公司共报废退役 220 kV 断路器 227 台，近 6 年的平均报废退役寿命见表 7.6。

表 7.6　220 kV 断路器报废退役的历史数据

年份	退役数量/台	平均退役寿命/年
2012	145	20
2013	10	10
2014	—	—
2015	50	18
2016	154	11
2017	13	17
总计	372	15.2

对比组合预测 23 年的经济寿命的结论，冀北电网断路器实际报废年限都相对短 3~8 年，产生差异的主要原因可归纳为以下三个方面。

7.3.4.1　外部原因

由于部分电网升级改造、设施配套问题、设备可靠性标准提高等，造成部分断路器设备报废退役。

7.3.4.2　内部原因

较早年份购置的断路器，因为制造工艺落后，造成气体泄漏、机械结构不稳定，以及绝缘可靠性降低等。例如，SF6断路器有气体泄漏严重、内罐体加工存在沙眼、断路器无油化改造等问题。

7.3.4.3　实际原因

电网资产的安全、可靠，对于保障正常生产和人们的日常生活起着极其重要的作用；线路的安全可靠运行是电网运营需要优先考虑的，其次才考虑经济性。

总结当下冀北电网设备更换的历史数据，可知设备更换决策与所得经济寿命不匹配，相差较大，今后设备更换决策应当在考虑设备可靠性的同时，合理充分地考虑电网运营的经济性。

7.4　本章小结

分析结果显示，本章所建立的经济寿命模型具有较高的准确性，效果良好。目前，由于受到各设备相关基础数据不完整的限制，本章针对断路器这种电力设备，选取220 kV电压等级进行预测。该经济寿命模型不仅可以对断路器的运行与维护提供指导作用，也可以为变压器、GIS、电抗器等其他电力设备的经济寿命的后续测算提供参考。通过测算，可以较准确地确定设备更换时间，实现电网设备的精细化管理，在新电改的背景下实现更大收益。

第 8 章

电网资产投资决策研究

本章主要对电网企业电网资产投资决策过程进行研究分析。首先,采用优化偏最小二乘法从宏观经济、社会和环境三个角度对影响电网投资的因素进行筛选,得到相应的回归方程。然后,采用动态等维灰数递补 DGM(1,1)模型分别预测各关键影响因素的值,并代入优化的参数回归方程,从而对电网资产投资占 GDP 的比重进行预测。最后,在不同的经济增长情景下,得出电力投资水平的预测结果。

8.1 电网资产投资研究背景与现状

我国从 20 世纪后期逐步开始重视电网的规划与改造问题,有目标有计划地投入资金对电网进行改造升级,至 20 世纪 90 年代末取得了较好的成绩。尽管投入了大量资金用于建设电网,但是国民经济的迅速发展、用电需求的急剧攀升,以及对电能质量、供电可靠性等要求的日益严格,致使电网建设无法跟上经济的发展步伐。从我国电力体制的长期发展趋势来看,我国电力工业基础设施仍较薄弱,电网工程投资额远远低于电源工程的投资额。1980—1981 年,平均每千瓦发电容量配有的 35~110 kV 的输电线路为 40.2 km,之后呈现逐年降低趋势,至 1995 年已经不足 20 km;而相应的变电容量从 1980—1981 年的 2.02 万 kVA 下降为 1994—1995 年的 1.89 万 kVA。从整个电力系统的发电、输电、配电、用电各个环节的同量增长来看,以 1990 年为基数进行对比,1995 年发电装机容量增加 2.01 倍,用电设备容量相应增加 2.02 倍,而变电容量仅增加 1.92 倍,线路长度只增加了 0.8 倍。由此可见,电网基础设施的建设远远落后于电源建设及终端用电建设,成为电力工业发展的瓶颈。更为严重的是,电网中配电网的投入更加不足。20 世纪 90 年代,中国发电、输电、配电的投资比例约为 1:0.21:0.12;而同时期美国这一比例为 1:0.43:0.7,英国为 1:0.45:0.78。可见,当时中国在电网方面的投资落后于发达国家。1998 年,我国开展

"两网"改造工程，旨在对全国范围内的城市电网和农村电网进行改造升级。此次改造工程累计投资 1070 亿元，增加变电容量 7100 万 kVA。该工程使得地区高、低压配电网结构更加完善，增强了供电能力，减少了供电损耗，大大提升了供电可靠性，使各项经济指标得到极大改善，对国民经济发展起到重要的推动作用。

为了加快城镇配电网建设改造，全面落实《国家发展改革委关于加快配电网建设改造的指导意见》（发改能源〔2015〕1899 号）和《配电网建设改造行动计划（2015—2020 年）》，2015 年我国投入 130 亿元资金专门用于城镇配电网的改造升级，此次改造工程额外带动新增投资 1140 亿元；对于农村电网的改造，则安排 1628 亿元专项改造资金。此外，为了加强电网跨省区输送能力，完善全国互联电网，加快建立"六交八直"特高压输电网络，国家电网公司在特高压输电方面投入大量资金。2015 年，国家电网公司在特高压交直流工程建设方面共投资 464 亿元，在电网工程建设完成总投资额中占比达到 10%。据截至 2015 年底统计数据，全国电网 220 kV 及以上输电线路回路长度为 60.91 万 km，同比增长 5.46%；220 kV 及以上变电设备容量为 33.66 亿 kVA，同比增长 8.86%。1990—2015 年我国电力投资数据见表 8.1。

表 8.1　1990—2015 年我国电力投资数据　　　　　单位：亿元

年份/年	总投资	电源投资	电网投资	年份/年	总投资	电源投资	电网投资
1990	300	239	54	2003	3315	1871	1265
1991	354	279	66	2004	4715	1951	1281
1992	445	350	85	2005	4754	3228	1526
1993	609	481	110	2006	5288	3195	2093
1994	939	655	159	2007	5977	3226	2451
1995	1009	774	203	2008	6302	3407	2895
1996	1193	936	216	2009	7702	3803	3898
1997	1550	1135	360	2010	7414	3969	3448
1998	1718	1065	578	2011	7614	3927	3687
1999	1837	1121	950	2012	7393	3732	3661
2000	2126	636	1388	2013	7728	3872	3856
2001	1945	650	1237	2014	7805	3686	4119
2002	2297	747	1508	2015	8576	3936	4640

从电力投资的发展趋势来看，1990—2000 年，电力总投资、电源投资、电网投资都处于增长趋势，增长速度都较为缓慢。2001 年，电力总投资小幅回落，之后就进入高速增长阶段，而且增长势头一直十分强劲。2000 年以来，电源投资总体上处于增长态势；2000—2001 年电源投资额出现下降；但是在 2003 年出现反弹，而且增长幅度较大；2004 年则与 2003 年基本持平，变化不是很大；2004 年之后电源投资增长速度加快。

可以发现，2005 年之前，电源投资的增长为电力总投资的增长做出了极大贡献。2005 年以后，电网投资才开始快速增长。2005 年电网投资额为 1526 亿元，2007 年达到 2451 亿元，2009 年电网投资额为 3898 亿元，2010 年出现下降。2010—2013 年，电网投资虽然整体处于增长趋势，但是增长速度较慢，而且投资额低于 2009 年的 3898 亿元。2014—2015 年，电网投资出现井喷式增长，一举冲破 4000 亿元大关，2015 年的电网投资额达到 4640 亿元。尽管电网投资额快速增加，但是与电源投资相比仍显不足。以发达国家的标准来看，源网投资平均比例大致维持在 1∶1，电网投资可以更高些。但是从我国电力行业投资结构来看，总体上电源投资额要大于电网投资额。1997 年以前，电源投资额与电网投资额平均比例约为 4∶1，投资结构极不合理；1998—2013 年，投资比例逐渐趋于合理，但是平均比例为 1.17∶1，投资结构还有优化的空间。2014 年和 2015 年，源网投资比例调整取得较大成效，2014 年电源投资与电网投资比例为 0.89∶1，2015 年电源投资与电网投资比例为 0.84∶1，投资比例有所改善。

8.2　电网投资测算建模过程

8.2.1　电网投资测算模型研究思路

电力投资测算模型技术路线如图 8.1 所示。对电力投资的影响因素进行初步筛选，从电力供给侧和需求侧入手，分析电力投资的各种影响因素，并根据影响因素选取原则对众多影响因素进行初步筛选，组成初选影响因素集；获得初选影响因素集之后，就要着重分析各个初选因素对电网投资的影响力大小，本书选用偏最小二乘法计算各个影响因素对电网投资的重要性；在得出各个初选因素集的重要程度之后，将初选影响因素按照重要程度大小进行降序排序，并选取前六个影响因素组成关键影响因素集；采用偏最小二乘法进行回归分析，得到相应的参数优化方程；建立关键影响因素集之后，采用灰色预测模型对关键影响因素的未来值进行预测，即根据历史数据测算下一研究时期关键影响因素的值；将各关键因素的预测值代入上述电力投资回归方程，得到电力投资在 GDP 中的比重预算值；在不同经济增长情景下，得出电力投资水平的预测结果。

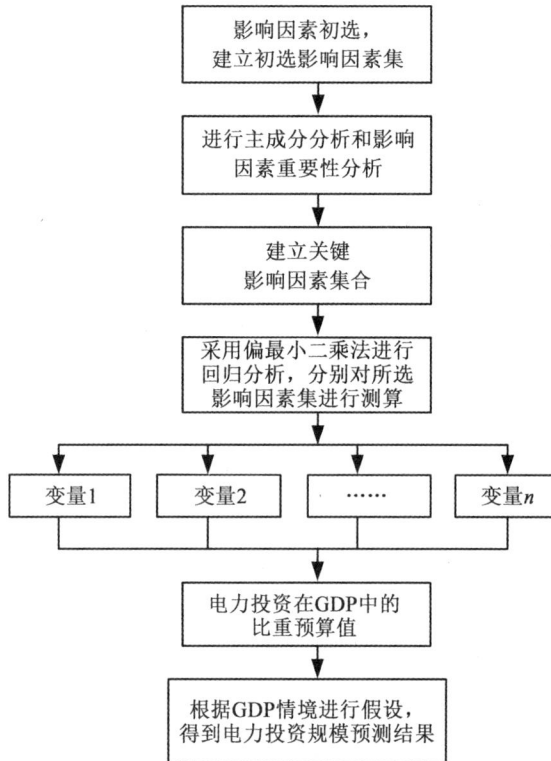

图 8.1　电力投资测算模型技术路线图

8.2.2　电网投资影响因素初选

8.2.2.1　影响因素选择原则

（1）目的性。

影响因素选择的根本目的在于全方位分析电网投资测算的影响因素，进而提高模型测算精度。在此过程中，要有目的地选取对电网投资有较大影响的指标进行研究分析，为项目最后的测算分析提供强有力的依据。

（2）全面性原则。

在选择指标体系时，从全局着眼，以全局思维对电网投资进行分析，先考虑对电网投资有影响的各个方面，再从这些影响因素中选取影响较大的因素。也就是说，选取的影响因素要涉及电网投资的方方面面。

（3）科学性原则。

在进行电网投资测算过程中，一定要确保在各种影响因素的基础上构建起来的测算模型具备科学性，这就要求科学地选取影响因素。选取影响因素时，不能过于看重"细枝末节"，也不能只看到"粗枝大叶"，要在精练影响因素的前提下，保证选取的影响因素能够正确科学地反映电网投资的各方面情况。

（4）可操作性原则。

根据采集数据的难易、计算量等实际情况，初选因素集中的各单项影响因素要便于计算分析、可操作性强。所选影响因素要能对投资的各方面进行正确的反映，这样才能准确地测算投资额，做出科学决策。

（5）公平公正原则。

所选的电网投资影响因素必须公平公正，具有客观性，从而避免误导决策者做出错误的判断和决策。

8.2.2.2　宏观经济因素

宏观经济因素是经济发展的标志，可以全面地反映某一国家或地区的经济发展水平。宏观经济因素有经济总指标、消费指标、投资指标、财政指标等，它们是电网投资测算过程中的重要影响因素。宏观经济因素包括经济方面的众多详细指标，涉及面十分广泛。本书将国内生产总值、人均可支配收入、第二产业占比、第三产业占比、经济增速作为电网投资影响因素中的宏观经济因素。

（1）国内生产总值。

国内生产总值（GDP）是指一定时期内某个国家或地区全部生产活动的最终成果的价值。它可以反映该国家或地区的综合财力。很显然，国家综合财力越雄厚，就越有能力对电网进行大规模投资，建立完善的电网架构。

（2）人均可支配收入。

人均可支配收入可以理解为居民的总收入中可以用于最终消费支出及储蓄的总和，即居民可以自由支配的收入。收入可以分为现金收入和实物收入。按照收入的来源划分，可以将其分为工资性收入、经营净收入、财产净收入及转移净收入。通常将人均可支配收入看作居民消费的决定性因素。人均可支配收入会影响电器类设备的购买和使用，进而影响电能的消费量，而电能的消费量与电网的投资密切相关。

（3）第二产业占比。

第二产业占比是指第二产业总产值在当年国内生产总值中所占的比重。第二产业分为工业和建筑业两部分，二者的生产过程都需要消耗大量的电能。工业消耗的电能在各行业中是最高的，2014 年，工业所消耗的总电量为 4.029 万亿 kWh，同比增长 4.23%，在全社会用电量中所占的比例高达 73.72%。显而易见，第二产业占比对电网投资有着重要影响。

(4)第三产业占比。

与第二产业占比的定义类似，第三产业占比是指第三产业总产值占当年国内生产总值的比重。2014 年，第三产业共消耗电能 0.6669 万亿 kWh，占全社会用电量的 11.99%。虽然从占比绝对值来看，第三产业消耗的电能远远低于第二产业消耗的电能，但其同比增长率达到 6.39%，是三个产业中增长幅度最大的，所以其对电网投资也有着重要影响。

(5)经济增速。

顾名思义，经济增速就是在较长时间段内，某个国家或地区人均产出水平增加的速度。它可以反映一定时间段内某个国家或地区经济总量的增长速度。经济增速越快，说明国家经济发展势头良好，对电能的消费量及质量都会有较高的要求，同时说明该国家或地区越有实力对电网的建设进行投资。

8.2.2.3 社会因素

社会因素是指社会上的各种事物，如社会制度、社会群体、社会交往、道德规范、国家法律、社会舆论、风俗习惯等。它们能影响人们态度的形成和改变，进而对电网投资产生重要影响。本书选取的社会因素主要有地区常住人口、城镇化率、固定资产投资额。

(1)地区常住人口。

地区常住人口是指某一时间段内，某一地区拥有的常住人口总数。电能是为人所用的，所以某一地区人口数量的多少对电网投资有着直接的影响。

(2)城镇化率。

城镇化率即统计期内某一个地区的城镇常住人口在该地区常住总人口中所占的比例。城镇化率可以用来表示地区的发达程度：城镇化率越高，代表该地区人们的生活水平越高，则用电量越大，电网基础设施也就越需要完善。

(3)固定资产投资额。

固定资产投资额包括四个部分，即国有单位投资、城乡集体单位投资、其他经济类型单位投资、城乡居民个人投资。固定资产投资额越大，就越能带动经济发展，而经济的发展必然要有相应的电力供应及配套的电力基础设施。

8.2.2.4 环境因素

环境问题已经成为制约经济发展的重要问题。随着化石燃料的不断消耗，温室效应、海平面上升、冰盖消融等问题越来越严峻。毫无疑问，电力的生产、输送、消费会对环境产生各种影响；反之，环境问题也会影响电网投资。本书选取的环境因素主要为电耗强度和能源强度。

（1）电耗强度。

电耗强度是指一定时期内，一个国家或地区每生产一个单位的国内生产总值所对应的电力消耗量。它属于相对指标的范畴，可以反映某个国家或地区的电力能源综合利用效率。我国一直致力于降低电耗强度，因为降低电耗强度是实现高效、绿色发展的重要途径。实现电能高效利用的有效途径是大力发展风电、水电、光伏发电和海洋发电等新能源发电，而这些新能源发电的并网消纳会对电网投资产生重要影响。

（2）能源强度。

能源强度可以表示为能源利用量与经济产出的比值。从国家层面来讲，能源强度等于一次能源消费量与当年国内生产总值的比重。能源强度也属于相对指标范畴，能源强度越高，说明能源利用率越高，每一份能源产生的经济效益越高。能源消费量可以适当减少，电网投资额也可以适度降低。

表 8.2 所列为电网投资影响因素。

表 8.2　电网投资影响因素

大类	细分	与电网投资的关系
宏观经济因素	国内生产总值	描述地区经济发展水平。当各产业用电比相同时，GDP 越高，用电量越大，负荷也越大
	人均可支配收入	人均可支配收入越大，用电量越高，投资越大
	第二产业占比	第二产业占比越大，用电量越高，投资越大
	第三产业占比	第三产业占比越大，用电量越高，投资越大
	经济增速	经济增速越快，用电负荷越高，投资额越大
社会因素	地区常住人口	供电人口越多，电量越高，负荷越高
	城镇化率	城镇化率越高，用电负荷越高，投资额越大
	固定资产投资额	固定资产投资额越大，用电负荷越高，投资额越大
环境因素	电耗强度	电力消费量越高，越需要发展新能源，新能源并网消纳对电网投资产生重要影响
	能源强度	能源强度越高，说明能源产生的经济效益越高，电网投资可以适当减少

8.2.3　电网投资影响因素重要性分析

在典型相关分析中，为了分析两组数据是否存在相关关系，分别在两组变量中提取相关性最大的两个成分，通过测定这两个成分之间的相关关系来推测两组数据间的相关关系。同样地，在偏最小二乘法中，也使用类似的方法分析自变量集合 x 和因变量集合 y 之间的相关关系。

在偏最小二乘法回归中，自变量成分 t_1 与因变量成分 u_1 明显具有典型相关成分的特征，所以可以直接绘制 t_1/u_1 平面图，在图中标出每个样本点(t_1 (i)， u_1 (i))的位置，然后直接观察出 t_1 与 u_1 之间的相关关系。如果两个量之间存在明显的线性关系，则说明 x 与 y 之间有显著的相关关系，此时采用偏最小二乘法建立两者间的线性模型是比较合理的。

为了完善预测模型，往往希望明确每个自变量 x_i 在建模时对因变量 y 的影响大小，从而辅助自变量的选取。在偏最小二乘法中，测度 x_i 在解释 y 时作用的重要性，可以使用变量投影重要性。它主要反映每个解释变量 x_i 对 LCC 费用 y 的解释程度，其计算公式见式(3.35)。

8.2.4　回归分析与预测

采用正交偏最小二乘法，以电力投资为被解释变量，以关键影响因素为解释变量进行回归，得到优化的参数回归方程，将关键影响因素的参数保留，采用动态等维灰数递补 DGM(1，1)模型分别对各关键影响因素进行预测，并将各影响因素历年的预测值代入优化的参数回归方程，可以得到电力投资占 GDP 比重的预测结果，再在不同经济增长率情景下，得出电力投资水平的预测结果。

8.3　实例分析

8.3.1　数据收集

本书以某电网企业为例，进行电力投资预测分析。相关研究数据主要源于 2006—2016 年的《国家电网公司年鉴》《电力工业统计资料汇编》《河北统计年鉴》《中国环境统计年鉴》《中国电力统计年鉴》《中国能源年鉴》等。

8.3.2　影响因素的重要性分析

根据上述步骤计算各影响因素对电力投资比重(用 V/GDP 进行表示)的重要程度，如表8.3所列。

表 8.3　各影响因素对电力投资比重的重要程度

影响因素	重要程度	影响因素	重要程度
固定资产投资	1.2236	第二产业占比	1.0094
人均可支配收入	1.2196	GDP	0.6287
城市化率	1.1889	GDP 增长率	0.5970
能源强度	1.1351	人口总数	0.5571
第三产业占比	1.0572	电耗强度	0.4586

按照重要程度绝对值大小对影响因素进行排序，选择排名前六的影响因素作为关键因素进行测算，分别为：固定资产投资、人均可支配收入、城市化率、能源强度、第三产业占比、第二产业占比。

8.3.3　正交偏最小二乘法拟合方程

采用正交偏最小二乘法，通过数据标准化逆过程得到原始变量的正交偏最小二乘法回归方程：

$$y = -0.351\ln FV - 0.579\ln PC - 0.029UZS - 0.297\ln ED +$$
$$0.006TI - 0.056SI + 17.536 \tag{8.1}$$

式中，FV 为固定资产投资；PC 为人均可支配收入；UZS 为城市化率；ED 为能源程度；TI 为第三产业占比；SI 为第二产业占比。

电力投资比重拟合结果与实际结果的对比如图 8.2 所示。

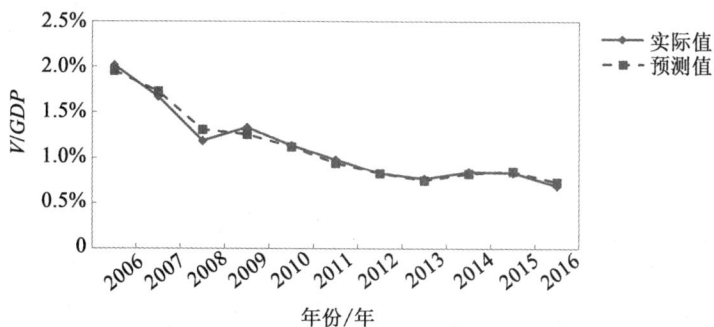

图 8.2　电力投资比重拟合结果与实际结果对比图

8.3.4　关键影响因素的灰色预测

采用动态等维灰数递补 DGM(1，1)模型分别对固定资产投资、人均可支配收入、城市化率、能源强度、第三产业占比、第二产业占比进行预测。预测结果与实际结果的对比如图 8.3 至图 8.8 所示。

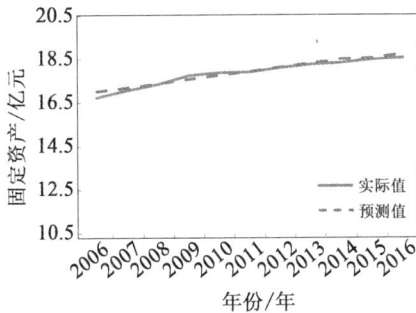

图 8.3　固定资产投资实际值与
　　　　预测值对比图

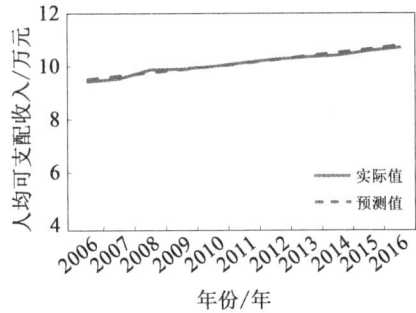

图 8.4　人均可支配收入实际值与
　　　　预测值对比图

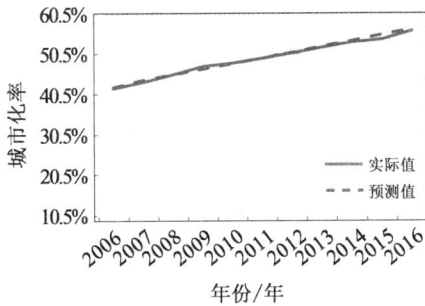

图 8.5　城市化率实际值与
　　　　预测值对比图

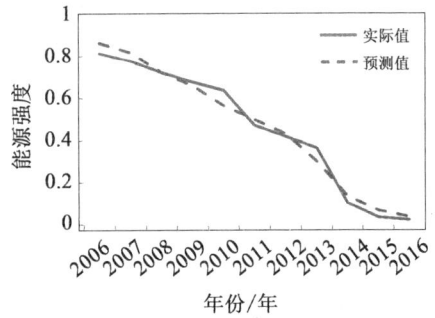

图 8.6　能源强度实际值与
　　　　预测值对比图

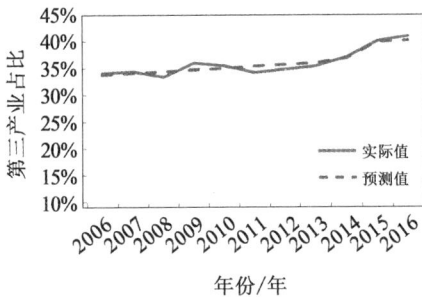

图 8.7　第三产业占比实际值与
　　　　预测值对比图

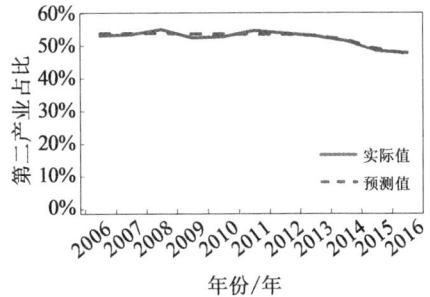

图 8.8　第二产业占比实际值与
　　　　预测值对比图

　　由图 8.3 至图 8.8 可知,灰色模型对因素的预测拟合具有较高的准确度。下面分别对各关键因素做进一步预测,预测结果如表 8.4 所列。

表 8.4　各影响因素的预测结果

年份/年	固定资产投资/亿元	人均可支配收入/元	城市化率	能源强度	第三产业占比	第二产业占比
2017	13442.51	50252.32	57.46%	0.97	41.88%	47.69%
2018	15303.43	54402.8	58.62%	0.87	43.66%	45.62%
2019	17437.64	63885.33	59.88%	0.77	45.07%	44.67%
2020	19887.42	66625.99	60.41%	0.69	46.43%	43.85%
2021	22702.05	66849.69	61.95%	0.62	47.83%	42.94%
2022	25938.77	75728.74	63.52%	0.58	48.38%	41.05%
2023	28787.68	82536.67	65.14%	0.51	49.36%	40.18%
2024	30725.26	90081.49	66.79%	0.46	50.84%	40.32%
2025	32497.37	100444	68.49%	0.43	52.29%	39.49%

8.3.5　电力投资情景比较

根据上述计算过程，将上述关键因素预测值代入正交偏最小二乘法拟合方程，得到 2017—2025 年电力投资在 GDP 中的比重预测结果，如表 8.5 所列。

表 8.5　2017—2025 年电力投资在 GDP 中的比重预测结果

年份/年	2017	2018	2019	2020	2021	2022	2023	2024	2025
电力投资占GDP 比重	0.6142%	0.6470%	0.5670%	0.5650%	0.5631%	0.5293%	0.4907%	0.3953%	0.3387%

为了更加合理地预测电力投资规模，下面对该地区的 GDP 增长率进行情景设定。设定三种情景，分别为乐观情景、基准情景和悲观情景。其中，以 2016 年该地区的 GDP 增长率（6.099%）为基准情景，悲观情景和乐观情景分别在基准情景的基础上通过 ±10%，±20% 的浮动而确定，具体设定如表 8.6 所列。

表 8.6　某地区 GDP 增长率情景比较

悲观情景	$S_1(-20\%)$	4.8792
	$S_2(-10\%)$	5.4891
基准情景	S_3	6.099
乐观情景	$S_4(+10\%)$	6.7089
	$S_5(+20\%)$	7.3188

在上述情景设定的基础上，分别预测三种情形（包括 5 种设定）下冀北地区 2017—2025 年的 GDP 增长情况，然后根据 GDP 的预测结果得出不同情境下冀北地区电网 2017—2025 年的电力投资规模状况。冀北地区电网 2017—2025 年

电力投资规模的情景预测结果比较如图 8.9 所示。

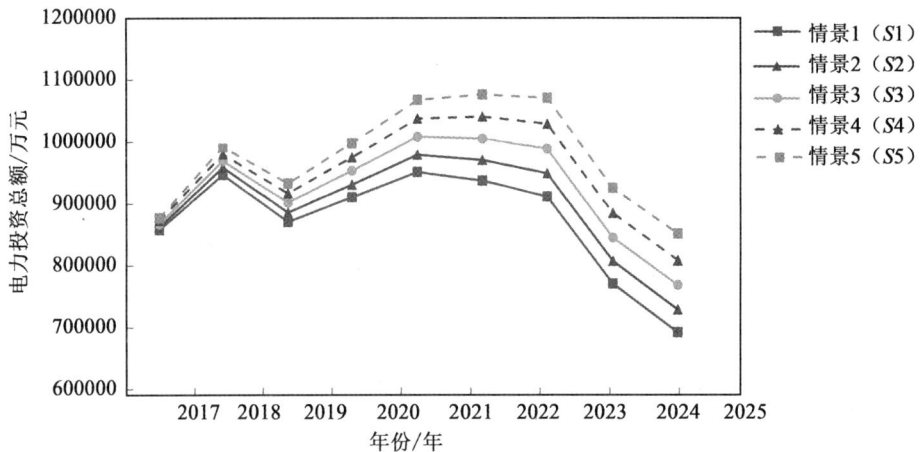

图 8.9　冀北地区电网 2017—2025 年电力投资规模的情景预测结果比较

由图 8.9 所示情景预测结果可知：增长速度呈现动态变化的趋势，未来冀北地区电网的电力投资规模整体上呈现先增长后下降的趋势，预计到 2025 年电力投资总额将达到 692467.56 万元～851681.89 万元，分别较 2016 年增长 -1.02%～8.51% 和 -24.71%～-7.39%。综合来看，2017—2023 年，冀北地区电网电力投资规模持续扩大，电力基础设施建设与维护投入稳步提高，这说明有效的电力投资既是保障电力基础设施维护和建设的基础，也是满足经济发展和社会发展过程中电力需求的有力措施。2023 年之后，随着大规模电力基础设施的逐步完善，电力资产投资将偏重电力基础设施的维护与管理，且技术进步将对维护成本的降低起到积极的作用，因此，整体电力投资规模将有所收缩，电力资产管理效能将进一步提高。

8.4　本章小结

本章首先对电网资产投资的研究背景和研究现状展开分析，在此基础上，确定了电网资产投资测算模型的研究思路。然后从宏观经济、社会和环境三个角度对影响电网投资的因素进行筛选，采用优化偏最小二乘法进行因素的重要性分析，选取重要因素并进行拟合回归研究，得到回归方程。最后采用动态等维灰数递补 DGM(1,1)模型，分别对各关键影响因素进行预测，并将各影响因素历年的预测值代入优化的参数回归方程，从而对电网资产投资占 GDP 的比重进行预测，再在不同经济增长情景下，得出电力投资水平的预测结果。

第9章

电网资产综合评价研究

电网企业的主要工作涉及输电、变电、配电及送电，用于生产和提供服务的资产众多，涉的资产管理环节十分琐碎，科学开展电网企业实物资产综合评价，对于电网企业优化资产结构、提升利用效率、维持健康水平有着至关重要的意义和作用。特别是新电改政策下的输配电价改革，使得未来电网企业的盈利模式不再是获取购售电价差，而是获取与有效资产规模紧密相关的输配电准许总收入。未来，电价的构成需要综合考虑各方面因素，其中电网企业资产综合评价对于核实电价起着重要作用。在新形势下，在保障正常进行生产经营的基础上，探索并研究出高效的电网企业实物资产综合评价体系，对电网企业实物资产管理水平的提高及经济效应的提升都具有极其重要的意义。

为此，本章首先基于层次分析法-熵权法建立指标体系，并在此基础上构建电网企业实物资产成熟度评价模型；然后以冀北地区电网为例，测算其整体实物资产成熟度等级，从纵向(该电网内部)和横向(全国范围)两个视角动态比较电网的资产管理水平。

9.1 多维动态视角下的电网企业资产评价模型

9.1.1 基于层次分析法-熵权法的主客观综合指标权重

层次分析法(analytic hierarchy process，AHP)和熵权法是两种较为常见的权重确定方法。前者侧重专家打分的主观意志，存在特定的人为缺陷；后者根据指标变异性的大小客观确定权重，对指标数据质量要求较高。因此，本章采用主客观综合指标权重计算方法，计算公式如下：

$$w_j = w_j^1 H_j + w_j^2 (1 - H_j) \tag{9.1}$$

式中，w_j 为综合指标权重；w_j^1 为层次分析法所得权重；w_j^2 为熵权法所得权重；H_j 为熵值。

9.1.1.1 主观权重确定

以下为利用层次分析法确定主观指标权重的步骤。

（1）依据评价问题建立指标体系，并据其构建层次结构模型。

（2）评价者对指标进行两两比较，根据重要程度进行相应的等级赋值，以形成成对比较矩阵。

（3）求取成对比较矩阵的特征值与特征向量，并得到相应的权重 w_j^1。

（4）一致性检验。认为步骤（3）中所得权重可接受，则检验通过；否则，重新赋值计算。

9.1.1.2 客观权重确定

熵权法充分利用了指标数据的有效信息，其大小与指标数据值差距和指标权重成负相关关系。以下为利用熵权法确定客观权重的步骤。

（1）建立连续 n 年的 m 个指标的评价矩阵 $\boldsymbol{X} = (x_{ij})_{n \times m}$，进行归一化处理。

（2）标准化评价矩阵，得到 $\boldsymbol{C} = (c_{ij})_{n \times m}$。其中，$c_{ij} = \dfrac{x_{ij} - \bar{x}}{x_{max} - x_{min}}$（$x_{max}$ 和 x_{min} 为某指标的最值，$\bar{x}$ 为均值）。

（3）计算熵值。

$$H_j = -\frac{1}{\ln n}\left(\sum_{i=1}^{n} \frac{c_{ij}+1}{\sum\limits_{i=1}^{m}(c_{ij}+1)} \ln\left(\frac{c_{ij}+1}{\sum\limits_{i=1}^{m}(c_{ij}+1)} \right) \right) \tag{9.2}$$

（4）计算熵权法所得权重。

$$w_j^2 = \frac{1 - H_j}{m - \sum\limits_{j=1}^{m} H_j} \tag{9.3}$$

9.1.2 实物资产综合价值动态评价

现有研究多聚焦于对电网实物资产当前时态的评价，忽略了其在时间轴上的动态变化。实际上，单一的样本数据在很大程度上难以代表企业的整体资产水平，易出现以偏概全的问题，难以捕捉其动态变化趋势。有鉴于此，本章基于连续的年度指标数据，利用灰色关联和理想解法相结合的方法，计算、评价对象历年的相对贴近度，通过相对贴近度数值的大小衡量所评价年份实物资产的相对优劣性，据此观测出评价对象在各评价年份的实物资产价值波动状况。相较于现有研究的仅得出当前时刻的静态评价结果，这种动态评价更能帮助电网企业了解阶段性的资产管理成果，以及电网实物资产在一定评价期内的动态发展趋势。

9.1.2.1　求解欧氏距离

建立连续 n 年的 m 个指标的指标矩阵 $\boldsymbol{Z} = (z_{ij})_{n \times m}$，各指标元素数值为 z_{ij}。由于综合评价体系中的各指标性质有所不同，其量纲与数值有较大差距，因此进行无量纲化处理：

$$r_{ij} = \frac{z_{ij}}{\left(\sum\limits_{i=1}^{n} (z_{ij})^2 \right)^{\frac{1}{2}}} \tag{9.4}$$

得到规范化后的指标矩阵 $\boldsymbol{R} = (r_{ij})_{n \times m}$，根据求得的综合指标权重，对指标矩阵进行加权处理，可得加权后指标矩阵 $\boldsymbol{M}$，为 $\boldsymbol{M} = (m_{ij})_{n \times m} = (w_j m_{ij})_{n \times m}$；根据指标矩阵 $\boldsymbol{M}$ 中各指标的最值组建最优方案和最差方案。这里的最优(差)方案由正向指标最大(小)值和逆向指标最小(大)值构成，即

$$\begin{cases} \boldsymbol{M}^+ = \{ \max\limits_{1 \leq i \leq n} m_{ij} | j \in j^+ | , \min\limits_{1 \leq i \leq n} m_{ij} | j \in j^- | \} = (m_1^+, m_2^+, \cdots, m_n^+) \\ \boldsymbol{M}^- = \{ \min\limits_{1 \leq i \leq n} m_{ij} | j \in j^+ | , \min\limits_{1 \leq i \leq n} m_{ij} | j \in j^- | \} = (m_1^-, m_2^-, \cdots, m_n^-) \end{cases} \tag{9.5}$$

式中，j^+ 为效益型指标序列(值越大越优)；j^- 为成本型指标序列(值越小越优)。

根据最优(差)方案中的正(负)理想解，可求得待测样本到正(负)理想解的欧式距离：

$$\begin{cases} L_i^+ = \sqrt{\sum\limits_{j=1}^{n} w_j (m_{ij} - m_j^+)^2} \\ L_i^- = \sqrt{\sum\limits_{j=1}^{n} w_j (m_{ij} - m_j^-)^2} \end{cases} \tag{9.6}$$

9.1.2.2　求解灰色关联度

求解样本与正理想解和负理想解之间的灰色关联系数，具体如下：

$$\begin{cases} \gamma_{ij}^+ = \dfrac{\min\limits_i \min\limits_j \Delta m_{ij} + \theta \max\limits_i \max\limits_j \Delta m_{ij}}{\Delta m_{ij} + \theta \max\limits_i \max\limits_j \Delta m_{ij}} \\ \gamma_{ij}^- = \dfrac{\min\limits_i \min\limits_j \Delta m'_{ij} + \theta \max\limits_i \max\limits_j \Delta m'_{ij}}{\Delta m'_{ij} + \theta \max\limits_i \max\limits_j \Delta m'_{ij}} \end{cases} \tag{9.7}$$

式中，$\Delta m_{ij} = | m_j^+ - m_{ij} |$；$\Delta m'_{ij} = \Delta m'_{ij} | m_j^- - m_{ij} |$；$\max\limits_i \max\limits_j \Delta m_{ij}$ 为两级最大差；$\min\limits_i \min\limits_j \Delta m_{ij}$ 为两级最小差；$\theta = 0.5$。

据此，可求得样本与正理想解和负理想解的灰色关联系数矩阵，分别为

$N^+ = (\gamma_{ij}^+)_{n \times m}$，$N^- = (\gamma_{ij}^-)_{n \times m}$，进而求得样本 i 与正理想解和负理想解的灰色关联度：

$$\begin{cases} N_i^+ = \dfrac{1}{m} \sum\limits_{j=1}^{m} \gamma_{ij}^+ \\ N_i^- = \dfrac{1}{m} \sum\limits_{j=1}^{m} \gamma_{ij}^- \end{cases} \tag{9.8}$$

对上述求得的灰色关联度（N_i^+，N_i^-）和欧式距离（L_i^+，L_i^-）进行无量纲化处理，得到 n_i^+，n_i^-，l_i^+，l_i^-，再计算样本与理想解的贴近度：

$$\begin{cases} S_i^+ = \eta_1 l_i^- + \eta_2 l_i^+ \\ S_i^- = \eta_1 l_i^+ + \eta_2 l_i^- \end{cases} \tag{9.9}$$

式中，η_1，η_2 为贴近度调整系数，且满足 $\eta_1 + \eta_2 = 1$；S_i^+ 为样本与正理想解的接近程度；S_i^- 为样本与负理想解的接近程度。

为反映年度样本和理想解在波动趋势上的贴近程度，通过式（9.10）计算相对贴近度：

$$\sigma_i = \frac{S_i^+}{S_i^+ + S_i^-} \tag{9.10}$$

通过观测年度数据的相对贴近度，可了解评价对象的实物资产历年动态变化趋势。测算得到的相对贴近度越大，说明该年份的评价结果越优；相对贴近度越小，说明该年份的评价结果越劣。

9.1.3 电网实物资产成熟度评价模型

上述动态评价可以很好地对实物资产在时间轴上的发展波动情况进行描述，但只能获得各指标之间的相对优劣性，如果能获知内在指标的绝对优劣级别，那么可在一定程度上帮助电网企业有针对性地克服实物资产管理方面的缺陷。同时，由于这种动态评价完全依赖客观数据，在统计数据质量不高的情况下会造成评价结果有偏。为此，本章将成熟度理论运用到实物资产综合评价，通过构建成熟度评价模型测算各指标的成熟度等级，以形成对上述动态评价结果的内在补充。需要说明的是，动态评价是基于评价对象客观统计数据的评价方法，而成熟度评价是基于专家主观打分的方法，本章构建的主客观双维度相结合的评价体系，可为电网实物资产管理提供更多的有益借鉴。

本书将电网实物资产模型分为五个等级，即初始级、成长级、规范级、成熟级和卓越级，形成集合 $V = \{V_1, V_2, V_3, V_4, V_5\}$。电网实物资产综合评价成熟度等级描述如表9.1所列。

表9.1 电网实物资产综合评价成熟度等级描述

等级	描述
初始级	评价对象对实物资产有基础性了解
成长级	评价对象对实物资产有概念性重视
规范级	评价对象对实物资产有战略性重视，并建立相关管理体系
成熟级	评价对象对实物资产具备充分的实践经验，相关管理体系完整适用
卓越级	评价对象对实物资产实现卓越化管理，可持续改进发展

将 r 个评价者对指标 U_{ij} 的评分结果记为 d_{ijk}，可形成评价指标矩阵 $\boldsymbol{D}$：

$$\boldsymbol{D} = \begin{pmatrix} d_{111} & d_{112} & \cdots & d_{11k} & \cdots & d_{11r} \\ d_{121} & d_{122} & \cdots & d_{12k} & \cdots & d_{12r} \\ d_{ij1} & d_{ij2} & \cdots & d_{ijk} & \cdots & d_{ijr} \\ \vdots & \vdots & & \vdots & & \vdots \\ d_{421} & d_{422} & \cdots & d_{42k} & \cdots & d_{42r} \end{pmatrix} \tag{9.11}$$

下面确定灰数的白化函数。本章将灰类等级分为五个等级，相应的白化函数包括：第一灰类"初始级"，灰数为 $\otimes_1 \in [5, \infty)$；第二灰类"成长级"，灰数为 $\otimes_2 \in [0, 4, 8]$；第三灰类"规范级"，灰数为 $\otimes_3 \in [0, 3, 6]$；第四灰类"成熟级"，灰数为 $\otimes_4 \in [0, 2, 4]$；第五灰类"卓越级"，灰数为 $\otimes_4 \in [0, 1, 2]$。相应的白化函数分别如式(9.12)至式(9.16)。

$$f_1(d_{ijk}) = \begin{cases} \dfrac{d_{ijk}}{5}, & d_{ijk} \in [0, 5] \\ 1, & d_{ijk} \in (5, +\infty) \\ 0, & d_{ijk} \in (-\infty, 0) \end{cases} \tag{9.12}$$

$$f_2(d_{ijk}) = \begin{cases} \dfrac{d_{ijk}}{4}, & d_{ijk} \in [0, 4] \\ 2 - \dfrac{d_{ijk}}{4}, & d_{ijk} \in (4, 8] \\ 0, & d_{ijk} \notin [0, 8] \end{cases} \tag{9.13}$$

$$f_3(d_{ijk}) = \begin{cases} \dfrac{d_{ijk}}{3}, & d_{ijk} \in [0, 3] \\[2mm] 2 - \dfrac{d_{ijk}}{3}, & d_{ijk} \in (3, 6] \\[2mm] 0, & d_{ijk} \notin [0, 6] \end{cases} \tag{9.14}$$

$$f_4(d_{ijk}) = \begin{cases} \dfrac{d_{ijk}}{2}, & d_{ijk} \in [0, 2] \\[2mm] 2 - \dfrac{d_{ijk}}{2}, & d_{ijk} \in (2, 4] \\[2mm] 0, & d_{ijk} \notin [0, 4] \end{cases} \tag{9.15}$$

$$f_5(d_{ijk}) = \begin{cases} 1, & d_{ijk} \in [0, 1] \\[2mm] 2 - d_{ijk}, & d_{ijk} \in (1, 2] \\[2mm] 0, & d_{ijk} \notin [0, 2] \end{cases} \tag{9.16}$$

指标 U_{ij} 属于第 $v(v=1, 2, 3, 4, 5)$ 个评价灰类的灰色评价系数为 X_{ijv}，且有 $X_{ijv} = \sum\limits_{k=1}^{r} f_v(d_{ijk})$；记 U_{ij} 属于的评价灰类的灰色评价系数为 X_{ij}，且有 $X_{ij} = \sum\limits_{v=1}^{5} f_v(d_{ijv})$，则灰色评价权 r_{ijv} 可根据 $r_{ijv} = \dfrac{X_{ijv}}{X_{ij}}$ 求得，评价指标 U_{ij} 对于各灰色评价权向量记为 $\boldsymbol{r}_{ij}$，则有 $\boldsymbol{r}_{ij} = (r_{ij1}, r_{ij2}, r_{ij3}, r_{ij4}, r_{ij5})$，则灰色评价权矩阵可记为

$$\boldsymbol{R} = \begin{pmatrix} \boldsymbol{R}_1 \\ \boldsymbol{R}_2 \\ \vdots \\ \boldsymbol{R}_5 \end{pmatrix} = \begin{pmatrix} r_{111} & r_{112} & r_{113} & r_{114} & r_{115} \\ r_{121} & r_{122} & r_{123} & r_{124} & r_{125} \\ \vdots & \vdots & \vdots & \vdots & \vdots \\ r_{521} & r_{522} & r_{523} & r_{524} & r_{525} \end{pmatrix} \tag{9.17}$$

将指标 $\boldsymbol{U}_i$ 的评价向量记为 $\boldsymbol{A}_i$，有 $\boldsymbol{A}_i = w_j \boldsymbol{R}_i = (a_{i1}, a_{i2}, a_{i3}, a_{i4}, a_{i5})$，则可得 $\boldsymbol{A} = \boldsymbol{WR} = (a_1, a_2, a_3, a_4, a_5)$，那么各指标 $\boldsymbol{U}_i$ 的成熟度评价值为 $\boldsymbol{U}_i = \boldsymbol{A}_i \boldsymbol{V}^{\mathrm{T}}$，整体成熟度评价值为 $\boldsymbol{U} = \boldsymbol{AV}^{\mathrm{T}}$。

通过对每一指标的成熟度评价值进行测算，可逐一获得各指标所处成熟度水平和待评价电网实物资产整体成熟度水平。其与年度相对贴近度形成的动态评价结果结合分析，有利于电网企业有针对性地对资产的投资、运维、更换等方面进行优化。

电网实物资产成熟度评价模型的评价流程图如图 9.1 所示。

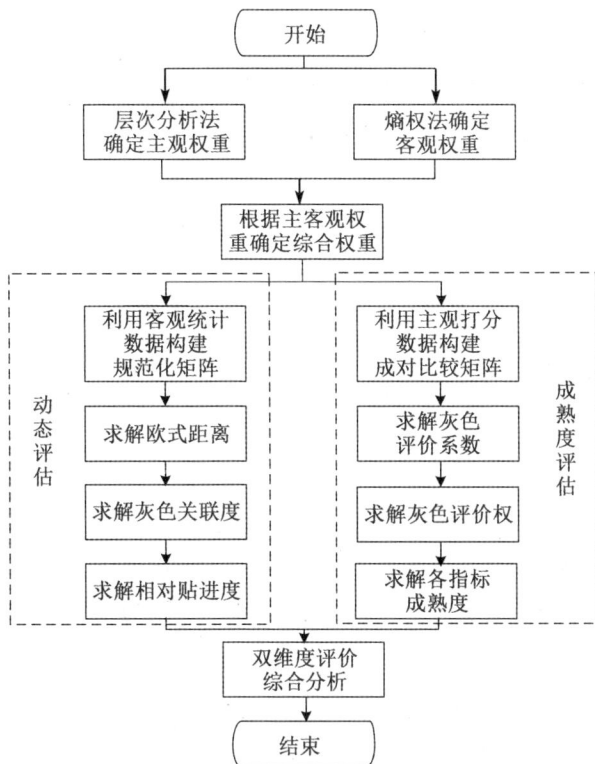

图 9.1　电网实物资产成熟度评价模型评价流程图

9.2　实证分析

9.2.1　电网实物资产综合评价指标

在现有实物资产评价相关研究的基础上，结合电网企业实物资产特点，借鉴电网企业实物资产全寿命周期管理内在含义，基于"投资—运营—维护"系统视角，得出电网企业实物资产综合评价应包括规模结构、利用效率、健康水平、资产退役四个方面的评价项目。本着构建评价指标体系所应遵循的科学性、层次性、系统性及数据可得性等原则，本书构建了如表 9.2 所列的评价指标体系。其中，一级指标包括资产结构、利用效率、健康水平和资产退役；二级指标共分为 9 个指标，包括 6 个成本型指标和 3 个效益型指标。

表 9.2 电网实物资产综合评价指标描述

一级指标	二级指标	指标类型	指标说明
资产结构	资产成新率	效益型	资产价值总净值/总资产价值原值
	新增资产价值占比	成本型	年度新增资产原值/年度资产价值原值
	长役龄资产比重	成本型	役龄15年以上资产占总资产的比重
利用效率	单位资产售电量	效益型	年度销售电量/年度资产价值原值
	单位电力生产成本	成本型	生产成本/售电量
	主网络平均负载率	效益型	平均有功功率与经济输送功率比值
健康水平	设备缺陷率	成本型	主变压器缺陷数/主变压器总数
资产退役	资产报废价值占比	成本型	年度资产报废价值/年度资产价值
	资产报废成新率	成本型	报废资产价值净值/报废资产价值原值

所有样本数据均为年度数据，综合考虑了 35~220 kV 电压等级资产及不同的资产类型，所涉及的资产类型包括输电线路、变电设备、配电线路及设备、通信线路及设备、自动化控制设备及仪器仪表、生产管理用工器具、运输设备和辅助生产设备及器具等。

以下对各二级指标进行简要说明。

9.2.1.1 资产成新率

资产成新率即资产价值总净值同总资产价值原值的比值，表示资产在价值层面总体上的平均成新率。该指标体现了企业实物资产的更新速度和发展能力，是评价企业实物资产价值规模的一项重要参照指标。

9.2.1.2 新增资产价值占比

新增资产价值是指在一定时期内通过投资活动所形成的新的资产价值，它能在很大程度上反映企业目前的资产投资状态，同时能表征企业的资产更新水平。当年新增资产价值同企业平均资产价值的比值，能反映企业实物资产的价值结构，属于成本型指标。

9.2.1.3 长役龄资产比重

长役龄资产比重是电网企业役龄15年以上的老旧资产占所有资产的比重。一般来说，老旧资产越多，对电网运行的安全性威胁程度越高，而安全性是电网运行的首要要求。因此，本书将长役龄资产比重纳入电网实物资产综合评价指标体系。

9.2.1.4　单位资产售电量

售电量能直接反映电网的经营状况。在社会发展水平高、用电量高的情况下，电网企业多会考虑通过增加实物资产来提高经营能力，以满足社会持续增长的用电量需求。因此，本书将单位资产售电量纳入电网实物资产综合评价指标体系。

9.2.1.5　单位电力生产成本

生产成本是衡量电网企业技术和管理水平的重要指标，通过控制成本来实现经济效益的提升，对电网发展具有重要意义。故本书选取单位电力生产成本作为电网实物资产综合评价体系的一项指标。

9.2.1.6　主网络平均负载率

平均负载率反映变电站的平均利用效率。由于输电线路存在经济输送功率问题，因此，线路年平均有效功率占经济输送功率的比重越大，平均负载率越高，表征企业对电网资产的利用效率越高。基于数据可得性，本书将主网络平均负载率纳入考察范围。

9.2.1.7　设备缺陷率

缺陷数反映实物资产在一定时间范围内的故障缺陷情况。基于数据的可得性，本书选取设备缺陷率作为实物资产健康水平的评价指标。

9.2.1.8　**资产报废价值**

资产报废价值指资产在报废处置时可回收的价值。由于电网企业规模庞大，资产被淘汰报废的情况也日益增多，若缺乏对此方面的重视，将造成国有资产的浪费与流失。因此，本书将资产报废价值纳入考察范围。

9.2.1.9　**资产报废成新率**

资产报废成新率即当期报废资产净值与其原值的比值，属成本型数据指标。当期资产报废成新率越高，资产利用率越低。可见，在电网实物资产综合评价中，有必要对该指标进行考察。

9.2.2　横向比较——各省（自治区、直辖市）及冀北和蒙东地区电网企业实物资产评价分析

9.2.2.1　指标权重赋值

根据 8 位专家的成对比较矩阵，可计算得到各矩阵的最大特征值和对应的

特征向量，再据此进行一致性检验。检验结果显示，8 个矩阵的一致性检验 CR 值均小于 0.1，检验通过。根据表 9.3 所列数据进行客观权重计算，相应计算结果和修正后的综合指标权重见表 9.3。

表 9.3 指标权重数据

指标	基于层次分析法计算的权重	基于熵权法计算的权重	综合指标权重
资产成新率	0.205	0.082	0.201
新增资产价值占比	0.096	0.090	0.096
长役龄资产比重	0.041	0.125	0.045
单位资产售电量	0.096	0.098	0.096
单位电力生产成本	0.202	0.133	0.198
主网络平均负载率	0.065	0.104	0.067
设备缺陷率	0.102	0.106	0.102
资产报废价值占比	0.126	0.136	0.127
资产报废成新率	0.067	0.126	0.070

9.2.2.2 各省（自治区、直辖市）及冀北和蒙东地区电网企业实物资产管理评价分析

下面以 2016 年全国 27 个省（自治区、直辖市）及冀北和蒙东地区电网企业的相关实物资产数据为计算样本进行横向比较。

基于理论支持，对样本数据进行加权标准化矩阵计算，确定各指标的正、负理想解，如表 9.4 所列。

表 9.4 各指标数据的正理想解与负理想解

指标	正理想解	负理想解
资产成新率	0.0260	0.0150
新增资产价值占比	0.0047	0.0574
长役龄资产比重	0.0064	0.0509
单位资产售电量	0.0720	0.0049
单位电力生产成本	0.0154	0.0404
主网络平均负载率	0	0.0610
设备缺陷率	0.0310	0.0020
资产报废价值占比	0.0050	0.0560
资产报废成新率	0.0035	0.0329

依次计算各省(自治区、直辖市)及冀北和蒙东地区电网企业的各指标与正、负理想解之间的欧氏距离、灰色关联度和贴近度,计算结果如表 9.5 所列。根据上述指标的计算结果,最终可计算得到相对贴近度,用相对贴近度反映各省(自治区、直辖市)及冀北和蒙东地区电网企业之间实物资产管理水平的相对优劣程度。

表 9.5　各省(自治区、直辖市)及冀北和蒙东地区电网企业的各指标与正、负理想解的欧氏距离、灰色关联度、贴近度及相对贴近度

地点	欧氏距离		灰色关联度		贴近度		相对贴近度
	L^+	L^-	V^+	V^-	l^+	l^-	(ε)
安徽	0.7612	0.7509	0.9393	0.7881	0.8451	0.7746	0.5217
北京	0.4821	0.9412	0.9666	0.7862	0.9539	0.6341	0.6007
福建	0.5800	0.8933	1.0000	0.7374	0.9467	0.6587	0.5897
甘肃	0.8266	0.8342	0.9236	0.8766	0.8789	0.8516	0.5079
河北	0.8655	0.7031	0.8315	0.9298	0.7673	0.8977	0.4608
河南	0.7615	0.7856	0.8705	0.9053	0.8281	0.8334	0.4984
黑龙江	0.5777	0.8919	0.9787	0.7527	0.9353	0.6652	0.5844
湖北	0.7968	0.8051	0.9490	0.8275	0.8771	0.8121	0.5192
湖南	0.6418	0.8656	0.9728	0.7647	0.9192	0.7033	0.5665
吉林	0.8257	0.7562	0.9183	0.8553	0.8372	0.8405	0.4990
冀北	0.5761	1.0000	0.9422	0.8404	0.9711	0.7082	0.5783
江苏	0.4478	0.9370	0.9799	0.7448	0.9585	0.5963	0.6165
江西	0.7792	0.7263	0.8760	0.8271	0.8012	0.8032	0.4994
辽宁	0.5953	0.8161	0.8783	0.8296	0.8472	0.7125	0.5432
蒙东	0.8485	0.7670	0.9202	0.8583	0.8436	0.8534	0.4971
宁夏	0.9679	0.6573	0.8457	0.9234	0.7515	0.9456	0.4428
青海	0.7105	0.8151	0.9424	0.8051	0.8788	0.7578	0.5370
山东	0.7188	0.8115	0.8997	0.8607	0.8556	0.7897	0.5200
山西	1.0000	0.5524	0.7569	1.0000	0.6546	1.0000	0.3956
陕西	0.6092	0.8542	0.9302	0.7998	0.8922	0.7045	0.5588
上海	0.4284	0.9961	0.9872	0.7467	0.9917	0.5875	0.6280
四川	0.7642	0.7409	0.9258	0.8022	0.8333	0.7832	0.5155
天津	0.4688	0.9671	0.9853	0.7642	0.9762	0.6165	0.6129
西藏	0.9087	0.7908	0.9370	0.8763	0.8639	0.8925	0.4919
新疆	0.9653	0.7092	0.8830	0.9120	0.7961	0.9386	0.4589
浙江	0.7351	0.8067	0.9372	0.8041	0.8719	0.7696	0.5312
重庆	0.7317	0.7734	0.9327	0.7834	0.8530	0.7575	0.5297

上述欧氏距离及灰色关联度的计算结果均为经过无量纲化处理后的结果。对最终得到的相对贴近度进行排序，可得到各省（自治区、直辖市）及冀北和蒙东地区电网企业实物资产评价横向比较结果，如图9.2所示。

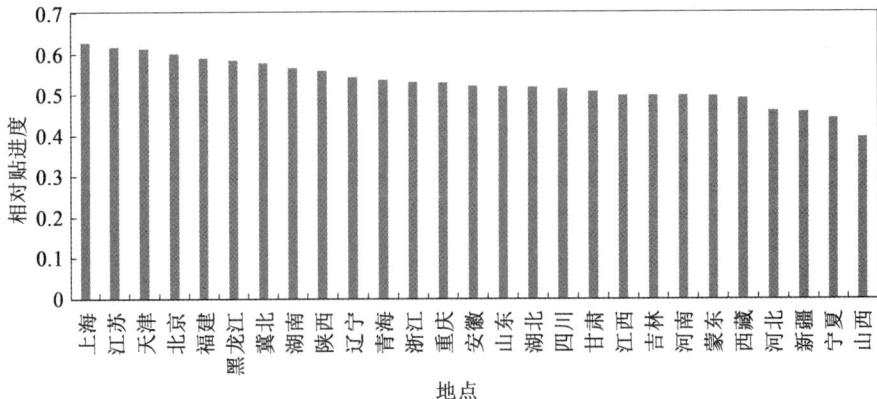

图9.2 各省（自治区、直辖市）及冀北和蒙东地区电网企业实物资产评价横向比较图

通过对各省（自治区、直辖市）及冀北和蒙东地区电网企业的相对贴近度的计算结果进行归纳，可将其实物资产管理水平大致分为以下三档。

（1）第一档：$\varepsilon > 0.6$。

位于第一档内的省（自治区、直辖市）包括上海、江苏、天津和北京。这些地方的电网企业的实物资产管理水平相对优秀，突出表现在资产结构和利用效率方面。在资产结构方面，新增资产价值占比多处于3%～10%，符合企业的体量规模；长役龄资产占比控制较为合理，多位于2%左右。在利用效率方面，单位资产售电量相比于其他省（自治区、直辖市）及地区更高，代表其单位资产产生的经济效益更多，投入产出比可观。

（2）第二档：$0.5 < \varepsilon \leqslant 0.6$。

位于第二档内的省（自治区、直辖市）及地区包括福建、黑龙江、冀北、湖南、陕西、辽宁、青海、浙江、重庆、安徽、山东、湖北、四川和甘肃。这些地方的电网企业的实物资产管理水平较为良好，评价结果相差较小且聚集，各指标均处于较为合理的范围。中西部地区的省（自治区、直辖市）及地区电网企业可关注对新增资产投入的控制，在增加资产投入的基础上拓展盈利空间；同时，可加强优化对资产报废方面的管理，降低资产报废成新率，归纳总结并逐渐形成用于自身资产更换和报废的决策体系。

（3）第三档：$0.4 < \varepsilon \leqslant 0.5$。

位于第三档内的省（自治区、直辖市）及地区包括江西、吉林、河南、蒙东、西藏、河北、新疆、宁夏和山西。基于 2016 年的评价结果，这些地方的电网企业的实物资产管理水平有待提高，在资产报废、利用效率和健康水平方面存在较大的上升空间。在资产报废方面，尽管报废资产处于资产寿命周期的期末，但仍不可忽视其对实物资产的意义，资产报废的价值和数量均应控制在与企业自身规模和效益相匹配的范围内。在利用效率方面，应充分发挥单位资产产生的效益，避免出现多投入少产出的情况，提高单位资产售电量。在健康水平方面，应注重对设备的保养维护，同时控制大修、运行成本，在减少缺陷率的基础上控制成本费用支出。由于山西、宁夏等地的电网企业在 2016 年的设备缺陷率较高，因此，本次评价的结果较为不理想。

为了更好地探究各省(自治区、直辖市)及冀北和蒙东地区电网企业的实物资产管理状况及存在的问题，下面利用上述 9 个指标的客观统计数据进行成熟度分析，以探寻内在改进空间。为节省篇幅，下面以北京和四川两地的电网企业评价指标数据为例，进行成熟度测算。两地的指标实际统计数据如表 9.6 第 2~3 列所列，归算后的打分数据(将上述客观数据转化为五分制)如表 9.6 第 4~5 列所列。

表 9.6　2016 年北京、四川的电网企业评价指标数据

指标	实际统计数据		归算后的五分制数据	
	北京	四川	北京	四川
资产成新率	0.455	0.057	3.035	3.803
新增资产价值占比	0.025	0.093	4.431	2.902
长役龄资产比重	0.020	0.030	4.000	3.500
单位资产售电量	234869.777	93927.270	4.614	1.000
主网络平均负载率	0.340	0.520	2.569	1.749
设备缺陷率	0.055	0.010	4.000	3.500
资产报废价值占比	0.010	0.131	3.344	1.824
单位资产报废价值	3.217	6.171	3.000	5.000

根据前述理论依据及表 9.6 所列指标数据，计算北京和四川的电网企业各二级指标的灰色评价权向量，具体步骤如下。

(1)北京的电网企业各二级指标的灰色评价权向量如下：

$$r_{11} = (0.607, 0.759, 1, 0.500, 0)$$

$$r_{12} = (0.886, 0.892, 0.523, 0, 0)$$

$$r_{13} = (0.800, 1, 0.667, 0, 0)$$
$$r_{14} = (0.923, 0.850, 0.467, 0, 0)$$
$$r_{15} = (0.514, 0.650, 0.856, 0.700, 0)$$
$$r_{16} = (0.800, 1, 0.667, 0, 0)$$
$$r_{17} = (0.669, 0.836, 0.9, 0.35, 0)$$
$$r_{18} = (0.600, 0.750, 0.500, 0.500, 0)$$
$$r_{19} = (0.600, 0.750, 0, 0.500, 0)$$

则北京的电网企业的灰色评价权矩阵为

$$A = (r_{11}\ r_{12}\ r_{13}\ r_{14}\ r_{15}\ r_{16}\ r_{17}\ r_{18}\ r_{19})^T$$

（2）四川的电网企业各二级指标的灰色评价权向量如下：

$$r_{21} = (0.299, 0.374, 0.288, 0.039, 0)$$
$$r_{22} = (0.206, 0.257, 0.343, 0.195, 0)$$
$$r_{23} = (0.263, 0.329, 0.313, 0.094, 0)$$
$$r_{24} = (0.263, 0.329, 0.313, 0.094, 0)$$
$$r_{25} = (0.293, 0.220, 0.488, 0, 0)$$
$$r_{26} = (0.396, 0.385, 0.220, 0, 0)$$
$$r_{27} = (0.088, 0.109, 0.146, 0.219, 0.438)$$
$$r_{28} = (0.156, 0.195, 0.260, 0.390, 0)$$
$$r_{29} = (0.143, 0.179, 0.239, 0.359, 0.080)$$

则四川的电网企业的灰色评价权矩阵为

$$B = (r_{21}\ r_{22}\ r_{23}\ r_{24}\ r_{25}\ r_{26}\ r_{27}\ r_{28}\ r_{29})^T$$

将表9.3中的指标权重数据整理为向量形式，可得

$$Q = (0.098, 0.147, 0.109, 0.152, 0.139, 0.077, 0.084, 0.121, 0.073)$$

将矩阵相乘，可得北京和四川的电网企业的综合评价权向量为 $A' = QA$，$B' = QB$。

对每个指标进行综合评价，可得北京的电网企业的资产结构、利用效率、健康水平和资产退役的综合评价权向量，即

$$A'_1 = (0.113, 0.127, 0.097, 0.017, 0)$$
$$A'_2 = (0.085, 0.106, 0.071, 0.030, 0)$$
$$A'_3 = (0.025, 0.010, 0, 0, 0)$$
$$A'_4 = (0.075, 0.083, 0.079, 0.040, 0)$$

根据最大隶属度原则，可知北京的电网企业的资产结构、利用效率、健康水平和资产退役分别属于"成熟级""成熟级""卓越级""成熟级"。

同理，可得四川的电网企业的资产结构、利用效率、健康水平和资产退役的综合评价权向量为

$$B_1' = (0.088, 0.110, 0.113, 0.043, 0)$$
$$B_2' = (0.081, 0.081, 0.115, 0.014, 0)$$
$$B_3' = (0.030, 0.030, 0.017, 0, 0)$$
$$B_4' = (0.037, 0.046, 0.061, 0.092, 0.043)$$

根据最大隶属度原则，可知四川的电网企业的资产结构、利用效率、健康水平和资产退役分别属于"规范级""规范级""卓越级""成长级"。

上述成熟度级别测算结果表明，北京的电网企业的各项指标均达到"成长级"以上，其中健康水平一项达到"卓越级"，整体由"成熟级"向"卓越级"迈进。相比之下，四川的电网企业的各项指标仍存在较大的上升空间。其中，资产退役尚处于"成长级"，因此，该项指标所包含的资产报废价值占比、资产报废成新率和单位资产报废价值等三项指标应引起企业的重视，应在后期建立科学合理的设备更换、报废决策体系；资产结构、利用效率和健康水平均处于"规范级"及以上，其中健康水平达到"卓越级"水准，说明其在 2016 年度的设备健康水平维持方面具有优良的实践成果，后期在设备日常运维、检修方面可借鉴2016 年的成功经验。

按照上述成熟度计算方法，可测算出国家电网其余各省（自治区、直辖市）及冀北和蒙东地区各评价指标的成熟度级别，具体如表9.7所列。

表 9.7　各省（自治区、直辖市）及冀北和蒙东地区各评价指标成熟度级别

地点	资产结构	利用效率	健康水平	资产退役	总成熟度评价
北京	成熟级	成熟级	卓越级	成熟级	成熟级→卓越级
天津	成熟级	卓越级	成熟级	成熟级	成熟级→卓越级
河北	规范级	卓越级	成熟级	卓越级	规范级
山西	规范级	规范级	成长级	规范级	成长级→规范级
蒙东	规范级	规范级	成熟级	成长级	规范级
辽宁	规范级	卓越级	规范级	成熟级	规范级→成熟级
吉林	规范级	成熟级	卓越级	成长级	规范级→成熟级
黑龙江	成熟级	成熟级	卓越级	规范级	成熟级
上海	卓越级	卓越级	成熟级	成熟级	成熟级→卓越级
江苏	成熟级	卓越级	成熟级	规范级	成熟级→卓越级
浙江	成熟级	成熟级	成熟级	规范级	成熟级
安徽	成熟级	规范级	成熟级	成长级	规范级→成熟级

表 9.7（续）

地点	资产结构	利用效率	健康水平	资产退役	总成熟度评价
福建	成熟级	成熟级	规范级	成熟级	成熟级
江西	成熟级	成熟级	成长级	成熟级	规范级→成熟级
山东	成熟级	成熟级	成熟级	成熟级	成熟级
河南	规范级	成熟级	成熟级	成长级	规范级
湖北	规范级	成熟级	成熟级	成熟级	规范级→成熟级
湖南	成熟级	成熟级	成熟级	成熟级	成熟级
重庆	规范级	成熟级	卓越级	规范级	成熟级
四川	规范级	规范级	卓越级	成长级	规范级→成熟级
陕西	成熟级	成熟级	成熟级	成长级	规范级→成熟级
甘肃	规范级	成熟级	成熟级	规范级	规范级→成熟级
青海	成熟级	规范级	成熟级	成熟级	规范级→成熟级
宁夏	规范级	规范级	成长级	成长级	成长级→规范级
新疆	规范级	规范级	成熟级	规范级	规范级
西藏	成长级	成熟级	成熟级	初始级	规范级
冀北	成熟级	成熟级	成熟级	规范级	成熟级

从表 9.7 中可以看出，各地的电网企业总体成熟度均达到"规范级"及以上，个别地方电网企业的个别指标尚处于"成长级"或"初始级"，有待加强。由于上述评价仅以 2016 年的数据样本作为评价基础，为了获得更为全面科学的评价结果，应该以各地电网企业多年份的数据进行综合评价，通过测算各电网企业实物资产管理的动态变化趋势，得到企业的动态评价结果，以使被评价企业获知更为全面切实的实物资产管理水平状况。

下面将以冀北电网为研究实例，进行动态视角下的冀北电网企业实物资产评价分析。

9.2.3 纵向比较——动态视角下的冀北电网企业实物资产评价分析

下面以冀北电网企业 2016—2020 年相关实物资产数据为例，利用模型进行实证分析。囿于数据的可得性及评价对象的单一性，对上述部分难以获取的相对量指标采用相应的绝对量指标代替，指标数据如表 9.8 所列。

表 9.8　冀北电网企业实物资产综合评价统计数据

指标	2016 年	2017 年	2018 年	2019 年	2020 年
资产成新率	0.4188	0.4019	0.413979	0.421882	0.43758
新增资产价值占比	0.042532	0.065576	0.067928	0.074957	0.08764

表 9.8(续)

指标	2016 年	2017 年	2018 年	2019 年	2020 年
长役龄资产比重	0.094441	0.094441	0.132027	0.169613	0.192381
单位资产售电量	1.595384	1.51894	1.450088	1.377474	1.30039
单位电力生产成本	0.12552	0.144051	0.150359	0.133059	0.123689
主网络平均负载率	2978.726	2862.267	2796.632	2650.889	2333.46
设备缺陷率	0.090531	0.099075	0.074633	0.062904	0.031567
资产报废价值	223891.5	55579.54	53663.37	51747.21	289924.4
资产报废成新率	36.39	16.99	15.2416	13.4932	31.99667

9.2.3.1　基于客观分析的冀北电网企业实物资产动态评价

利用主客观综合权重值对样本数据理想解法与 TOPSIS 相结合的计算方法，可得加权标准化矩阵和各指标理想解，如表 9.9 所列。

表 9.9　测算数据

指标	加权标准化矩阵					理想解	
	2016 年	2017 年	2018 年	2019 年	2020 年	正理想解	负理想解
资产成新率	0.0898	0.0862	0.0888	0.0905	0.0938	0.0938	0.0862
新增资产价值占比	0.0263	0.0405	0.0420	0.0463	0.0542	0.0263	0.0542
长役龄资产比重	0.0135	0.0135	0.0188	0.0242	0.0274	0.0135	0.0274
单位资产售电量	0.0472	0.0449	0.0429	0.0408	0.0385	0.0472	0.0385
单位电力生产成本	0.0820	0.0941	0.0982	0.0869	0.0808	0.0808	0.0982
主网络平均负载率	0.0325	0.0312	0.0305	0.0289	0.0255	0.0325	0.0255
设备缺陷率	0.0548	0.0599	0.0451	0.0380	0.0191	0.0191	0.0599
资产报废价值	0.0750	0.0186	0.0180	0.0173	0.0971	0.0173	0.0971
资产报废成新率	0.0462	0.0216	0.0193	0.0171	0.0406	0.0171	0.0462

计算得到样本与理想解之间的灰色关联系数矩阵，并根据灰色关联系数矩阵求得样本数据与正、负理想解的灰色关联度和贴近度，具体如下：

$$\begin{cases} L_i^+ = (0.0570, 0.0422, 0.0521, 0.0078, 0.0268) \\ L_i^- = (0.0120, 0.0241, 0.0232, 0.0623, 0.0380) \end{cases} \tag{9.18}$$

$$\begin{cases} N_i^+ = (0.8301, 0.8541, 0.8513, 0.8732, 0.7836) \\ N_i^- = (0.8060, 0.7968, 0.7856, 0.7735, 0.8865) \end{cases} \tag{9.19}$$

$$\begin{cases} S_i^+ = (0.5714, 0.6827, 0.6737, 1.0000, 0.7539) \\ S_i^+ = (0.9546, 0.8193, 0.8997, 0.5044, 0.7348) \end{cases} \tag{9.20}$$

据此,求得冀北电网企业在 2016—2020 年各年的相对贴近度为 $\sigma_1 = 0.3745$,$\sigma_2 = 0.4546$,$\sigma_3 = 0.4282$,$\sigma_4 = 0.6647$,$\sigma_5 = 0.5064$,进而得到其在样本期内实物资产质量动态变化趋势,如图 9.3 所示。

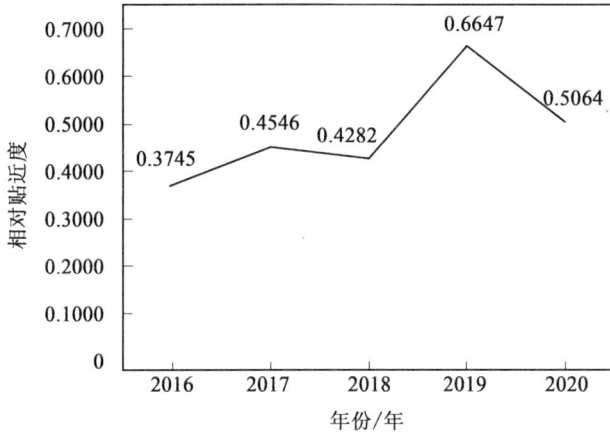

图 9.3 评价对象年度动态评价趋势图

由图 9.3 可知,2020 年的测算结果虽较 2019 年有所下降,但与 2016—2018 年相比仍有较大提升,说明冀北电网企业实物资产在整体优化上效果较为显著。但为了有效提升实物资产管理水平,还需加强对相关因素的考察,以明确 2020 年相对贴近度测算结果下降的原因。为此,需要进一步测算各指标与正理想解的灰色关联度。通过计算得到资产结构、利用效率、健康水平和资产退役与正理想解的灰色关联度分别为 0.9290,0.9454,0.7125,0.8187,而各二级指标与正理想解的灰色关联度雷达图如图 9.4 所示。由此可知,用以衡量资产健康水平的设备缺陷率,以及资产结构中的新增资产价值占比和资产报废价值等指标与正理想解关联度较低,表明冀北电网企业在这三个方面有着较大的改进空间。实际上,实物资产的健康水平对电网可持续发展至关重要,因此,冀北电网企业应重点对日常资产的维护与检修进行强化设计,以在降低缺陷数的同时对安全维护费用进行控制,从而维护好实物资产健康水平,保障了电网的顺利运行。而报废阶段虽然处于整个资产寿命周期的期末阶段,但对其价值和数量的控制应给予重视。对于报废阶段涉及的资产更换和维修决策,宜专门进行研究探讨。

为使评价结果更加科学,下面对冀北电网企业进行主观评价维度下的成熟度测算。

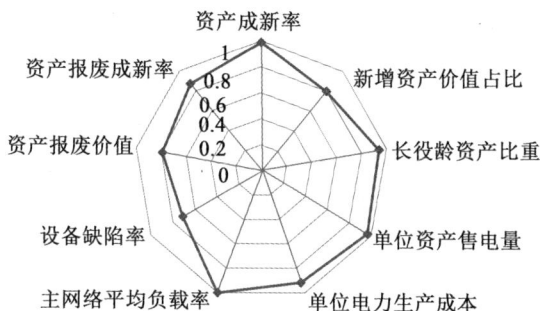

图 9.4　各二级指标与正理想解的灰色关联度雷达图

9.2.3.2　基于主观分析的冀北电网企业成熟度评价

以下将对基本电网的各指标成熟度进行逐一考量，以求兼顾主客观方法，形成科学的评价体系。评价专家形成的评价指标矩阵：

$$
\begin{pmatrix}
4 & 3.5 & 3.5 & 4 & 4 & 3.5 & 3 & 4 \\
2 & 3 & 2.5 & 2.5 & 2.5 & 3 & 2 & 4 \\
3.5 & 4 & 4 & 3 & 4 & 3.5 & 4 & 4 \\
4.5 & 4 & 4 & 3.5 & 4.5 & 4.5 & 4 & 4 \\
3 & 4 & 2.5 & 3.5 & 2.5 & 3.5 & 2.5 & 2.5 \\
4.5 & 4 & 3.5 & 4 & 3.5 & 4.5 & 4 \\
3.5 & 3.5 & 3 & 3 & 3 & 3.5 & 3 & 4 \\
2 & 3 & 3.5 & 2.5 & 2.5 & 2 & 3 \\
1.5 & 3.5 & 2.5 & 2.5 & 1.5 & 1.5 & 1.5 & 2
\end{pmatrix} \tag{9.21}
$$

通过计算，得到各指标的灰色评价权矩阵：

$$
\begin{pmatrix}
0.2851 & 0.3564 & 0.2980 & 0.0604 & 0 \\
0.2007 & 0.2509 & 0.3034 & 0.2450 & 0 \\
0.2927 & 0.3659 & 0.2927 & 0.0488 & 0 \\
0.3389 & 0.3915 & 0.2567 & 0.0128 & 0 \\
0.2236 & 0.2795 & 0.3106 & 0.1863 & 0 \\
0.2968 & 0.3478 & 0.3323 & 0.0232 & 0 \\
0.2427 & 0.3033 & 0.3281 & 0.1259 & 0 \\
0.1976 & 0.2470 & 0.3141 & 0.2413 & 0 \\
0.1622 & 0.2028 & 0.2540 & 0.2827 & 0.0983
\end{pmatrix} \tag{9.22}
$$

根据各指标的权向量，计算得到综合评价权向量：

$$\begin{cases} A_1 = (0.2782, 0.3478, 0.2972, 0.0768, 0) \\ A_2 = (0.2999, 0.3519, 0.3105, 0.0376, 0) \\ A_3 = (0.2427, 0.3033, 0.3281, 0.1259, 0) \\ A_4 = (0.1917, 0.2396, 0.3040, 0.2482, 0.0164) \end{cases} \quad (9.23)$$

根据最大隶属度原则，可知冀北电网企业的资产结构、利用效率、健康水平和资产退役分别达到"成熟级""成熟级""规范级""规范级"，如表9.10所列。一级目标的权向量为 $A = (0.2687, 0.3312, 0.3066, 0.0922, 0.0013)$，其成熟度评价值为3.7739。计算得到 $f_1 = \dfrac{3.7739}{5} = 0.7548$，$f_2 = \dfrac{3.7739}{4} = 0.9435$，$f_3 = 2 - \dfrac{3.7739}{3} = 0.7420$，$f_4 = 2 - \dfrac{3.7739}{2} = 0.1131$，$f_5 = 0$。由此可知，一级目标在第三类灰类的权数最大，故认为冀北电网企业的实物资产成熟度已达到"成熟级"。

表 9.10　实物资产成熟度测算结果

指标	资产结构	利用效率	健康水平	资产退役	电网实物资产
成熟度评价值	3.8274	3.9141	3.6627	3.3420	3.7739
成熟度级别	成熟级	成熟级	规范级	规范级	成熟级

根据表9.10的结果可知，冀北电网企业的整体实物资产状况良好，已达到"成熟级"，但在健康水平和资产退役方面尚存在改进空间，这两方面可能是动态评价中其2020年相对贴近度降低的原因。

9.2.3.3　基于主客观双维度下的冀北电网企业实物资产综合评价分析

综合分析上述主客观评价方法下的评价结果，得到如图9.6所示的基于主客观双维度下的冀北电网企业实物资产评价矩阵图。

由图9.5可知，冀北电网企业对各项指标的重视程度可以通过矩阵图的方式呈现，其中对位于矩阵右上角的指标的评价程度最高。据此可知，资产结构这项指标位于高成熟度—高灰色关联度的象限内，这表明冀北电网企业非常注重自身的资产结构及其实践程度。但相比之下，资产退役这项指标位于低成熟度—低灰色关联度的象限内，尽管报废阶段处于整个资产寿命周期的期末阶段，但对其价值和数量的控制也应给予重视。对于报废阶段涉及的资产更换和维修决策，宜专门进行研究探讨。此外，实物资产的利用效率和健康水平对电网可持续发展也至关重要，冀北电网企业的这两项指标均处于高成熟度—低灰色关联度的象限内。针对提升利用效率，冀北电网企业应在规划和运行环节对资产效率效益进行统筹考虑，以此来提升其整体投资水平和运行效能；在实物资产健康水平方面，应重点对日常资产的维护与检修进行强化，以在减少缺陷数的同时对安全维护费用进行控制，从而维护好实物资产健康水平，为电网的顺利运行提供保障。故冀北电网企业应综合考虑动态评价和成熟度评价的双维度结果，参考借鉴历年具有实际应用意义的相关科学管理经验，完善实物资产健康水平和资产退役方面的优化管理与应用。

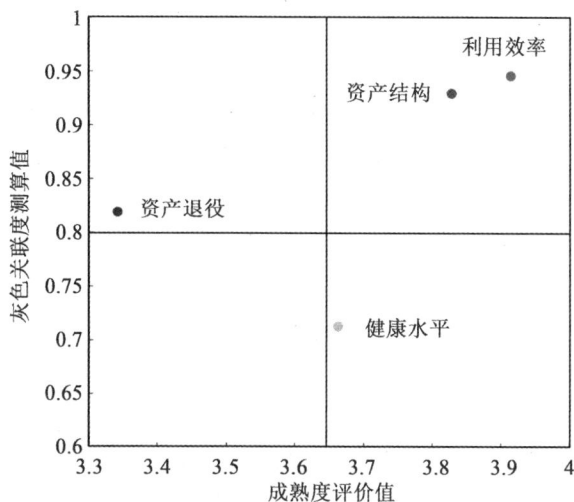

图 9.5　基于主客观双维度下的冀北电网企业实物资产评价矩阵图

9.3　本章小结

本章结合全寿命周期管理内涵及电网企业实物资产特点，基于"投资—运营—维护"系统视角，构建了包括资产结构、利用效率、健康水平、资产退役等四个方面在内的电网企业实物资产综合评价指标体系。并以主观与客观相结合的方式对相关指标的权重进行优化与改进，再以灰色关联和理想解法相结合的方式构建了电网企业实物资产成熟度评价模型。最后基于此模型，对 2016 年 27 个省（自治区、直辖市）及冀北和蒙东地区，以及 2017—2020 年冀北电网企业实物资产进行算例分析，研究了该评价方法的有效性和实用性，并依据评价结果为电网企业提升实物资产管理水平提出有针对性的改进建议。

第 10 章

电网实物资产管理绩效评价

本章将成熟度引入电网企业实物资产管理绩效评价。该评价方法包括电网企业实物资产管理绩效成熟度评价指标体系确定、基于 EBM-DEA 的定量指标初级评价、基于 FCE 法的定性指标初级评价及电网企业实物资产管理绩效成熟度评价。该方法能够结合电网企业实物资产管理实际情况，构建定量与非定量指标体系，并将定量指标分为投入、正向产出与负向产出，同时采用 D-FCE 法（基于数据包络分析的模糊综合评价法）实现基于定性指标与定量指标的综合评价，使电网企业实物资产管理绩效成熟度的评价更加客观、准确，从而为电网企业进行实物资产管理优化提供参考。

10.1　基于 D-FCE 的电网企业资产管理成熟度评价模型

10.1.1　基于定量指标的初级评价

10.1.1.1　DEA 原理

DEA 方法是一种效率评价方法，于 1978 年由美国运筹学家查恩斯等人提出。该方法只需初始数据与最终数据，不考虑中间环节，对决策单元进行相对有效的评价。它是一种非参数评价方法，无须人为赋权，在减少主观误差等方面具有较大的优越性。与生产函数方法相比，DEA 方法具有很多优势。

DEA 方法的使用范围相对来说更加宽泛一些，可以用来考察有多种产出的部门，以及技术效率、规模效率、管理效率等多种效率类型的测量。生产函数方法则仅适用于一种或多种投入但产出只有一种的情形，以及对技术效率的考察。

生产函数的测算通常是通过给定的一组投入要素组合和产出进行拟合而进行的，即实际产出量有的在其上方，有的在其下方，是一种平均意义下的生产函数。有学者提出前沿生产函数方法，即边界生产函数方法，以解决上述问题。然而，该方法虽然能确保所有产出都在其下方，但需要对生产函数的具体形式进行设计。

DEA 方法可以仅根据决策单元的实际观测数据，运用线性规划方法将有效的决策单元组合起来，以构建分段生产前沿面，且其悬浮在整个观测样本点之上，以此为依据对决策单元的相对效率进行评价。它不需要对生产系统输入输出间明确的生产函数表达式进行假设。在实际操作中，相对于生产函数方法下的生产前沿面，DEA 方法下的生产前沿面更易找到，主要原因在于前者仅是一种理想状态。在前沿面上的观测点的效率得分为 1，根据低于生产前沿的观测点的具体位置，其效率得分不同程度地低于 1。由于运用 DEA 方法进行效率分析可以得到很多管理信息，因此，其被越来越多的学者使用，研究领域亦由经济领域向其他领域不断推广。

综上所述，DEA 方法基于各个决策单位实际数据，构造处于投入成本最小化与产出收益最大化状态的投入产出最优组合，即一个生产前沿面，如图 10.1 所示。其中，生产前沿面是图 10.1 中的实线，在这条实线上面的决策单元均满足投入成本最小化、产出效益最大化的条件，即其效率值为 1；其他决策单元的效率值则低于 1，即处于相对无效率状态。因此，效率值为 1 的决策单元成为研究其他决策单元状态的参照点。

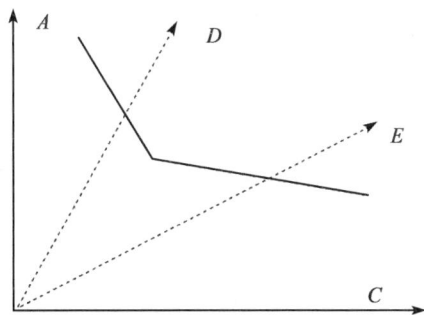

图 10.1　生产前沿面曲线

10.1.1.2　经典 DEA 模型

目前，数据包络分析的经典模型有 CCR 和 BCC。其中，CCR 模型是一种针对技术效率与规模效益共同评价的综合技术模型，其基本假设为收益不变（constant return to scale，CRS）。假设有 n 个部门或组织，即决策单元（DMU），每个 $DMU_j(j=1,2,\cdots,n)$ 有 m 种投入，记为 $x_{ij}(i=1,2,\cdots,m)$；投入权重表示为 $\nu_i(i=1,2,\cdots,m)$，用来衡量投入降低一个单位价值所带来的相对的效率上升；有 q 种产出，记为 $y_{kj}(k=1,2,\cdots,q)$；产出权重表示为 $\mu_k(k=1,2,\cdots,q)$，用来衡量产出降低一个单位价值所带来的相对的效率下降。要测量 DMU_j，就要定义一个效率评价指数 h_j：

$$h_j = \frac{\sum\limits_{k=1}^{q} \mu_k y_{kj}}{\sum\limits_{i=1}^{m} \nu_i x_{ij}}, \ j = 1, 2, \cdots, n \qquad (10.1)$$

这个效率评价指数 h_j 表明决策单元 DMU_j 所有投入之下所获得的综合产出的经济效率。为了评价某个决策单元是不是相对最优，对所有评价单元的效率评价指数设置约束条件(使评价结果 h_j 限定在 $0 \sim 1$，即决策单元的经济效率不超过 100%)，以第 j_0 个决策单元的效率评价指数为目标函数，可获得一个线性规划模型，即 CCR 模型。其表达式如下：

$$\max h_{j0} = \frac{\sum\limits_{k=1}^{q} \mu_k y_{kj0}}{\sum\limits_{i=1}^{m} \nu_i x_{ij0}} \qquad (10.2)$$

$$\text{s.t.} \begin{cases} \dfrac{\sum\limits_{k=1}^{q} \mu_k y_{kj}}{\sum\limits_{i=1}^{m} \nu_i x_{ij}} \leqslant 1 \\ \nu_i \geqslant 0, \mu_k \geqslant 0, \ i = 1, 2, \cdots, m; \ k = 1, 2, \cdots, q \end{cases}$$

以上模型借助向量来表示，记 $\boldsymbol{x}_j = (x_{1j}, x_{2j}, \cdots, x_{mj})$，$\boldsymbol{y}_j = (y_{1j}, y_{2j}, \cdots, y_{qj})$，$\boldsymbol{\nu} = (\nu_1, \nu_2, \cdots, \nu_m)$，$\boldsymbol{\mu} = (\mu_1, \mu_2, \cdots, \mu_q)$，则式(10.2)可表示为

$$\max h_{j0} = \frac{\boldsymbol{\mu} \boldsymbol{y}_{j0}^{\mathrm{T}}}{\boldsymbol{\nu} \boldsymbol{x}_{j0}^{\mathrm{T}}} \qquad (10.3)$$

$$\text{s.t.} \begin{cases} \dfrac{\boldsymbol{\mu} \boldsymbol{y}_{j0}^{\mathrm{T}}}{\boldsymbol{\nu} \boldsymbol{x}_{j0}^{\mathrm{T}}} \leqslant 1 \\ \boldsymbol{\nu}^{\mathrm{T}} \geqslant 0, \boldsymbol{\mu}^{\mathrm{T}} \geqslant 0 \end{cases}$$

进行 Charness-Cooper 变换，即令 $t = \dfrac{1}{\boldsymbol{\nu} \boldsymbol{x}_{j0}^{\mathrm{T}}}$，$\boldsymbol{u} = t\boldsymbol{\mu}$，$\boldsymbol{v} = t\boldsymbol{\nu}$，则式(10.3)可变为

$$\max h_{j0} = \boldsymbol{\mu} \boldsymbol{y}_{j0}^{\mathrm{T}} \qquad (10.4)$$

$$\text{s.t.} \begin{cases} \boldsymbol{\nu} \boldsymbol{x}_j^{\mathrm{T}} - \boldsymbol{\mu} \boldsymbol{y}_j^{\mathrm{T}} \geqslant 0 \\ \boldsymbol{\nu} \boldsymbol{x}_{j0}^{\mathrm{T}} = 1 \\ \boldsymbol{\nu}^{\mathrm{T}} \geqslant 0, \boldsymbol{\mu}^{\mathrm{T}} \geqslant 0 \end{cases}$$

将以上线性规划模型进行等价转换和对偶处理，得到的对偶模型可表示为

$$\min\theta = \theta^* \tag{10.5}$$

$$\text{s.t.} \begin{cases} \sum_{j=1}^{n} \lambda_j x_j \leqslant \theta x_{j0} \\ \sum_{j=1}^{n} \lambda_j y_j \geqslant y_{j0} \\ \lambda_j \geqslant 0, \ j = 1, 2, \cdots, n \\ \theta \text{ 无约束} \end{cases}$$

为了讨论和应用方便，须将式(10.5)中的不等式约束变为等式约束，因此引入松弛变量 s^+ 和剩余变量 s^-，可得 CCR 对偶模型：

$$\min\theta = \theta^* \tag{10.6}$$

$$\text{s.t.} \begin{cases} \sum_{j=1}^{n} \lambda_j x_j + s^+ = \theta x_{j0} \\ \sum_{j=1}^{n} \lambda_j y_j - s^- = y_{j0} \\ \lambda_j \geqslant 0, \ j = 1, 2, \cdots, n \\ \theta \text{ 无约束} \end{cases}$$

式中，s^- 为剩余变量；s^+ 为松弛变量；λ 为 DMU 的线性组合系数；θ 为某一决策单元的效率值；θ^* 为模型的最优解，$\theta^* \in (1, 0]$。

当 $\theta^* < 1$ 时，表示评价单元 DMU_{j0} 处于技术无效状态；当 $\theta^* = 1$ 时，表示评价单元 DMU_{j0} 处于技术有效状态，此时 $s^+ = 0$，$s^- = 0$。

BCC 模型是一种纯技术效率模型，它在 CCR 模型的基础上增加了约束条件 $\sum \lambda_j = 1$，其基本假设为规模收益可变(variable return to scale，VRS)，即对技术效率评价时将规模效益排除在外，因此又称为"纯技术效率"。其对偶模型可表示为

$$\min\theta = \theta^* \tag{10.7}$$

$$\text{s.t.} \begin{cases} \sum_{j=1}^{n} \lambda_j x_j + s^+ = \theta x_{j0} \\ \sum_{j=1}^{n} \lambda_j y_j - s^- = y_{j0} \\ \lambda_j \geqslant 0, \ j = 1, 2, \cdots, n \\ \sum_{j=1}^{n} \lambda_j = 1 \\ \theta \text{ 无约束} \end{cases}$$

CCR 模型效率值与 BCC 模型效率值的比值即该决策单元规模效率值。此外，可通过 CCR 模型判断 BCC 模型中各类决策单元所处的规模收益状态。

(1)若 CCR 模型的所有最优解中，$\sum \lambda_j^* = 1$，则表示该决策单元的规模收益不变，当投入量按照同一比例发生变化时，产出量的比例将不发生变化，处于最优状态。

(2)若 CCR 模型的所有最优解中，$\sum \lambda_j^* > 1$，则表示该决策单元在此阶段是规模递减的，即投入量按照某种比例发生变化时，产出量的变化会较投入量的变化小。当处于此阶段时，决策单元应考虑减少投入。

(3)若 CCR 模型的所有最优解中，$\sum \lambda_j^* < 1$，则表示该决策单元在此阶段是规模递增，即投入量按照某种比例增加或减少时，产出量的变化比例将高于投入量的变化比例。当决策单元处于此阶段时，决策者应考虑增加投入，扩大投入规模。因此，决策者可以根据决策单元当前所处的规模收益是递增或递减状态进行相应的投入调整和控制，以实现资源的有效配置。

CCR 模型是一种包含技术效率与规模效率的综合技术效率模型，它的基本假设是规模效益不变，反映的是在投入量一定的情况下决策单元获得最大产出的能力。该效率分析结果由纯技术效率和规模效率共同构成。只有当纯技术效率和规模效率都较高时，决策单元综合技术效率才可能高，并且有

$$综合技术效率＝纯技术效率×规模效率 \qquad (10.8)$$

从式(10.8)中可以看出，当纯技术效率等于 1 且规模效率也等于 1 时，综合技术效率会达到最大化。

除了 CCR，BCC 模型，还有另外两种模型：一是 FG 模型，其基本假设为规模收益递减；二是 ST 模型，基本假设是规模收益递增。总之，上述四个模型可以是投入导向(input-oriented)或产出导向(output-oriented)，也可设定为规模收益不变或规模收益可变。投入导向的 DEA 模型通常是在假设给定产出水平下，求最小投入成本；而产出导向的 DEA 模型通常是在假设一定量的投入要素水平下，求最大产出值。

10.1.1.3　EBM-DEA 模型

本章选用的 EBM 模型，可以克服 BCC 和 SBM 模型的弊端，兼容径向与非径向松弛变量，反映实际值与目标值之间的比例信息。EBM 模型强调在产出不变的条件下，衡量各投入量的变化情况，以此来测度其效率值。假设有 n 个决策单元，记为 $DMU_j(j=1, 2, \cdots, n)$；每个 DMU 有 m 种投入，记作 $x_i(i=1,$

2，…，m）；s 种产出，记作 $y_r(r=1, 2, \cdots, s)$；$X=\{x_{ij}\} \in \mathbf{R}^{M \times N}$，$Y=\{y_{ij}\} \in \mathbf{R}^{M \times N}$ 分别是投入矩阵和产出矩阵，且 $X>0$，$Y>0$。那么定量指标下实物资产管理效率的 EBM 模型的方程式为

$$r^* = \min \theta - \varepsilon_x \sum_{i=1}^{M} \frac{w_i s_i^-}{x_{ik}} \tag{10.9}$$

$$\text{s.t.} \begin{cases} \sum_{j=1}^{n} x_{ij}\lambda_j - \theta x_{ik} + s_i^- = 0, \ i = 1, \cdots, m \\ \sum_{j=1}^{n} y_{rj}\lambda_j \geqslant y_{rk}, \ r = 1, \cdots, s; \ \lambda_j \geqslant 0, \ s_i^- \geqslant 0 \end{cases}$$

式中，r^* 为不考虑非期望产出的效率值，满足 $0 \leqslant r^* \leqslant 1$；$x_{ik}$，$y_{rk}$ 为决策单元 k 的第 i 种投入和第 r 种产出；θ 为径向模型测出的效率值；m 为投入指标个数；s_i^- 为各投入指标的松弛变量，由达到最优前沿面时的目标值与原始值的差距决定；w_i 为各投入指标的权重，表示相对重要程度；λ 为决策单元的线性组合系数；ε_x 为结合径向 θ 和非径向松弛的关键参数，取值范围是 $[0, 1]$，取 0 时相当于径向模型，取 1 时相当于 SBM 模型。

式（10.9）的解是综合技术效率，若添加 $\sum \lambda = 1$ 的约束条件，可以求解实物资产管理的纯技术效率，二者的比值即规模效率。

EBM 模型计算过程如下。

（1）通过 SBM 模型得到各项投入指标的投影向量 $\bar{x}_f$，$f = 1, 2, \cdots, i$，$j, \cdots, m$。

（2）设 $S(\bar{x}_i, \bar{x}_j)$ 和 $D(\bar{x}_i, \bar{x}_j)$ 为 $\bar{x}_i$，$\bar{x}_j$ 两个向量间的关联指数和离散指数，即

$$S(\bar{x}_i, \bar{x}_j) = 1 - 2D(\bar{x}_i, \bar{x}_j)$$

$$D(\bar{x}_i, \bar{x}_j) = \begin{cases} \dfrac{\sum_{s=1}^{n} |c_{ija} - \bar{c}_{ij}|}{n(c_{max} - c_{min})}, & c_{max} > c_{min} \\ 0, & c_{max} = c_{min} \end{cases} \tag{10.10}$$

式中，$c_{ija} = \ln\dfrac{\bar{x}_{ia}}{\bar{x}_{ja}}(i = 1, 2, \cdots, n)$，$\bar{c}_{ij} = \sum_{a=1}^{n} \dfrac{c_{ija}}{n}$，$c_{max} = \max_a\{c_{ija}\}$，$c_{min} = \min_a\{c_{ija}\}$。

（3）利用建立的关联指数矩阵，计算 EBM 模型的参数：

$$\varepsilon_x = \begin{cases} \dfrac{m - \rho_x}{m - 1}, & m > 1 \\ 0, & m = 1 \end{cases}$$

$$w_i = \frac{w_x}{\sum\limits_{i=1}^{m} w_{xi}} \tag{10.11}$$

为了表达方便，将基于投入导向、规模报酬不变的 EBM 模型简写为 EBM-I-C，将基于投入导向、规模报酬可变的 EBM 模型简写为 EBM-I-V。

10.1.2　基于定性指标的初级评价

10.1.2.1　定性指标权重确定

本章采用基于格栅获取的模糊 Borda 数法来确定电网成熟度评价中定性、定量指标总体权重，以及定性指标体系内各定性指标权重。这种方法充分考虑了各指标权重的影响因素，是一种较为科学的确定指标权重的方法。

（1）建立递进层次结构。

采用自上而下逐层分解的结构化方法，是建立梯级层次结构的重要手段。把一个复杂问题按照一定的依据逐层进行分解，是其通常做法，相同评价目标的评价层级可能略有不同。分解后的结果要尽可能多地代表评价目标。

（2）格栅的建立。

格栅获取法是 Kelly[68] 于 1995 年提出的一个人类判断模型。一个格栅通常是由元素及其属性共同组成的，这个具体的元素可以被属性描述，并且元素的每一个属性一般可以用一个具有 1~5 刻度或 1~7 刻度的尺度来表达。虽然刻度的表达多种多样，但在整个表达过程中用到的尺度应当是一致的。本章将各个指标评价分为 5 档，线性尺度表示如图 10.2 所示。

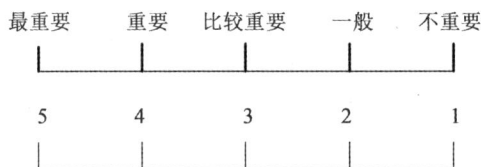

图 10.2　线性尺度表示

（3）对格栅进行分析，得到单一准则下的相对权重。

对指标 D_p 的第 m 属性打分，其得分为 $B_m(D_p)$。对格栅的具体分析步骤如下。

①确定每一个评价指标的隶属度。在第 m 个属性评价中，求出被评价指标 D_p 属于"最重要"的隶属度 U_{mp}，计算公式见式（10.12），隶属度计算值表见表 10.1。

$$U_{mp} = \frac{B_m(D_p)}{\max\{B_m(D_p)\}} \qquad (10.12)$$

表 10.1 隶属度计算值表

P_i	D_p			
	D_1	D_2	$\cdots$	D_N
P_1	U_{11}	U_{12}	$\cdots$	U_{1N}
P_2	U_{21}	U_{22}	$\cdots$	U_{2N}
P_3	U_{31}	U_{32}	$\cdots$	U_{3N}
$\vdots$	$\vdots$	$\vdots$		$\vdots$
P_M	U_{M1}	U_{M2}	$\cdots$	U_{MN}

②模糊频数统计表。选取 5 组专业机构对评价单元进行评价打分。表 10.2 为模糊频数统计表。

表 10.2 模糊频数统计表

名次	D_p			
	D_1	D_2	$\cdots$	D_n
1	f_{11}	f_{12}	$\cdots$	f_{1N}
2	f_{21}	f_{22}	$\cdots$	f_{2N}
$\vdots$	$\vdots$	$\vdots$		$\vdots$
N	f_{N1}	f_{N2}	$\cdots$	f_{NN}
合计	R_1	R_2	$\cdots$	R_n

$$f_{hp} = \sum_{m=1}^{M} \delta_m^h(D_p) U_{mp} D_1 \qquad (10.13)$$

式中，f_{hp} 为指标的模糊频数；R_p 为指标的模糊频数和；$\delta_m^h(D_p)$ 为优序关系系数。

若 D_p 在第 m 个属性优序关系中排在第 h 位，则 $\delta_m^h(D_p) = 1$；否则，$\delta_m^h(D_p) = 0$。若两个指标在第 m 个属性中的 U_{mp} 相同，则 $\delta_m^h(D_p) = \dfrac{1}{2}$，以此类推。

③计算模糊 Borda 数 $KF(D_p)$。若规定被评价指标在优序关系中排第 h 位的权数为 Q_h，令 $Q_h = \dfrac{1}{2}(N-h)(N-h+1)$，则

$$KF(D_p) = \sum_h \frac{f_{hp}}{R_i} Q_h \qquad (10.14)$$

式中, $\dfrac{f_{hp}}{R_i} = W_{hi}$。

④进行归一化处理, 得到单一准则下的相对权重, 即

$$W_i = \frac{KB(D_pA_i)}{\sum\limits_{i=1}^{N} KB(D_p)} \qquad (10.15)$$

权重分配集记为 $W_{ab} = \{W_{ab1}, W_{ab2}, W_{ab3}, \cdots W_{abi}\}$, $W_{abi}(0 \leqslant W_{abi} \leqslant 1)$ 是因素 D_p 的权重。

在用上述方法计算出各指标权重后, 将最终结果再次反馈给相关专家并征询专家意见, 在得到绝大多数专家认可的情况下, 确认最终权重系数。

10.1.2.2 模糊综合评价

非定量指标初级评价采用模糊综合评价法。运用 FCE 方法对非定量数据进行评价, 评语集为成熟度模型中的 5 个阶段(初始级、基本级、成长级、成熟级、优化级), 即 $V = \{v_0, v_1, v_2, v_3, v_4\}$, 因素集 $C = \{c_1, c_2, c_3, c_4\}$, 若有 q 个评价因素, 其综合评价矩阵为

$$\boldsymbol{R}_j = \begin{bmatrix} r_{j10} & r_{j11} & \cdots & r_{j14} \\ r_{j20} & r_{j21} & \cdots & r_{j24} \\ \vdots & \vdots & & \vdots \\ r_{jq0} & r_{jq1} & \cdots & r_{jq4} \end{bmatrix}$$

若权重矩阵为 $\boldsymbol{A}_j = (a_{j1}, a_{j2}, \cdots, a_{jq})$, 其中, $j = 1, 2, \cdots, n$, 则

$$\boldsymbol{B}_j = \boldsymbol{A} \circ {}_j\boldsymbol{R}_j = (a_{j1}, a_{j2}, \cdots, a_{jq}) \circ \boldsymbol{R}_j = (b_{j1}, b_{j2}, \cdots, b_{jp}) \qquad (10.16)$$

式中, $\boldsymbol{B}_j$ 为第 j 个评价单元分指标中的非量化因素经过模糊综合评价所得的结果。

10.1.3 电网实物资产成熟度评价模型

10.1.3.1 定量指标总体权重与非量化指标总体权重

对于定量指标总体权重与非定量指标总体权重, 采用基于格栅获取的模糊 Borda 数法来确定。

10.1.3.2 定量指标 DEA 效率模糊化处理

本章在电网企业实物资产管理成熟度评价模型中, 选用图 10.3 所示层级的临界点划分方式。

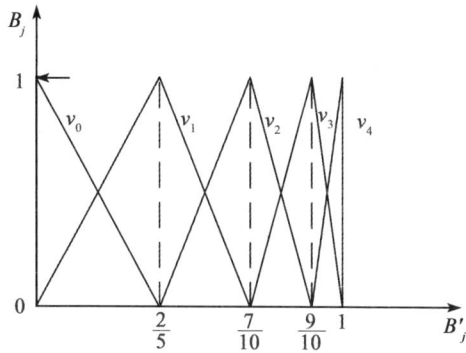

图 10.3　层级的临界点划分图

将定量指标 DEA 的结果分别代入式（10.17）中，可以得到定量指标模糊化处理后的结果：

$$
B_j = \begin{cases}
(1-B'_j,\ B'_j,\ 0,\ 0,\ 0), & B'_j \leqslant \dfrac{2}{5} \\[2mm]
\left(0,\ \dfrac{7}{3}-\dfrac{10}{3}B'_j,\ \dfrac{10}{3}B'_j-\dfrac{4}{3},\ 0,\ 0\right), & \dfrac{2}{5} < B'_j \leqslant \dfrac{7}{10} \\[2mm]
\left(0,\ 0,\ \dfrac{9}{2}-5B'_j,\ 5B'_j-\dfrac{7}{2},\ 0\right), & \dfrac{7}{10} < B'_j \leqslant \dfrac{9}{10} \\[2mm]
(0,\ 0,\ 0,\ 10-10B'_j,\ 10B'_j-9), & \dfrac{9}{10} < B'_j \leqslant 1
\end{cases}
\tag{10.17}
$$

10.1.3.3　使用 FCE 方法对以上评价结果进行再评价

将定性指标 DEA 评价模糊化处理结果与定量指标 FCE 评价结果作为次级评价的因素集，使用 FCE 评价方法在初级评价数据基础上进行再评价，其评价集为 $v=\{$初始级，基本级，成长级，成熟级，优化级$\}$，评价因素为 $c=\{$定量指标因素，非定量指标因素$\}$，评价权重矩阵为 $A=\{$定量指标总体权重，非定量指标总体权重$\}$。由以上因素集和评价权重矩阵计算，可以得到电网企业实物资产管理成熟度次级评价结果。再评价模型的评价方法流程图如图 10.4 所示。

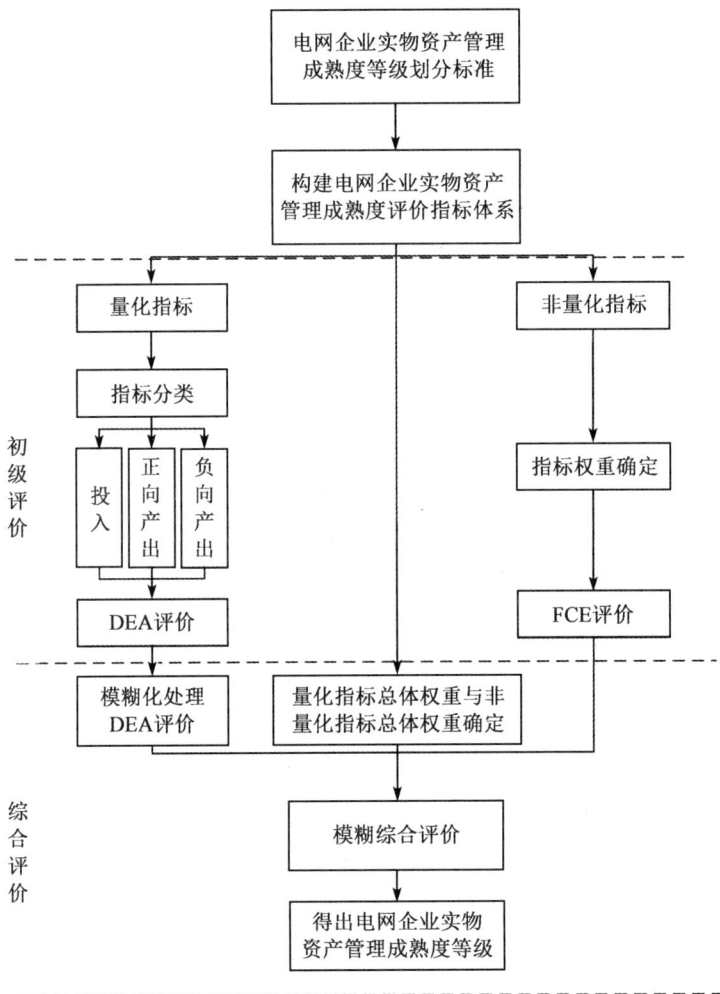

图 10.4 再评价模型的评价方法流程图

10.2 实证分析

10.2.1 电网实物资产综合评价指标

构建电网企业实物资产管理成熟度评价指标体系的目的是评价电网企业实物资产管理成熟度。从纷繁复杂的指标中选取代表性强、精确度高的指标用来构建科学合理的成熟度评价指标体系，对准确评价电网企业实物资产管理成熟度至关重要。因此，在构建电网企业实物资产管理成熟度指标体系时，必须遵循相应的原则。参考构建评价指标体系时需要普遍遵循的原则，并结合本章的评价需要，在构建电网企业实物资产管理成熟度评价指标体系时应遵循的基本原则主要包括以下三条。

10.2.1.1　科学性原则

电网企业实物资产管理成熟度评价指标体系构建的科学性原则主要体现在理论和实践相结合，以及建立评价指标体系需要理性的分析和科学的方法等。评价指标的选取是建立在指标选取科学性基础之上的。在构建电网企业实物资产管理成熟度评价指标体系时，应遵循客观规律，在满足理论性要求的必要前提下，同时考虑电网企业实物资产管理过程中的实际情况。评价指标的数据必须是电网企业的实际数据。

10.2.1.2　系统性原则

只有构建系统全面的指标体系，才能客观、准确地评价电网企业实物资产管理的实际水平。因此，在电网企业实物资产管理所选评价指标中，要有能够体现电网企业整体特征和反映电网企业综合情况的指标。

10.2.1.3　可操作性原则

首先，在指标选取过程中要力求所选指标简单易懂、代表性强。在构建评价指标体系时，在不影响评价结果的客观真实性的前提下，要一定程度地使指标简洁。其次，要立足电网企业实物资产管理现状，把握电网企业本质特征，选择容易获得数据并且准确性高的指标。在指标体系构建过程中，还要选取代表的信息量比较大的指标，这样能在保证评价结果准确无误的前提下，避免形成复杂的指标树。

电网企业实物资产管理指标如表 10.3 所列。

表 10.3　电网企业实物资产管理指标

定量指标	
投入	产出
电网发展投入	正向产出
	利润总额
输电线路长度	经济增加值
	输电量
变压器额定容量	电压合格率
	供电可靠率

表 10.3（续）

定量指标	
投入	产出
输电成本	负向产出
	线损率
购电成本	平均电压不合格时间
	用户平均停电时间
定性指标	
账卡物——一对应率	资产管理信息化程度
用户电力获得感	项目可研编制规范性

10.2.2　基于 EBM-DEA 的电网实物资产管理效率评价

2015—2019 年各省（自治区、直辖市）及冀北和蒙东地区电网企业实物资产管理效率评价结果如表 10.4 所列。从表 10.4 中可以看出，北京、福建、河南、黑龙江、吉林、江苏、蒙东、宁夏、青海、山东、山西、陕西、上海、四川、天津及浙江 16 个地区 5 年来均为有效决策单元，实物资产管理效率保持最优；湖南、湖北及江西效率不断提升，其中湖南实物资产管理效率于 2019 年达到最优；而安徽、河北两地效率呈现下降趋势；冀北、辽宁、新疆及重庆整体上呈现最优，但个别年份效率出现下降。

表 10.4　2015—2019 年各省（自治区、直辖市）及冀北和蒙东地区
电网企业实物资产管理效率评价结果

决策单元	效率					
	2015 年	2016 年	2017 年	2018 年	2019 年	效率趋势
安徽	0.81	0.83	0.83	0.83	0.88	下降
北京	1	1	1	1	1	最优
福建	1	1	1	1	1	最优
甘肃	0.78	0.84	1	0.88	0.85	先增后减
河北	0.94	0.90	0.92	0.89	0.91	波动下降
河南	1	1	1	1	1	最优
黑龙江	1	1	1	1	1	最优

表 10.4（续）

决策单元	效率					
	2015 年	2016 年	2017 年	2018 年	2019 年	效率趋势
湖北	0.81	0.85	0.85	0.86	0.89	提高
湖南	0.83	0.87	0.88	1	1	提高并最优
吉林	1	1	1	1	1	最优
冀北	1	1	1	0.91	1	2018 年最低
江苏	1	1	1	1	1	不变
江西	0.79	0.83	0.87	0.86	0.90	升高
辽宁	1	1	1	1	0.92	2019 年下降
蒙东	1	1	1	1	1	最优
宁夏	1	1	1	1	1	最优
青海	1	1	1	1	1	最优
山东	1	1	1	1	1	最优
山西	1	1	1	1	1	最优
陕西	1	1	1	1	1	最优
上海	1	1	1	1	1	最优
四川	1	1	1	1	1	最优
天津	1	1	1	1	1	最优
新疆	1	0.78	0.76	1	1	先降后升
浙江	1	1	1	1	1	最优
重庆	1	1	1	0.81	1	2018 年下降

10.2.3　某电网企业实物资产管理绩效分析

通过构建包括电网发展投入、输电线路长度、变压器额定容量、输电成本、购电成本、利润总额、经济增加值、输电量、电压合格率、供电可靠率、线损率、平均电压不合格时间及用户平均停电时间在内的指标体系，对某电网企业的实物资产管理绩效进行了多维度的评价分析。

2015—2019 年，该电网企业在全国范围内的实物资产管理绩效比较结果中，处于中上游水平，说明该电网企业实物资产管理绩效较佳，具有一定的资产优化管理经验，应继续保持在资产结构和利用效率方面的实践成果，促进电网实物资产效益及管理实践的稳步提升。但 2018 年该电网企业实物资产管理绩效仅为 0.91，出现了大幅下降的情况。2018 年，该电网企业投入产出原始值、松弛值及目标值情况如表 10.5 所列。从表 10.5 中可以看出，该电网企业 2018 年投入指标"电网发展投入"的原始值为 18431157446 元，而目标值为 11535140981 元，松弛值为-6896016465，说明相对于 DEA 有效单元，该电网企业应减少 6896016465 元电网发展投入；同理，应减少 5916.3599 km 输电线路长度投入及 2271573462 元购电成本；在产出指标中，应增加 19.11 亿元利润总额、116624644.8 元经济增加值、0.000684% 供电可靠率，减少 3.31778% 线损率及 2.211064 h 用户平均停电时间。同时，结合 2015—2019 年该电网企业的电网发展投入，可以发现，其余几年的发展投入相较于前一年的发展投入增幅较为稳定，而 2018 年发展投入增幅过大，同时并没有获得相应的产出，这是其效率出现严重下滑的重要原因之一。建议该电网企业尽量使电网发展投入增幅维持在一个稳定水平，避免其因过大的波动带来资产管理效率低下等问题。

表 10.5　2018 年某电网企业投入产出原始值、松弛值及目标值

指标	原始值	径向值	松弛值	目标值
电网发展投入/元	18431157446	0	−6896016465	11535140981
输电线路长度/km	39173	0	−5916.3599	33256.6401
变压器额定容量/(10^5 kVA)	12998	0	0	12998
输电成本/元	20158779088	0	0	20158779088
购电成本/元	49752323742	0	−2271573462	47480750279
利润总额/亿元	−10.18	0	19.111997	8.931997
经济增加值/元	−383349212.2	0	116624644.8	−266724567.4
输电量/kVh	134070560100	0	0	134070560100
电压合格率	0.999525%	0	0	0.999525%
供电可靠率	0.997944%	0	0.000684%	0.998628%
线损率	7.34%	0	−3.31778%	4.02222%
平均电压不合格时间/h	8.63	0	0	8.63
用户平均停电时间/h	12.645	0	−2.211064	10.433936

10.3　本章小结

本章采用一种电网企业实物资产管理绩效成熟度评价方法，将成熟度评价引入电网企业实物资产管理。该评价方法包括电网企业实物资产管理成熟度评价指标体系确定、基于 EBM-DEA 的定量指标初级评价、基于 FCE 法的定性指

标初级评价及电网企业实物资产管理成熟度评价。本章基于成熟度评价相关文献，结合电网企业实物资产管理实际情况，构建了定量与非定量指标体系，并将定量指标分为投入、正向产出与负向产出，同时采用 D-FCE 法实现基于定性指标与定量指标的综合评价，使电网企业实物资产管理成熟度的评价更加客观、准确，为电网企业进行实物资产管理优化提供参考。

第 11 章

结论与建议

在新电改背景下，探究提高电网企业资产管理的措施，并对电网企业资产进行综合评价研究，能为应对电力体制改革背景下电网企业发展面临的新形势，提升电网企业资产管理水平，有效开展电网企业资产管理工作提供参考依据。

以下简要总结本书的研究结论及对冀北电网实物资产优化管理的建议与措施。

11.1 研究结论

（1）在输配电定价方面，利用 ISM 解释结构模型，解决了在电网实物资产分析评价过程中，指标间勾稽关系不明晰、相关关系不显著等问题，并利用偏最小二乘法得出实物资产评价指标对输配电价影响方向及影响程度具有一定的非线性关系，在分析具体影响作用时，应该结合输配电具体类型。因此，我国现阶段的输配电定价应在考虑提高电价效率，充分发挥电价引导和资源优化配置的基础上，尽可能做到公平，保障电力企业具备良好的可持续发展能力，满足国民经济社会发展需要，促进社会福利最大化。

（2）在电网资产全寿命周期费用评价方面，通过对关键因子的筛选，可利用年故障时间、初期投资、年故障中断功率、单位赔偿费用、电价、年平均故障修复率、物理寿命周期、运维率、年平均修复时间、年平均故障修复成本和通货膨胀率等关键影响因子进行 LCC 高效估算，合理规划成本。尽管本书以冀北电网的 12 个变电站为研究样本，但本书的模型方法同样适用于具体的电力设备或整个电网建设。

（3）在测算实物资产折旧率合理区间方面，利用门限回归的相关分析，来测度提升电网企业投资、利润和总投资收益率为目标的折旧率等模糊指标的合理区间。研究结果发现，折旧率最优合理区间是 3.45%～3.52%。在此区间内，企业可以提高固定资产投资能力，提升运用资金的经济效果及回收资金的能力，即提升其投资收益率。

（4）在电网设备维修决策方面，通过对 110 kV 的断路器进行报酬函数的测算，进行设备的大修、小修和不修的决策分析。对冀北电网轻度老化、中度老化和重度老化的断路器设备进行算例分析，发现上述三种状态的设备依次应采取小修、大修和大修的维修策略，在此情况下，企业可以获得最大的维修收益率。

（5）在电网资产更换决策方面，通过对 220 kV 的断路器进行设备使用年限预测，得到其最佳更换年限（经济寿命）为 23 年，处于合理范围内。对于 220 kV 断路器，参照进行设备更换，对于企业的更换设备支出和设备安全运行是最有益的。本书建立的经济寿命模型具有较高的准确性，不仅可以给断路器的运行与维护提供指导，而且可以为变压器、GIS、电抗器等其他电力设备的经济寿命测算提供参考。综合看来，考虑到电网设备配套升级改造、设备标准提高等不可避免的实际问题，建议未来进行电网断路器设备更换决策时，应当在考虑设备可靠性的同时，充分考虑电网运营的经济性；对于其他电网设备，借助该经济寿命模型进行测算，可以做出科学的设备更换决策，再与历史设备实际更换决策统计对比，进行对应的更换决策研究改进，最终实现电网设备更换决策的科学化，提高电网运营的安全效益和经济效益。

（6）在电网资产投资决策方面，首先从宏观经济、社会和环境三个层面对电力投资的影响因素进行初步筛选；然后采用正交偏最小二乘法，根据重要性程度选出固定资产投资、人均可支配收入、城市化率、能源强度、第三产业比重和第二产业比重六个影响因素，并建立拟合回归方程；接着采用动态等维灰数递补 DGM（1，1）模型对六个关键影响因素进行预测，将预测值代入电力投资的回归方程，得到电力投资在 GDP 中的比重预测结果；最后在不同经济增长情景下，得出电力投资水平的预测结果。综合来看，2017—2023 年冀北电网企业电网投资规模进一步扩大，电力基础设施建设与维护投入稳步提高。2023 年之后，随着大规模电力基础设施的逐步完善，电力资产投资将偏重电力基础设施的维护与管理方面，且技术进步将对维护成本的降低起到积极作用，整体电力投资规模会有所收缩，电力资产管理效能将进一步提高。

（7）在电网资产综合评价方面，通过构建包括资产结构、利用效率、健康水平和资产退役在内的指标体系，发现冀北电网企业实物资产管理已达"成熟级"，整体呈波动上升的趋势，处于电网资产管理领先地位。一方面，建议在未来的实物资产管理中注重资产退役方面的优化提升，致力于使资产报废价值和数量与企业发展规模和经济效益相匹配。另一方面，建议冀北电网企业继续巩固在资产结构和利用效率方面的优良实践成果，促进电网实物资产效益及管理实践的稳步提升。

(8)在电网实物资产管理绩效评价方面，通过构建包含电网发展投入、输电线路长度、变压器额定容量、输电成本、购电成本、利润总额、经济增加值、输电量、电压合格率、供电可靠性、线损率、平均电压不合格时间及用户平均停电时间在内的指标体系，利用 D-FCE 模型对电网企业实物资产管理成熟度进行了多维度的评价分析，得出冀北电网企业实物资产管理水平整体上较优，但也存在一定波动的结论，建议冀北电网企业尽量使电网发展投入增幅及其他投入维持在一个稳定水平，避免出现因投入与产出不相符带来的实物资产管理效率偏低等问题。

11.2 意见建议

综合以上研究结论，结合电网企业未来的工作重点，本书对今后电网企业工作的开展提出以下三点建议。

11.2.1 完善电网资产全寿命周期管理

安全可靠的电网运行和电力配送，离不开安全可靠的电网设备。为此，电网企业应继续完善电力资产全寿命周期管理。

在规划设计阶段，要求规划设计部门从安全、效能、成本等方面综合考虑，加强初期投资管理，在降低全寿命周期成本的同时，确保公司资产运行安全高效，逐步摆脱现阶段资产运维管理中"头痛医头，脚痛医脚"的尴尬局面。

在建设阶段，电网企业应当做好全面造价控制工作，科学合理地确定建设计划与方案，进一步强化专业技术监督工作，落实整改监督发现的问题，将技术监督关口前移至设备制造和安装过程，开展专项监督，加强专业融合，推进相关标准制度的建设。

在运行维护阶段，电网企业应开展基于"状态检修"的作业成本管理，针对不同类型检修运行业务，建立科学合理、符合实际的标准作业库，对各标准作业库进行量化和成本确定，将检修运行作业与标准定额在实际工作中结合起来，构建基于作业的检修运行成本核算分析体系。

在退役报废阶段，对需要退役的设备，电网企业应选取合适的处置方法，并规范处置流程。对于设备退役的须经过严格、规范的审查方可执行；对于设备发生提前技改的，必须回溯原因，加强考核；对于健康状况良好的退役设备，应降低库存期，尽快异地再利用。电网企业必须多措并举，逐步延长设备实际使用寿命，做到物尽其用。

11.2.2　科学优化电网资产投资决策

一方面，电网企业应充分发挥自身优势，稳妥推进配电业务投资，保存量、争增量，根据企业自身建设发展的需求，对新建配电网项目进行理性的规划、投资和建设，加强对配电网投资策略经济效益的分析，努力做强做优做大企业电网资产。

另一方面，电网企业须积极同各相关主体协商制定统一的配电网并网标准，规范社会资本投资的增量配电网的并网流程，并制定相关的管理办法，确保并网服务规范、优质、高效。

11.2.3　优化电网企业资产统计和综合评价工作

首先，升级统计方法。从信息化和高效率的角度对统计调查方法体系进行升级，探索新的数据梳理与分类方法，强化结构化数据与非结构化数据的对接，在拓宽相关分析思路的同时，重视因果分析的作用。

其次，将统计技术与云计算技术融合。一是充分利用"互联网+"、物联网、人工智能等新技术，增强统计数据采集的效率和质量，以及对统计数据进行分析与应用的能力；二是针对综合能源服务业务涉及的市场主体多元、行业新兴、统计数据的获取较为困难的现状，建立与综合能源政策、行业、市场相适应的指标数据采集机制，保证数据来源的统一性及可靠性；三是建议电网企业建立完善的综合能源服务业务统一数据资源库，将大数据技术应用于数据处理，实现对海量大数据资源的标准化及集约化管理。系统数据包括综合能源服务业务数据、行业数据、市场主体数据、宏观经济数据等。通过统一数据资源库，可以实现统计数据存储、交换、更新、查询的自动化，以及数据在统计云上的加工、汇总、分析、共享和存储。

最后，在综合评价方面，要促进对大数据的分析和应用。一是整合生产、营销和调度等部门数据，创新应用大数据可视化和数据挖掘工具，构建电力市场多角度分析体系，从区域和行业两个维度分析用电市场变化特征和发展趋势，为电网合理布局和精准营销提供支持。二是强化数据应用，借助统计数据预测区域用电需求，快速定位电网运行薄弱环节，精确预测，为电力市场化交易业务的开展提供数据支撑。

参考文献

[1] 叶泽方.建立我国电价管制制度[J].中国工业经济,1999(4):42-46.

[2] 王绵斌,谭忠富,乞建勋,等.我国电力市场环境下两部制输配电价传递模型[J].电网技术,2008(15):77-83.

[3] 张粒子.我国输配电价改革中的机制建设和方法探索[J].价格理论与实践,2016(2):29-31.

[4] 韩勇,田闻旭,谭忠富.基于长期边际成本的不同电压等级输配电价定价模型及其应用[J].电网技术,2001,35(7):175-180.

[5] 张文月,张立岩,刘树勇,等.大用户直接交易输配电价测算方法分析[J].天津经济,2015(12):42-45.

[6] 胡薇.浅谈输配电价对电力企业经营影响[J].管理观察,2015(28):69-71.

[7] 宋艺航,冷媛,傅蔷.输配电价改革与财务运营联动传导机制研究[J].当代经济,2016(27):122-123.

[8] 蒲雷,谭忠富,谭彩霞,等.计及交叉补贴分摊的输配电价定价方法[J].系统工程理论与实践,2021,41(6):1476-1485.

[9] 李偲.新电改下电网企业售电公司盈利模式与效益评价研究[D].北京:华北电力大学,2020.

[10] 郭端宏.电改背景下电网企业资产管理与效益研究[D].杭州:浙江大学,2017.

[11] 陈瑜.电改背景下电网固定资产管理问题研究:以G供电企业为例[D].广州:暨南大学,2019.

[12] 田双双.电改背景下电网企业逾龄资产管理问题研究[J].中国集体经济,2020(17):66-67.

[13] 郭林.制度变迁视角下我国电力企业成本管理体系构建与应用研究[D].大连:东北财经大学,2018.

[14] 宋姗姗.基于全寿命周期成本的电网工程造价管控研究[D].北京:华北电力大学,2020.

[15] 游维扬，王秀娜.输配电价监管下电网投资项目效率效益评估[J].电力科学与工程，2018，34(12)：43-48.

[16] 杨杰.输配电价改革下电网投资效益评价及精准分配方法研究[D].北京：华北电力大学，2020.

[17] 汪荣华，杜英，苟全峰，等.考虑输配电价改革的省级电网规划投资效率效益评估[J].电力建设，2020，41(11)：135-144.

[18] 牛东晓，郭皓池，胥永兰，等.基于全寿命周期成本应用分析的电网企业决策支持方法研究[J].华东电力，2014，42(1)：54-57.

[19] 柳璐，程浩忠，马则良，等.考虑全寿命周期成本的输电网多目标规划[J].中国电机工程学报，2012(22)：46-54.

[20] 范宏，程浩忠，金华征，等.考虑经济性可靠性的输电网二层规划模型及混合算法[J].中国电机工程学报，2008(16)：1-7.

[21] 陆怀谷.溧阳城区 10 kV 电网规划方案的全寿命周期理论评价研究[D].北京：华北电力大学，2011.

[22] RODRIGUEZ G A R, O'NEILL-CARRILLO E.Economic assessment of distributed generation using life cycle costs and environmental externalities[C]∥Power Synposium, 2005.Proceedings of the 37th Annual North American, 2005：412-419.

[23] NIWA M, KATO T, SUZUOKI Y.Life-cycle-cost evaluation of degradation diagnosis for cables[C]∥Electrical Insulating Materials, 2005.(ISEIM 2005).Proceedings of 2005 International Symposium on. New York：IEEE, 2005.

[24] POLITANO D, FROHICH K.Calculation of stress-dependent life cycle costs of a substation subsystem-demonstrated for controlled energization of unloaded power transformers[J].IEEE transactions of power delivery, 2006, 21(4)：2032-2038.

[25] 李龙.基于 LCC 理论的输电网规划方案评价研究[D].杭州：浙江大学，2012.

[26] 宋春丽，刘涤尘，吴军，等.基于差异化全寿命周期成本的电网规划经济性评估方法[J].电网技术，2013(7)：1849-1855.

[27] 邓道福.基于 LCC 的变电工程规划研究及应用系统设计[D].长沙：湖南大学，2013.

[28] 梁喜，陈永鹏.基于模糊理论与 DSW 算法的建设项目 LCC 方案决策[J].

计算机工程与应用, 2017, 53(15): 255-259.

[29] 蔚德申, 王景芹, 王丽.低压成套开关设备的全寿命周期成本评估[J].燕山大学学报, 2017, 41(6): 539-544.

[30] 路石俊.内蒙古 500 kV 变电站全生命周期成本管理研究[D].北京: 华北电力大学, 2010.

[31] TAPP H S, KEMSLEY E K.Notes on the practical utility of OPLS[J].TrAC-Trends in analytical chemistry, 2009, 28(11): 1322-1327.

[32] 柳宇燕, 何惕, 喻采平, 等.固定资产折旧年限对电网企业收益现值影响探究[J].财会通讯, 2019(34): 54-57.

[33] 柳宇燕, 叶泽, 张鼎祖, 等.电网定价折旧参数对准许收入的影响[J].系统工程, 2017, 35(7): 33-39.

[34] 彭鑫, 卢烨琦, 戴月娥.输配电网企业固定资产折旧管理现状及匹配性分析[J].现代商贸工业, 2020, 41(20): 106-108.

[35] 杜尚春, 焦剑峰, 王虎.基于定价成本监审的固定资产管理优化策略研究[J].纳税, 2020, 14(3): 209-210.

[36] 余杰, 周浩, 黄春光.以可靠性为中心的检修策略[J].高电压技术, 2005(6): 27-28.

[37] 喇元, 王红斌, 陈忠东.基于状态评价及风险评估的输变电设备状态检修策略的研究[J].广东电力, 2010, 23(10): 36-40.

[38] FAISAL I K, MAHMOUD M H.Risk-based maintenance (RBM): a quantitative approach for maintenance/inspection scheduling and planning[J].Journal of loss prevention in the process industries, 2003, 16(6): 561-573.

[39] 李明, 韩学山, 杨明, 等.电网状态检修概念与理论基础研究[J].中国电机工程学报, 2011, 31(34): 43-52.

[40] 潘乐真, 鲁国起, 张焰, 等.基于风险综合评判的设备状态检修决策优化[J].电力系统自动化, 2010, 34(11): 28-32.

[41] 赖佳栋, 杨秀苔, 熊小伏, 等.供电企业中电力设备全寿命周期费用模型研究[J].科技管理研究, 2008(10): 163-165.

[42] 刘有为, 马麟, 吴立远, 等.电力变压器经济寿命模型及应用实例[J].电网技术, 2012, 36(10): 235-240.

[43] 黄国日, 文福拴, 刘昌, 等.确定变压器更换策略的机会成本方法[J].电力建设, 2016, 37(4): 35-42.

[44] 李涛, 王盛煜.基于灰色关联度和模糊综合评价法的我国电力市场交易

评价体系研究[J].工业技术经济，2018，37（9）：130-137.

[45] 曾博，李英姿，张建华，等.电力市场新格局下智能配电网规划的综合评价模型及方法[J].电网技术，2016，40（11）：3309-3316.

[46] 董福贵，张也，尚美美.分布式能源系统多指标综合评价研究[J].中国电机工程学报，2016，36（12）：3214-3223.

[47] 樊娇，刘金朋，刘冰旖，等.电网企业资产全寿命周期管理研究综述[J].陕西电力，2014，42（4）：29-32.

[48] 李永来.市场化改革与电力行业效率：基于 DEA 的电力行业上市公司分析[J].当代经济科学，2009，31（1）：59-64.

[49] 万维宏，袁文嘉，王玥.基于 DEA 的美国 PJM 市场发电厂效率评价[J].电力系统保护与控制，2009，37（18）：46-50.

[50] 江兵，蔡艳.基于 DEA 模型的电能利用效率评价[J].中国管理科学，2012，20（S2）：827-832.

[51] 邓英芝.中国电力系统环境效率研究：考虑松弛变量的网络 DEA 视角[J].中国软科学，2015（11）：145-154.

[52] 邵留国，何莹莹，张仕璟，等.基于网络 DEA 的中国火电行业循环经济效率及影响因素研究[J].资源科学，2016，38（10）：1975-1987.

[53] 王喜平，姜晔.我国电力行业能源利用有效性地区差异的实证分析[J].技术经济，2011，30（5）：53-58.

[54] 程雯.基于 DEA 模型的我国电力产业能源效率分析[J].经济研究导刊，2015（7）：45-46.

[55] 田野.基于改进的多层次模糊综合评价风电项目风险评估与应用[D].成都：四川师范大学，2021.

[56] 杨有民.蒙电巴彦浩特光伏电站风险管理研究[J].科技创新导报，2019，16（30）：134.

[57] 邹松涛，刘学慧.基于模糊评价法的输变电工程项目风险评估研究[J].黑龙江科技信息，2016（26）：3.

[58] 孙辉，张国庆，高博，等.采用组合赋权法的智能变电站继电保护设备状态模糊综合评估[J].电测与仪表，2020，57（7）：23-28.

[59] 肖运启，王昆朋，贺贯举，等.基于趋势预测的大型风电机组运行状态模糊综合评价[J].中国电机工程学报，2014，34（13）：2132-2139.

[60] 蒋宇，单鸿涛，袁建平，等.基于改进 AHP-熵博弈赋权的输变电工程评价[J].测控技术，2018，37（6）：121-125.

[61] 曹芳.基于两级模糊综合评判的输变电工程项目决策研究[J].水电能源科学, 2010, 28(9): 145-147.

[62] TONG H.On a threshold model[J].Pattern recognition and signal processing, 1978: 575-586.

[63] HANSEN B E.Threshold offects in non-dynamic panels: estimation, testing, and inference[J].Journal of econometrics, 1999, 93(2): 345-368.

[64] CANER M, HANSEN B E.Instrumental variable estimation of a threshold model[J].Econometric theory, 2004, 20(5): 813-843.

[65] KREMER S, BICK A, NAUTZ D.Inflation and growth: new evidence from a dynamic panel threshold analysis[J].Empirical economics, 2013, 44(2): 861-878.

[66] ARELLANO M, BOVER O.Another look at the instrumental variable estimation of error-components models[J].Journal of econometrics, 1995, 68(1): 29-51.

[67] GALBRAITH J W.Credit rationing and threshold effects in the relation between money and output[J].Journal of applied econometrics, 1996, 11(4): 419-429.

[68] KELLY G A.The psychology of personal constructs[M].London: Routledge, 1992.